广东省粮食生产空间分异、动态演变及非均衡生产潜力研究

方 伟等 著

中国农业出版社

北 京

图书在版编目（CIP）数据

广东省粮食生产空间分异、动态演变及非均衡生产潜力研究 / 方伟等著. —北京：中国农业出版社，2023.6

ISBN 978-7-109-30750-6

Ⅰ.①广…　Ⅱ.①方…　Ⅲ.①粮食—生产—研究—广东　Ⅳ.①F326.11

中国国家版本馆 CIP 数据核字（2023）第 095191 号

中国农业出版社出版

地址：北京市朝阳区麦子店街 18 号楼
邮编：100125
责任编辑：王秀田
版式设计：王　晨　责任校对：刘丽香
印刷：北京中兴印刷有限公司
版次：2023 年 6 月第 1 版
印次：2023 年 6 月北京第 1 次印刷
发行：新华书店北京发行所
开本：700mm×1000mm　1/16
印张：13.75
字数：260 千字
定价：68.00 元

　　本书属于广东省自然科学基金项目"广东省粮食生产空间分异、动态演变及非均衡生产潜力"（编号：2020A151501912）、福建省社会科学规划项目"数字普惠金融发展与福建省区域技术创新水平提升研究"（编号：FJ2021BF039）、广东省农业科学院2021年度科技人才引进专项资金项目（优秀博士）（R2021YJ－YB3009）阶段成果。

著 者 名 单

方　伟　陈加民　杨震宇　王佳友

洪思扬　林漫婷　李丹霞　彭丹丽

2001 年我国粮食流通体制改革将广东省、浙江省、福建省、海南省、北京市、天津市、上海市七个省（直辖市）划定为粮食主销区，此后主销区粮食生产责任一度被忽视。随着近年国际和国内形势的变化，主销区种粮责任再度被提上日程。2019 年中央 1 号文件首次提出"压实主销区和产销平衡区稳定粮食生产责任"，2020 年国务院办公厅印发《关于防止耕地"非粮化"稳定粮食生产的意见》，2022 年中央 1 号文件明确提出了主销区粮食生产责任，2023 年中央 1 号文件要求"各省（自治区、直辖市）都要稳住面积、主攻单产、力争多增产"。广东省是全国最大的粮食主销区，临近港澳，地处经济发达地区，2000—2021 年广东省户籍人口由 7 500 万人上升至 9 947 万人，耕地面积则由 316.34 万公顷降至 189.87 万公顷，粮食自给率低于 35%。2022 年，广东省粮食总产量 1 291.5 万吨，粮食播种面积 223.03 万公顷，实现面积、单产、总产三增长。早稻单产达近 23 年来最高水平。伴随全省产业布局的演变，21 世纪以来珠三角"粮仓"地位下降，产粮大县逐渐往粤东、粤西和山区转移。全省逐步形成以县域为单位的粮食生产空间集中效应，全省 122 个县（市、区）中，高州等 20 个县的粮食产量约占全省的 45%，县域空间关系明显，且内部呈现"消退与加强"并存特征。广东省是传统的双季稻主产区，受粮食生产的机会成本较高导致"非粮化"倾向影响，未来粮食"稳面积、稳产量"面临越来越大的社会经济压力。现实情况观测显示，近 10 年，广东省粮食种植呈现"面积微减，单产微增"状态，国家政策"机会成本"的"权衡"策略是粮食种植"整体消退而局部强化"局面的内因。政策约束下，部分县区以较高的经济代价换取履行种稻责任，存在一定的经济隐患，且水稻种植效率不高。在种粮比较效益较低的经济驱动下，可以预见，未来广东省粮食种植的各微观区域自发性分化将会继续延续，需要通过区域优化政策达到资源最优配置。因此，需要全面调查和了解省域范围内粮食生产的空间分异规律，以及各区域粮食生产动态演变特征、非均衡生产效率和潜力状况。

本书为研究广东省粮食生产空间分异、动态演变及非均衡生产潜力问题，提供了一套系统理论。分析了广东省粮食生产空间分异特征，以土地、劳动力和资本为框架破解了广东省粮食生产区域格局演变的机理与影响因素，采用非均衡生产潜力指数模型定量测算了广东省粮食生产非均衡潜力及增长收敛性，设计并提出了广东省主要粮食作物区域优化布局方案。对推进广东省粮食生产区域布局优化具有重要借鉴意义。

将空间自回归方法和地理加权回归方法引入广东省粮食生产空间分异和动态演变机理研究，并刻画区域变迁特征是本书的主要贡献之一，本书结合县域现实情况，构建了空间自回归模型对县域间粮食生产变迁"空间外溢性"和变迁驱动因素进行研究。同时，采用地理加权模型，研究种粮比较效益对粮食生产区域变迁产生影响的"微观区域差异性"问题。研究主要结论如下：

（1）2000年以来，广东省全省粮食种植面积持续下降，单产不断增加，单产对近20年来粮食的稳产保产起到了核心的推动作用。虽然省内粮食单产水平逐渐提高，然而在产业结构升级转型的背景下，人均耕地面积逐步减少，其影响力度大于单产水平的提高，使得省内粮食安全在生产方面趋于恶化。

（2）从粮食产能演变的空间特征来看，广东省内耕地面积较大的区域主要集中于粤北和粤西地区，珠三角、粤东地区相对较少。这使得粮食种植面积较大的区域以粤北、粤西地区为主；珠三角在20世纪90年代的粮食种植较多，但在产业升级背景下的21世纪以来播种面积有所下滑；粤东地区的粮食种植一直维持相对较低水平。粮食产量主要与播种面积相关，其空间特征与播种面积类似。90年代中前期珠三角、粤东地区的粮食单产水平较高，在城镇化条件下，粮食种植技术逐步向粤西、粤北地区推广，截至2020年年末单产水平较高的区域主要集中于粤西、粤北及粤东地区。

（3）使用 ESDA 探讨粮食生产的空间相关性。研究表明，21 世纪以来广东省县域粮食生产存在显著的空间自相关，这一作用逐步增强。局部分析表明，粤东北部粮食高产集聚区消失，粤西南部粮食高产集聚区日渐缩小，粤中部粮食低产集聚区有扩张趋势。

（4）"机会成本"下的"权衡"策略是造成广东省粮食种植"整体退出而局部强化"局面的内因。在区位要素资源差异化背景下，区位主体粮食生产布局的基本思路是"权衡"的理念，这样"机会成本"就成了区位粮食生产格局演变的决定因素，粮食生产的区位选择会是经济行为主体或者活动在多个被选择对象中的挑选，是一个考虑机会成本的主观活动，这种选择依托于客观的区位在行为主体心目中的价值以及舍弃其他选择的机会成本。从现实情况来看，广东省内存在部分区域具有良好生产条件和生产能力（特别是水稻），这些区域对广东省维持一定程度的自给水平发挥了重要作用，但从发展经济角度来看，粮食种植强化区域更多是一种无奈的选择。

（5）土地、劳动力和资本是农业生产的基本生产要素，农用土地质量的提升对粮食生产具有正向影响；农业劳动力对粮食生产具有正向的溢出效应，富余劳动力的转移可提高临近县域的粮食产能。在空间关系研究中，县域产业结构差异使得农业资本对粮食生产具有负向的溢出效应；农业资本结构差异对粮食生产的影响取决于资本收益率，资本收益率较高的农业产业将占用较多的农业资本，对应的资本收益率较低的农业产业将占用较少的农业资本；各个区域最优粮食产业规模的选择是由区域粮食产业贡献弹性、市场环境和产品价格共同决定的。

（6）农业土地禀赋对广东省粮食生产水平的影响具有不确定性。实证结果表明，土地非粮化比较收益对粮食生产的促进作用呈现"西高东低"的差异，土地设施化程度对粮食生产的作用不敏感，在沿海地区甚至出现负反馈现象，这与不同位置的农业生产结构差异有关；农业劳动力禀赋对粮食生产水平影响的大小、正负具有区域差异。在大样本下，广东省粮食生产水平对劳动力比重的变化不敏感，这与劳动力价格的过高和农业生产服务市场的滞后有关；农业资本化水平对粮食生产水平影响的大小、正负具有区域差异。非农比较收益对粮食总产量的影响呈现

"东高西低"的差异，农业资本人均拥有量对粮食总产量的负面影响从"珠三角向四周辐射减弱"，这与地方的资本收益率差异有关。

（7）广东省县域的土地生产潜力呈现出较为明显的波动性，在 2000—2007 年之间变化较为平缓，在 2008 年 σ 收敛出现一次较小的变动，说明 2008 年土地生产潜力出现了一定程度的拉升，2008 年之后的 10 年，粮食生产非均衡生产潜力一直处于相对稳定状态，到 2018 年，σ 收敛又出现一次较大幅度的提升。整体而言，广东省县域的土地生产潜力 σ 收敛指数指标体现了快速发展之后的收敛效应。

（8）本书提出的粮食区域优化方案为：重点发展区，由 17 个县（市、区）组成，以粤西、粤北较为集中；优势发展区，由 20 个县（市、区）组成，以粤东及珠三角东部连片最为集中；适度发展区，由 39 个县（市、区）组成，集中于广东省中部以及粤东、粤北地区。

（9）各种粮食安全政策在不同地区的施行效果也是大相径庭的。政策制定需要在更广阔的范围内考虑"邻居效应"之余，按照各地农业生产要素的禀赋基础，合理地建设粮食生产功能区，指引政策执行部门有针对性地施政。具体可分别从劳动力、土地及资本三个要素对粮食生产的影响来衡量各地施政方针的适宜性：一是劳动力提升政策的适宜性。指的是在农村劳动力短缺的背景下，如何引导地区农业劳动力的转型升级以维持粮食稳产增产，相关的政策如职业农民培训、生产者补贴等。二是土地提升政策的适宜性。指的是在农业用地低产出、低流转、高抛荒的背景下，如何维持农用地持续稳定地产出粮食，相关政策如高标准农田建设、土地流转市场建设、农地集约化政策等。三是资本提升政策的适宜性。指的是在资本进入农业的过程中，如何保障粮食产业健康稳定发展而不是被资本"挤出"，相关的政策如农业机械购置补贴、农村普惠金融等。

（10）广东省大部分县级行政区域适宜采用积极的劳动力提升政策。半数以上的县级行政区域适宜采用积极的土地基础设施提升政策。所有地区适宜采用积极的粮食比较收益提升政策。而积极的农业资本提升政策则不利于广东省的粮食生产。

本书以相对微观区域的视角，利用长期县级面板数据进行观察，针对广东省县域粮食生产的区域变迁、时序演化、结构变化等方面进行研究，由此可以更加清晰地刻画出全国最大粮食主销区（广东省）粮食生产微观区域的演变轨迹，研究成果能够对当前宏观粮食安全政策尤其是我国主销区非均衡粮食生产能力和潜力有着较为科学的评估，为落实"藏粮于地、藏粮于技"战略提供相对微观的理论和数据补充。

广东省农业科学院农业经济与信息研究所方伟、杨震宇、洪思扬、王佳友、林漫婷、李丹霞负责撰写本书内容。第 1 章总结和梳理了粮食生产空间演变及非均衡的研究进展及评述；第 2 章分析了广东省粮食生产演变的时序特征；第 3 章分析了广东省粮食生产演变的空间特征；第 4 章在研究粮食生产空间相关性基础上，分析了区域变迁特征；第 5 章研究了广东省粮食生产区域格局演变的机理与影响因素；第 7 章分析了广东省粮食生产土地资源承载力测算与障碍因子；第 8 章研究了广东省主要粮食作物地域适宜性评价与区域优化布局；第 9 章分析了广东省粮食生产投入要素敏感性的区域分类和优化政策建议。感谢闽南师范大学商学院陈加民同志负责本书第 6 章广东省粮食生产非均衡生产潜力指数模型及增长收敛性研究内容的撰写工作，撰写字数 4.35 万字。

CONTENTS **目 录**

第1章 粮食生产空间演变及非均衡的研究进展及评述

从研究现状看，当前粮食生产空间演变及非均衡的研究主要集中在区域经济学、产业经济学、农业经济学等领域，相关成果包括以下几个方面。

1.1 关于粮食生产格局演变特征的研究

国外学者研究结论显示，20世纪30年代以来，世界范围内农业空间分布开始出现了明显的地理集聚现象（库姆斯等，2011），粮食生产区域在空间上的变迁主要由粮食生产比较效益和规模报酬低于二、三产业引致（Todaro，1969；Daniel，2002）。美国农业部USDA（2018）在其农业发展报告中指出美国粮食也正经历向中北部集中与收缩的过程。邓宗兵等（2014）认为我国粮食生产重心北移显著，中部粮食生产重要性凸显，沿海部分省份（如浙江省、广东省）粮食生产能力逐渐缩减。另有研究指出我国省域粮食产量之间存在明显的正向空间自相关性，表现为明显的空间集聚效应（刘彦随等，2018；郑亚楠，张凤荣，2018；田红宇等，2016），基于主产区的研究也得出了这一结论（詹晶等，2021）。张凡凡等（2018）研究发现2006—2015年我国东部沿海和西部地区粮食生产效率出现大面积、大幅度下降趋势，粮食生产效率空间集聚效应显著且具有跃迁性，一定程度上具有一定的路径依赖特征，并指出未来粮食生产政策需要强调政策组合的科学性和叠加效应，需充分发挥区域联动的"涟漪效益"或"被扩散"机制。

从微观视角来看，杨春、陆文聪（2010）基于全国2 400多个县域数据表明，县域粮食生产大致呈现为正的空间相关关系，高（低）粮食生产县域与其他高（低）粮食生产县域在空间位置的分布上相互邻近。王凤等

（2018）研究表明，县域粮食增产和减产区呈现愈发明显的空间集聚状态，高高集聚区逐渐向东北农业区偏移，低低集聚区逐渐向东部和南部沿海偏移。王大力等（2022）以云南县域为研究对象，结果表明县域粮食生产集中分布趋势不断增强，存在显著的全局空间相关性，高产区分布在滇东地区，低产区分布在滇西北地区。

1.2　关于粮食生产格局演变方法的研究

21世纪以来，在空间计量方法不断深化的背景下，统计学方法也被应用于区域粮食产能的研究。空间计量兴起于20世纪70年代，Jean Paelinck（1979）强调空间相互依存的重要性、空间关系的渐进性和位于其他空间适当因素的作用。Nelson（2002）介绍了运用新空间经济理论分析农业经济的特殊问题。Florax 等（2003）、Anselin 等（2004）、Cho 和 Newman（2005）、Bell 和 Dalton（2007）等人运用空间计量分析农业经济问题。近年来国内学者也逐渐使用空间计量研究粮食产能问题。张军等（2011）研究了1949年以来粮食生产的空间分布演变，杨春等（2010）运用"莫然指数"分析了2007年全国2 400多个县域的粮食生产格局。也有学者运用重心模型，研究区域粮食生产重心的演变规律，展现粮食生产格局的时空变迁特点（徐春春等，2013；吴建寨等，2015；高军波等，2018；杨宗辉等，2019；谢坤等，2021）。蔡荣等（2021）的研究表明，稻谷生产重心整体向东北方向移动，玉米生产重心呈现"先向东北→再向西南→再向东北→再向西南"的周期性变化规律，小麦生产重心移动范围较小，未呈现向某一方向变动的趋势。

1.3　关于粮食生产格局驱动因素的研究

Peter H. V.（2002）通过计量分析得出，种植面积的变化或单产水平的变化是重要的影响因素。Daniel 和 Killkenny（2002）发现一般农业政策的变化会对农业生产的地理布局产生影响。Welsh（2003）的研究指出区域经济因素会直接影响农业生产布局，且上游、下游部门的影响也会作用于农业生产布局。罗万纯等（2005）运用面板数据对影响中国粮食生产区域格局的因素进行了分析，结果表明，人均耕地资源、粮食单产、经济效益比、非农收入比重、成灾面积、畜牧业发展状况、复种指数等都是影响中国粮食生产区域格局的因素。郑旭媛等（2014）指出，耕地减少及由粮食作物转向经济作物是粮食种植面积下降的主因，复种指数上升缓解了这一趋势。戴雪飞等（2010）研究了 1978—2008 年广东省粮食生产影响因素，结果表明，化肥使用量、成灾面积对粮食总产量有显著影响。欧阳浩等（2014）运用数据挖掘中的粗糙集方法进行研究，结果表明，对于广东省粮食产量影响较大的因素有化肥用量、水库总容量以及人均经营耕地面积。田玥（2017）获得的实证结果表明：粮食播种面积与化肥用量是广东省粮食增产的最主要原因。蔡荣等（2021）的研究表明，受灾比、有效灌溉面积、化肥投入、劳动投入、人均播种面积、城镇化水平及人均 GDP 等因素在不同程度上影响了中国粮食生产空间布局。杨震宇等（2022）的研究表明，粮食生产区域变迁受到劳动力转移与资本化的双重驱动。

1.4　关于粮食安全能力的专题性研究

Lester Bronw（1996）认为改进土地生产率是世界粮食产能提升的未来趋势。Tan（2005）研究发现中国城镇化的高速发展导致建设用地大量挤压耕地资源，未来粮食产能存在安全隐患；Chen（2011）认为为了弥补主销区近年来粮食生产能力的退化，主产区在实际上通过密集投入和高强度的耕地利用模式促进了粮食产出水平的提升。马晓河、蓝海涛（2008）认为逐步增强平衡区和主销区粮食生产的动力和约束力，着力缓解粮食物流关键环节约束是推动我国粮食生产能力和保障能力的重要抓手。佟光霁等（2017）指出粮食综合生产能力的提升应该从内生、外生两条路径切入，其中内生路径包括坚守耕地红线、提高耕地质量、培育高素质农民、加快科技创新与转化；外生路径包括加强农业基础设施建设、提升财政支农效率、发展适度规模经营等。王国敏（2016）通过主成分分析认为影响我国粮食产能的因素可以分为现代影响因素与传统生产影响因素两大类，其中现代因素包括农业部门固定资产、农业生产投资、化肥使用量、农业机械总动力、农民收入、科技投入等,传统生产因素则包括受灾面积、粮食播种面积、粮食价格等。

对于粮食安全保障,朱晶等(2021)建议转型粮食安全保障既有思维,提升国内国际双循环互促动力,筑牢国内粮食稳产保供的能力基础,构建全方位多渠道的外部粮源供应体系,升级既有农业支持保护政策体系,健全和完善应急保障体系。赵霞等(2022)建议立足国内大循环,稳定国内粮食种植、优化粮食储备体系、稳固国际粮源供应,以增强粮食供给能力;疏通双循环流通环节堵点、有机衔接粮食内外循环,以增强稳定获取粮食的能力。新时代背景下,仇焕广等(2022)建议弱化短期高自给率追求,强化长期能力安全,坚守耕地数量和质量红线,依托农业技术提升竞争力,引导减少食物损失浪费,统筹国内外两种资源、两个市场,积极构建应急保障机制。钟钰等(2022)强调传统的粮食安全战略为解决我国温饱问题做出巨大贡献,新时代亟须构建大食物观,丰富食物来源渠道,推进农业结构调整,构建技术支撑体系,加强开放合作并引导居民健康消费。周立等(2022)强调构建安全的食物助全体系,将粮食安全观扩展为食物安全观。

1.5 经济理论方面的非均衡研究

学者们对于非均衡的研究主要是基于经济理论方面的均衡概念的分析。刘雪晨(2019)对经济增长理论的均衡研究进行了综述,分别是微观范畴的均衡研究、宏观经济框架下的微观均衡研究、宏观范畴下的均衡研究等,为本书奠定了理论基础,并在此基础上使用了多维均衡的概念,经济增长的多维均衡是动态平衡和静态平衡的统一结合,非均衡是可测度的,实际水平是围绕均衡水平上下波动的,非均衡是常态。

常用的衡量非均衡度的模型包括基尼系数、泰尔指数、变异系数、极距与倍率、Zenga 指数等。这些衡量非均衡的指标各有优劣,每一种方法指标对应性质各异的数据,且在实际应用中的侧重点也各不相同。其中,基尼系数应用领域最为广泛,并且相较于变异系数、Theil 指数等其他较为常用的指标,基尼系数提供了一个基于总体分布的不平等程度的单一衡量标准,并允许跨国家和时间段进行比较。另外,基尼系数的子群可分解性便于我们更细致地探寻各子群的差异。泰尔指数同样具备可分解性,但相比基尼系数,其应用范围有限；变异系数直观性较强，容易理解，但不具备可分解性，且没有确定的取值范围，缺乏可比性；极距和倍率易受极端值影响；Zenga 指数是近年来才提出的一种不平等测度方法，虽然具备一些优良特性，但相对来说尚未成熟，应用范围比较有限。因此，基于研究目的和研究对象的具体特征，选用以上各种指数模型来测算广东省各粮食主产区之间粮食生产非均衡发展程度。除了研究粮食生产非均衡发展问题外，这些指数模型同样适用于城乡收入差距和普惠金融发展问题的研究。李建伟（2017）在变异系数法确定指标权重的基础上构建了普惠金融发展指数，从而通过构建相关空间计量模型，实证检验了省域普惠金融发展对城乡收入分配差距的影响，"地理维度的渗透性"子维度在现阶段我国数字普惠金融的发展中起到主导作用，大部分省域普惠金融的发展对缩小本省域城乡收入差距具有显著的作用，周边省域普惠金融的发展对本省域城乡收入差距的改善存在空间溢出效应。沈丽等（2019）通过 Dagum 基尼系数与扩展的分布动态学模型考察中国数字普惠金融的区域差异及分布动态演进，发现全国数字普惠金融发展水平整体呈现下降趋势，与东中部相比，西部地区发展速度较快，呈上升趋势；东部地区多极分化现象明显，中部和西部区多极分化现象逐渐消失。王雪等（2020）运用空间趋势面和泰尔指数检验县域数字普惠金融发展的演进态势发现，中国县域数字普惠金融发展水平逐步提升，但呈现出"东高西低、南高北低"的空间非均衡状态，全国县域数字普惠金融发展的总体差距在缩小，省内县级区域间的数字普惠金融发展差距是总体差距的主要来源，且在数字普惠金融发展水平落后的西部地带和低—低集聚区内实现了最快的收敛速度。

黎传熙（2018）介绍了区域经济发展理论中的非均衡发展理论，包括冈纳·缪尔达尔的循环累积因果论、艾尔伯特·赫希曼的不平衡增长论、弗里德曼的中心—外围论、美国哈佛大学教授雷蒙德·弗农首创的区域经济梯度推移理论、法国经济学家佩罗提出的具有时代意义的增长极理论。但是经济理论认为，开始时各地域的初始状态可能是不均衡的，可落后的地区可能会向先进地区学习，最终所有地区的发展会收敛至一个水平。郭海红（2021）为此梳理了关于收敛方面的经济理论：第一，新古典增长理论的观点是，技术进步是外生的，资本边际产出终将呈递减趋势，因此经济水平落后的地区经济增长速度会加快，区域间会形成平衡状态。第二，内生增长理论的观点是，技术进步是内生的，它既受区域的要素投入和技术投入的约束，又受学习曲线、经验积累、知识溢出等影响，因而资本边际产出不会呈递减趋势，具有较高资本、知识、技术累积的区域增速也会较快，区域间不会形成收敛形态。

黎传熙（2018）、许瑶（2020）均在各自的文献中分析了非均衡的原因，总的来讲就是由于各区域的初始禀赋不同以及所面临的社会经济环境不同造成的。前者应用非均衡发展理论和增长极理论，通过数理统计等手段综合分析肇庆市发展的优劣势和问题，讨论了港珠澳大湾区各城市因功能、定位不同导致的不平衡发展，以及使得肇庆在发展方面处于劣势的具体原因。后者分析了中国海域利用效率的空间非均衡格局成因，主要包括养殖人员培训水平、推广机构密度、推广人员学历水平、经济发展水平的差异等。

不同地域的划分方法对考察地域生产潜力的发展不平衡很关键，不同的文献给出了不同的解决方案。李全峰（2015）在对不同土地产权制度下耕地利用综合效益的对比分析中提到，可以利用不同的土地产权制度将地域划分为垦区和农区，它们的农业生产模式、农业生产投入（如种子、化肥、机械等）以及耕地经营规模、农户非农收入、生产性消费等方面都是有区别的。高鸣（2014）运用了以中国粮食生产功能为依据划分的主产区、主销区和平衡区概念，分析区域间粮食生产技术效率的差别。郭海红（2021）根据地理特征将我国分为东部、中部、西部地区。张扬（2020）的分类方法则更为全面，不仅把三江平原分为农区和垦区，还把耕地类型分为水田、耕地和旱地，行政区以县域分级，并进一步将类型组合，如分析了农区和垦区之间三种耕地类型的差异，甚至更为细致地以500米空间分辨率的栅格来分割三江平原，得到每个像元点上的生产潜力，进而得到了三江平原的地理分级地图，使得生产潜力的区域差异更为直观。

许多文献使用文字、统计数字及图表针对各自研究的问题进行了区域非均衡的分析。黎传熙（2018）主要是通过统计表格分析了港珠澳大湾区各城市的 GDP、第三产业 GDP、第三产业占比、人均 GDP、地区、城乡发展不协调等的统计表格数据，并描绘了港珠澳大湾区发展不均衡的现状。余亮亮（2014）采用统计表格，从经济发展差异视角，分析了地域发展的非均衡状况，他采用对 GDP 进行人口加权形成人均 GDP。郭海红（2021）采用了时序图，刻画了所估计的绿色全要素生产率的时间变化。张扬（2020）在时序图的基础上加入条形图，并拓展了总量、平均值、变异系数的研究变量个数，以此讨论三江平原整体的耕地生产潜力的时间变化。

对于非均衡发展的研究还可以采用其他的统计方法。许瑶（2020）采用核密度估计、重心—标准差椭圆方法分析空间非均衡性及空间格局；郭海红（2021）利用核密度函数考察指标区域差异随时间动态演变趋势，然后构建空间马尔可夫链考察指标区域差异的空间流动性，并结合 Arcgis 趋势面分析，深度考察区域差异的长期演化趋势，陈明华等（2016）结合核密度估计针对五大城市群中内部金融发展水平的分布位置、分布态势、分布延展性、极化趋势等全面分析了五大城市群金融发展绝对差异的分布动态和演进规律；张扬（2020）、李玲（2020）还运用了地理加权回归（GWR）以及 GIS 软件刻画分级统计地图。余亮亮（2014）基于广义的基本公共服务差异视角，遴选出 11 个表征基本公共服务水平的指标，使用模糊数学评价法对不同地区福利的非均衡性进行分析，采用的是客观的熵值法确定权重，得到基本公共服务福利在区域上非均衡现象比较严重的结论；刘雪晨（2019）在分析经济的均衡指数时，使用主成分分析法进行评分，将低级指标汇总为总指标，使得对非均衡的评价由部分过渡到整体。陆凤芝等（2017）采用熵值法测算 2005—2014 年我国省域数字普惠金融发展水平，得出我国各地区数字普惠金融水平呈现从东到西逐渐递减的区域格局。沈丽等（2019）分析我国金融风险分布动态演进发现，中部、西部地区呈现微弱的多级分化趋势，东北地区则表现为较严重的两极分化，为实现我国金融风险差异化管理提供决策依据。

1.6　本章结论

纵观既有研究现状，依然存在一些不足，表现为：一是"重宏观轻微观"，已有涉及粮食安全政策研究成果侧重整体性与全局性分析，相对缺乏对微观视角的研究，尤其缺乏对主销区内重点产粮区域的关注；二是"重一般轻特殊"，重视一般经济理论的引入和应用，地域分异规律是农业的特殊性所在，已有文献对粮食生产地理差异性关注不高，减弱了研究成果的应用价值。三是"重静态轻动态"，动态视角下，微观区域内部结构效应关系更能清晰展现，现有研究明显不足。本研究以县域为数据样本单位，立足微观和动态，从经济地理视角，重新审视广东省粮食生产的客观能力和演变趋势，预测未来广东省粮食产能区域格局演变趋势、分析各主要投入因素对主销区粮食产能影响效果的地理差异，试图提出具有可及性的区域性粮食产能保障政策体系。

第 2 章 广东省粮食生产演变的时序特征研究

2.1 广东省粮食生产关键指标演变时序特征

2.1.1 耕地资源

广东省年末实有耕地面积总体上呈现递减态势。随着广东省社会经济的发展和社会对农产品需求的增加，耕地资源日趋稀缺，耕地的利用强度和效益不断提高。由表 2-1 可以看出 2000—2005 年，广东省年末实有耕地面积总体上呈现递减态势，耕地面积以年均 3 万公顷的速度递减，年末耕地面积从 2000 年的 225.26 万公顷下降到 2005 年的 210.26 万公顷，降幅达 6.67%，其间耕地面积的减少速度明显快于增加速度，耕地资源减少形势极为严峻。2005—2014 年，由于采取了一系列保护耕地的措施，广东省年末实有耕地面积总体上呈现递增态势。国务院组织第三次全国农业普查，剔除不合规耕地、退耕还林地，至 2018 年年末，广东省年末实有耕地面积 259.41 万公顷。截至 2021 年年末，广东省年末实有耕地面积仅 189.87 万公顷。

表 2-1 2000—2021 年广东省耕地面积变化情况

单位：万公顷

年份	年末实有耕地面积	当年增加耕地面积	当年减少耕地面积
2000	225.26	0.75	3.31
2001	222.94	0.68	3.00
2002	235.63	2.10	6.45
2003	213.40	1.09	10.20
2004	210.78	2.23	5.08

（续）

年份	年末实有耕地面积	当年增加耕地面积	当年减少耕地面积
2005	210.26	1.57	2.00
2006	288.25	1.12	8.14
2007	284.77	0.86	4.35
2008	283.07	0.54	2.23
2009	283.07	0.00	0.00
2010	283.07	0.00	0.00
2011	260.13	0.00	22.94
2012	261.62	1.97	0.48
2013	261.18	0.00	0.44
2014	317.47	1.11	0.75
2015	317.62	1.11	0.96
2016	260.76	0.03	0.86
2017	260.11	0.02	0.67
2018	259.41	0.01	0.56
2019	190.19	0.00	69.45
2020	189.87	0.76	1.08
2021	189.87	0.00	0.00

数据来源：《广东统计年鉴》（2001—2022 年）、《广东农村统计年鉴》（2010—2022 年）。因第二次土地调查数据成果未获得国家确认，有部分年份统计缺失。2021 年国土变更调查数据暂未经自然资源部审核确认，耕地数据为 2020 年度国土变更调查确定数。2021 年数据为依据数据趋势的预测数。

从人均耕地占有情况来看，2000—2021 年，广东省人均耕地面积保持在 0.015～0.031 公顷/人的区间范围（图 2-1）。2000—2005 年，人均耕地面积略有上升后又逐步下降。2006—2015 年，人均耕地面积上升，可能与 2005—2014 年，广东省年末实有耕地面积递增态势相关。2016—2021 年间，广东省实有耕地面积明显减少，人均耕地面积下降。按常住人口计，2018 年广东省人均耕地面积仅 0.021 0 公顷，2020 年人均耕地面积仅 0.015 0 公顷，只有全国人均耕地面积的 1/4，远远低于世界粮食及农业组织确定的最低人均耕地 0.053 3 公顷的警戒线。

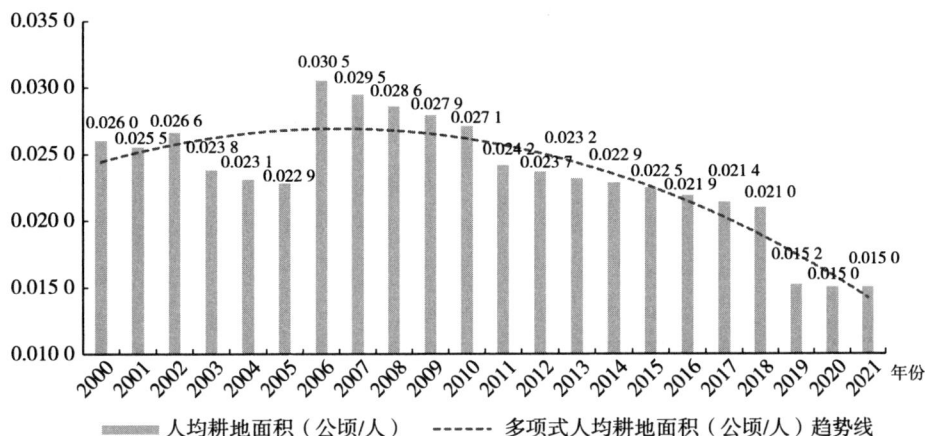

图 2-1 2000—2021 年广东省人均耕地面积变化情况

数据来源:《广东统计年鉴》(2001—2022 年)、《广东农村统计年鉴》(2010—2022 年)。

2.1.2 种植面积

广东省粮食播种面积总量下降趋势明显,近些年粮食播种面积大幅下降的趋势得到了控制。总体来看,2000—2021 年,广东省粮食播种面积减少了 88.69 万公顷,下降 28.61%。具体来看,2000—2006 年,粮食播种面积从 309.99 万公顷持续锐减至 246.67 万公顷,年均下滑 3.4%。2007—2018 年,粮食播种面积平稳维持在 210~245 万公顷(表 2-2、图 2-2),呈现缓慢的下降趋势。2019—2021 年,粮食播种面积逐渐回升。近年来,随着广东省对粮食安全、耕地保护的重视,维持粮食生产面积平稳的措施初见成效,粮食播种面积大幅下降的趋势得到了控制。

表 2-2 2000—2021 年广东省粮食播种面积

单位:万公顷

年份	粮食播种面积	年份	粮食播种面积
2000	309.99	2005	278.65
2001	308.99	2006	246.67
2002	268.10	2007	244.15
2003	267.52	2008	242.58
2004	278.97	2009	242.54

（续）

年份	粮食播种面积	年份	粮食播种面积
2010	238.63	2016	217.78
2011	234.98	2017	216.97
2012	233.14	2018	215.10
2013	226.65	2019	216.06
2014	223.11	2020	220.47
2015	219.33	2021	221.30

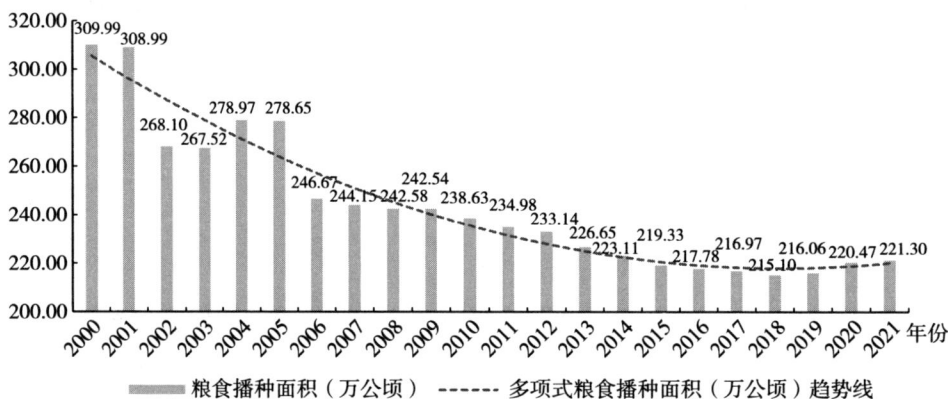

图 2-2 2000—2021 年广东省粮食播种面积

数据来源：《广东农村统计年鉴》（2001—2022 年）。

2.1.3 粮食产量

广东省粮食产量呈现先下降后略有回升态势。广东省属于东亚季风气候区，气候温暖，雨水充沛，光、热、水资源相当丰富，既适合种粮食作物，同时也适宜种经济作物。从粮食生产结构来说，广东地区以自产稻谷为主，稻谷产量占粮食总产量的 80% 以上。

总体来看，2000—2021 年，广东省粮食产量从 1 822.3 万吨下降至 1 279.87 万吨，减少了 29.77%，年均下滑 1.35%（表 2-3、图 2-3）。具体来看，2000—2008 年，广东省粮食产量从 1 822.33 万吨下降至 1 210.02 万吨，年均下滑 3.73%，2009—2012 年，粮食产量有所回升，从 1 261.99 万吨上升至 1 295.69 万吨，年均上升 0.7%。2009—2015 年，广东省粮食产量回升主要归功于种植面积恢复平稳。2013—2018 年，广东省粮食产量下降的趋势趋于平稳，粮食产量在 1 190～1 230 万吨徘徊。2019—2021 年，广东省粮食产量回升至 1 240～1 280 万吨。

表 2 - 3　2000—2021 年广东省粮食总产量

单位：万吨

年份	粮食产量	年份	粮食产量
2000	1 822.33	2011	1 275.73
2001	1 721.55	2012	1 295.69
2002	1 484.16	2013	1 202.48
2003	1 488.00	2014	1 229.97
2004	1 390.00	2015	1 211.66
2005	1 394.97	2016	1 204.22
2006	1 242.42	2017	1 208.56
2007	1 467.03	2018	1 193.49
2008	1 210.02	2019	1 240.80
2009	1 261.99	2020	1 267.56
2010	1 249.15	2021	1 279.87

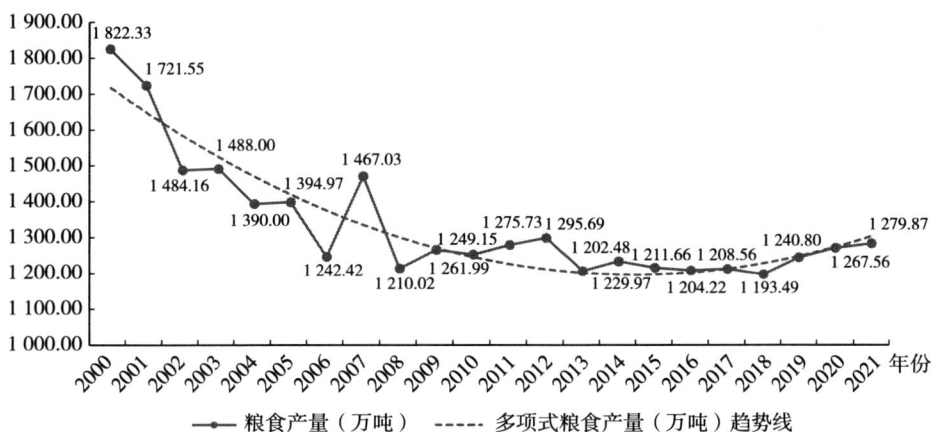

图 2 - 3　2000—2021 年广东省粮食产量变化

数据来源：《广东农村统计年鉴》（2000—2022 年）。

从粮食主要品种变化情况来看，不同产品产量降幅不一（表 2 - 4）。2000—2021 年，广东省稻谷产量由 2000 年的 1 528.53 万吨下降为 2021 年的 1 104.41 万吨，净减 424.12 万吨，降幅 27.75%。2000—2021 年，广东省薯类产量由 199.05 万吨下降为 102.72 万吨，净减 96.33 万吨，降幅 48.40％。2000—2021 年，广东省小麦产量由 4.28 万吨下降为 0.09 万吨，净减 4.19 万吨，降幅 97.90％。2000—2021 年，广东省玉米产量由 76.10 万吨下降为 60.80 万吨，净减 15.30 万吨，降幅 20.11％。2000—2021 年，广东省大豆产量由 18.73 万吨下降为 8.64 万吨，净减 10.09 万吨，降幅 53.87％。

表 2-4 2000—2021 年广东省各类粮食作物产量

单位：万吨

年份	稻谷产量	玉米产量	薯类产量	大豆产量	小麦产量
2000	1 528.53	76.10	199.05	18.73	4.28
2001	1 441.35	65.20	198.15	17.36	3.10
2002	1 243.46	53.50	171.02	12.67	3.20
2003	1 250.38	58.28	166.77	14.92	1.45
2004	1 123.13	56.06	180.28	18.10	1.71
2005	1 116.99	61.52	185.48	18.87	1.85
2006	1 015.90	53.67	150.48	14.92	1.72
2007	1 041.38	59.16	157.40	12.64	0.30
2008	994.97	63.46	154.56	12.10	0.24
2009	1 044.00	71.49	162.43	11.08	0.24
2010	1 041.80	72.09	162.32	11.20	0.25
2011	1 072.65	75.06	166.35	9.60	0.29
2012	1 097.00	79.70	167.35	10.15	0.30
2013	1 012.80	81.62	165.89	9.88	0.32
2014	1 053.29	76.86	165.16	9.45	0.30
2015	1 040.82	77.85	166.10	9.03	0.30
2016	1 039.53	80.96	167.21	8.63	0.30
2017	1 046.34	54.64	95.43	8.48	0.15
2018	1 032.07	54.54	94.67	8.71	0.15
2019	1 075.05	55.59	97.41	9.04	0.15
2020	1 099.58	58.15	97.29	9.10	0.14
2021	1 104.41	60.80	102.72	8.64	0.09

数据来源：《广东农村统计年鉴》（2000—2022 年）。

2.1.4 粮食单产

广东省粮食单产波动较大，降后小幅回升。总体来看，2000—2021 年，广东省粮食单产值从 5 878.65 千克/公顷下降至 5 783.31 千克/公顷，下降

1.62%（表 2-5、图 2-4）。具体来看，2000—2008 年，广东省粮食单产值在波动中下降了 890.55 千克/公顷，降幅达 15.15%。2000—2008 年，广东省农民种粮收益少，积极性降低，导致粮食单产减少。随后，2009—2021 年，广东省粮食单产值小幅回升至 5 800 千克/公顷左右，与财政扶持集约化耕地、种粮规模扩增、技术品种得到应用有很大关系。广东省粮食单产值的个别年份与相邻年份之间跳跃幅度大，这说明粮食单产值受个别年份的当年气候或环境因素影响大。

表 2-5　2000—2021 年广东省粮食单产

单位：千克/公顷

年份	粮食单产	年份	粮食单产
2000	5 878.65	2011	5 429.10
2001	5 571.60	2012	5 557.65
2002	5 535.90	2013	5 305.35
2003	5 562.15	2014	5 512.95
2004	4 982.55	2015	5 524.35
2005	5 006.10	2016	5 529.60
2006	5 036.85	2017	5 570.10
2007	5 189.55	2018	5 548.50
2008	4 988.10	2019	5 742.74
2009	5 203.20	2020	5 749.38
2010	5 234.55	2021	5 783.31

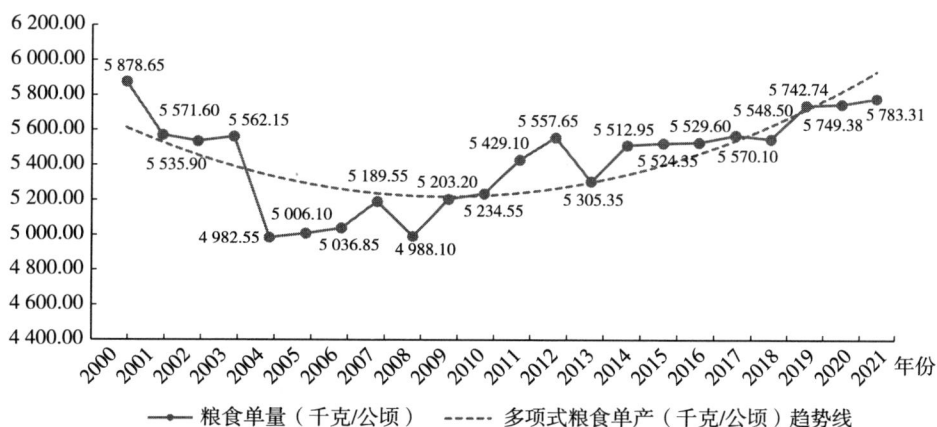

图 2-4　2000—2021 年广东省粮食单产值变化

数据来源：《广东农村统计年鉴》（2000—2022 年）。

2.1.5 粮食种类

广东省由于水土气候及种植习惯，长期以来，粮食作物种植主要以水稻及薯类为主，辅之以玉米、大豆等少量作物种植。稻谷、薯类主要用于口粮消费，玉米、大豆主要用于饲料及工业。

（1）稻谷是广东省最主要的粮食作物，播种面积和总产均居所有粮食作物的首位

广东省是我国重要的双季稻产区，是全国 13 个粮食主产省份之一，稻谷播种面积、产量和单产排全国前十位。广东省稻谷生产呈现出面积、产量下滑，单产徘徊趋稳的特征（表 2 - 6、图 2 - 5）。2000—2021 年，广东省稻谷播种面积和产量总体下降，播种面积从 241.27 万公顷下降至 182.74 万公顷，降幅 24.26%；产量从 1 528.53 万吨下降至 1 104.41 万吨，降幅 27.75%；剔除个别单产值跳跃变化年份，广东省稻谷单产值基本维持在 5 200～6 000 千克/公顷。

表 2 - 6   2000—2021 年广东省稻谷播种面积、产量、单产

单位：万公顷、万吨、千克/公顷

年份	稻谷播种面积	稻谷产量	稻谷单产
2000	241.27	1 528.53	6 335.40
2001	242.55	1 441.35	5 942.40
2002	210.08	1 243.46	5 919.00
2003	209.64	1 250.38	5 964.45
2004	213.90	1 123.13	5 250.75
2005	213.76	1 116.99	5 225.40
2006	194.19	1 015.90	5 231.40
2007	193.04	1 041.38	5 394.75
2008	193.07	994.97	5 153.25
2009	193.36	1 044.00	5 399.25
2010	191.81	1 041.80	5 431.35
2011	189.80	1 072.65	5 651.40
2012	189.82	1 097.00	5 779.05

（续）

年份	稻谷播种面积	稻谷产量	稻谷单产
2013	185.00	1 012.80	5 474.70
2014	182.68	1 053.29	5 765.85
2015	180.48	1 040.82	5 767.05
2016	180.60	1 039.53	5 755.95
2017	180.54	1 046.34	5 795.55
2018	178.74	1 032.07	5 774.16
2019	179.37	1 075.05	5 993.48
2020	183.44	1 099.58	5 994.22
2021	182.74	1 104.41	6 043.61

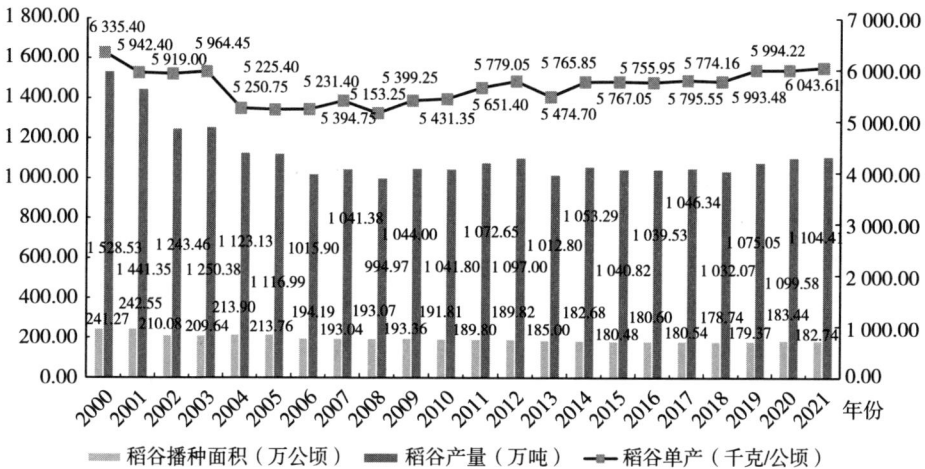

图 2-5　2000—2021 年广东省水稻播种面积、产量、单产变化

数据来源：《广东农村统计年鉴》（2000—2022 年）。

（2）薯类是广东省重要的旱地粮食作物，主要包括甘薯和马铃薯

2000—2021 年，广东省薯类种植面积、产量都呈现总体下降的趋势（表 2-7、图 2-6），总体从 42.68 万公顷下降至 21.14 万公顷，降幅 50.47%；产量从 199.05 万吨下降至 102.72 万吨，降幅 48.40%；单产呈现"降—升—平稳"的趋势，近 10 年来稳定维持在 4 700~5 100 千克/公顷。

表 2-7　2000—2021 年广东省薯类作物播种面积、产量、单产

单位：万公顷、万吨、千克/公顷

年份	薯类播种面积	薯类产量	薯类单产
2000	42.68	199.05	4 664.10
2001	44.08	198.15	4 495.65
2002	38.85	171.02	4 401.60
2003	38.54	166.77	4 326.90
2004	38.77	180.28	4 650.00
2005	38.65	185.48	4 798.95
2006	31.23	150.48	4 818.90
2007	29.91	148.04	4 950.45
2008	28.34	136.91	4 831.05
2009	26.99	133.43	4 943.85
2010	26.18	129.01	4 928.40
2011	24.80	122.86	4 953.30
2012	23.73	120.06	5 059.80
2013	22.64	112.48	4 968.00
2014	22.26	106.12	4 768.05
2015	21.32	102.34	4 800.30
2016	20.27	96.53	4 762.05
2017	20.00	95.43	4 771.05
2018	19.98	94.67	4 737.90
2019	20.25	97.41	4 810.37
2020	20.29	97.29	4 794.97
2021	21.14	102.72	4 859.04

（3）广东省冬种玉米发展较快，尤其是作蔬菜用甜玉米品种长期占全国甜玉米产量的半壁江山

受作蔬菜用甜玉米播种面积数据影响，广东省作为粮食的玉米种植面积数据变化较大，个别年份出现陡降的跳跃。2000—2021 年，广东省玉米播种面积先降后缓升再降减（表 2-8、图 2-7），总体从 17.48 万公顷下降至 12.98 万公顷，降幅 25.74%；产量随播种面积波动而波动，从 76.10 万吨减少至 60.80 万吨，降幅达 20.11%；单产先降后回稳，总体从 4 353.60 千克/公顷升至 4 684.13 千克/公顷，升幅 7.59%。

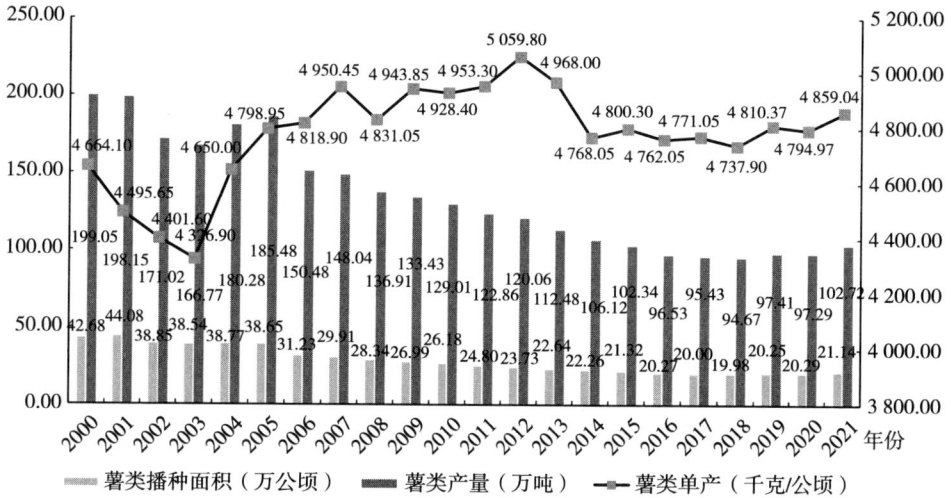

图 2-6　2000—2021 年广东省薯类播种面积、产量、单产变化

数据来源：《广东农村统计年鉴》（2000—2022 年）。

表 2-8　2000—2021 年广东省玉米作物播种面积、产量、单产

单位：万公顷、万吨、千克/公顷

年份	玉米播种面积	玉米产量	玉米单产
2000	17.48	76.10	4 353.60
2001	16.46	65.20	3 962.25
2002	14.39	53.50	3 718.05
2003	14.89	58.28	3 914.70
2004	13.79	56.06	4 065.30
2005	13.67	61.52	4 500.30
2006	11.88	53.67	4 517.10
2007	13.28	59.16	4 454.85
2008	14.34	63.46	4 424.55
2009	15.95	71.49	4 480.95
2010	16.23	72.09	4 442.85
2011	16.73	75.06	4 486.20
2012	17.25	79.70	4 620.15
2013	17.66	81.62	4 620.45
2014	17.72	76.86	4 337.85
2015	17.90	77.85	4 350.15
2016	18.09	80.96	4 474.65
2017	12.10	54.64	4 517.40

（续）

年份	玉米播种面积	玉米产量	玉米单产
2018	12.01	54.54	4 542.00
2019	12.02	55.59	4 624.79
2020	12.31	58.15	4 723.80
2021	12.98	60.80	4 684.13

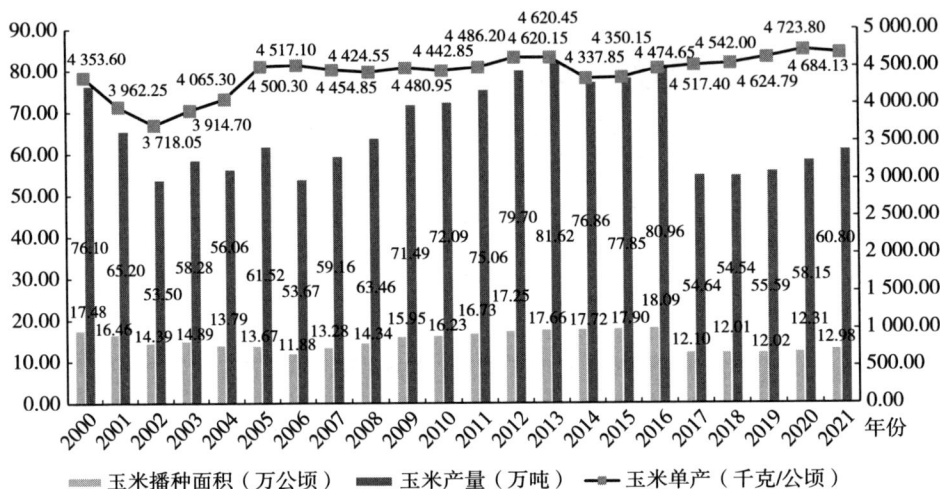

图 2 - 7　2000—2021 年广东省玉米播种面积、产量、单产变化

数据来源：《广东农村统计年鉴》（2000—2022 年）。

（4）大豆是广东省重要的杂粮作物，常用于制作各种豆制品及禽畜饲料 2000—2021 年，广东省大豆播种面积呈骤减后趋缓慢下降趋势，单产提升幅度大（表 2 - 9、图 2 - 8）。但由于广东地区入汛早、降水强度大、暴雨过程多，大豆种植相比干旱平坦的东北主产区较为不利。2000—2021 年，广东省大豆播种面积总体下降，从 9.70 万公顷下降至 3.26 万公顷，降幅达 66.39%；产量从 18.73 万吨减少至 8.64 万吨，降幅达 53.87%；单产从 1 931.40 千克/公顷上升至 2 650.31 千克/公顷，升幅达到 37.22%。

表 2 - 9　2000—2021 年广东省大豆作物播种面积、产量、单产

单位：万公顷、万吨、千克/公顷

年份	大豆播种面积	大豆产量	大豆单产
2000	9.70	18.73	1 931.40
2001	8.81	17.36	1 969.95

（续）

年份	大豆播种面积	大豆产量	大豆单产
2002	6.81	12.67	1 860.75
2003	7.64	14.92	1 953.90
2004	8.04	18.10	2 251.20
2005	8.38	18.87	2 251.80
2006	6.46	14.92	2 309.55
2007	5.73	12.64	2 206.05
2008	5.41	12.10	2 235.45
2009	4.88	11.08	2 271.45
2010	4.84	11.20	2 312.10
2011	4.25	9.60	2 258.85
2012	4.12	10.15	2 460.15
2013	3.88	9.88	2 545.35
2014	3.64	9.45	2 599.05
2015	3.45	9.03	2 620.65
2016	3.23	8.63	2 671.65
2017	3.12	9.48	2 720.40
2018	3.18	8.71	2 740.20
2019	3.26	9.04	2 773.01
2020	3.26	9.10	2 791.41
2021	3.26	8.64	2 650.31

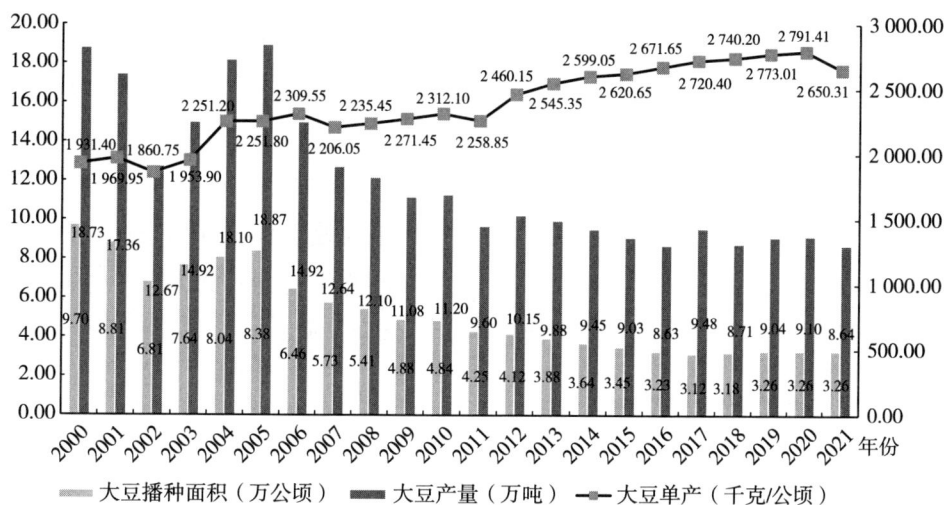

图 2 - 8 2000—2021 年广东省大豆播种面积、产量、单产变化

数据来源：《广东农村统计年鉴》（2000—2022 年）。

2.2 广东省粮食生产面临问题

2.2.1 耕地压力增大

本书通过耕地压力指数来衡量广东省的耕地压力，耕地压力指数反映最小的人均耕地面积与实际人均耕地面积之比，用来衡量某一地区的耕地资源的紧张程度。具体计算方法如下：

$$A = \frac{S_{\min}}{\overline{S}}$$

$S_{\min}$ 表示最小的人均耕地面积；$\overline{S}$ 表示实际人均耕地面积。A 表示耕地压力指数。当耕地压力指数 $A<1$ 时，实际人均耕地值大于最小人均耕地面积值，耕地无明显压力；反之若耕地压力指数 $A>1$，则实际人均耕地值小于最小人均耕地面积值，耕地压力明显；用耕地压力指数 A 值与 1 比较，A 值偏离 1 越大，表明耕地安全或者耕地压力程度越大。要想获得耕地压力指数，关键在于获得最小的人均耕地面积，最小人均耕地面积 $S_{\min}$ 的计算公式如下：

$$S_{\min} = \frac{\partial Gr}{pqk}$$

∂：粮食的自给率；Gr：人均粮食需求量；p：粮食的单产；q：粮食播种面积占总播种面积的比重；k：复种指数。

通过计算 2000—2021 年广东省耕地各项指标和耕地压力指数得出表 2-10。2000 年耕地压力为 2.137 4，而到 2003 年耕地压力指数为近几年最大值 2.319 9，可以认为 2000—2008 年广东省耕地压力仍然处于 2.200 0 左右的高水平运行。2009—2017 年，耕地压力指数处于波动下降期。2018—2021 年耕地压力指数维持在 1.000 0 左右，2019 年达到 0.921 0 历史低位。总体趋势而言，广东省耕地压力指数减少，趋向平衡。

2.2.2 种粮优势下降

2010 年，广东省成为全国唯一一个常住人口数量超过 1 亿人的省份，其常住人口数量占全国总人口比例为 7.79%。而广东省种粮优势却在不断地下降，主要体现在粮食种植面积、粮食产量和人均粮食占有量方面（表 2-10）。

表 2 - 10　2000—2021 年广东省耕地各项指标和耕地压力指数

年份	粮食的自给率	人均粮食需量（千克/人）	粮食播种面积占总播种面积的比重	粮食的单产（千克/公顷）	复种指数	最小的人均耕地面积（公顷）	实际人均耕地面积（公顷）	耕地压力指数
2000	0.540 1	390.06	0.601 1	5 878.70	1.071 1	0.055 7	0.026 0	2.137 4
2001	0.508 4	435.03	0.589 1	5 571.61	1.088 0	0.061 9	0.028 6	2.162 5
2002	0.434 7	434.43	0.558 0	5 535.93	0.891 6	0.068 6	0.030 0	2.287 0
2003	0.413 7	452.21	0.550 1	5 562.19	0.982 4	0.062 2	0.026 8	2.319 9
2004	0.374 7	446.79	0.580 2	4 982.61	1.014 8	0.057 1	0.025 4	2.248 0
2005	0.374 8	404.83	0.578 7	5 006.17	1.016 6	0.051 5	0.022 9	2.252 8
2006	0.329 1	405.74	0.562 8	5 036.84	0.673 7	0.069 9	0.031 0	2.256 7
2007	0.336 4	398.67	0.568 3	5 189.57	0.680 9	0.066 8	0.030 1	2.216 1
2008	0.315 1	402.35	0.567 6	4 988.07	0.687 1	0.065 1	0.029 7	2.195 1
2009	0.350 6	355.37	0.567 0	5 203.25	1.581 2	0.026 7	0.027 9	0.955 8
2010	0.321 1	372.57	0.559 8	5 234.61	1.598 4	0.025 5	0.027 1	0.942 1
2011	0.310 4	391.24	0.553 6	5 429.15	1.615 2	0.025 0	0.026 9	0.928 4
2012	0.304 9	401.17	0.548 8	5 557.58	0.745 1	0.053 8	0.024 7	2.179 6
2013	0.293 3	385.19	0.534 3	5 305.38	0.730 1	0.054 6	0.024 6	2.222 6
2014	0.292 8	391.64	0.528 0	5 512.79	0.596 4	0.066 1	0.029 6	2.231 3
2015	0.282 8	394.88	0.522 9	5 524.38	0.594 2	0.065 1	0.029 3	2.222 3
2016	0.256 8	426.40	0.520 8	5 529.56	0.692 5	0.054 9	0.023 7	2.315 5
2017	0.257 7	419.91	0.513 2	5 570.09	1.625 3	0.023 3	0.021 4	1.087 1
2018	0.221 0	475.94	0.502 7	5 548.43	1.649 7	0.022 9	0.021 0	1.088 2
2019	0.220 0	415.94	0.495 9	5 742.74	2.291 1	0.014 0	0.015 2	0.921 0
2020	0.240 6	417.28	0.495 2	5 749.38	2.344 7	0.015 0	0.015 0	1.000 0
2021	0.266 1	379.27	0.492 0	5 783.31	2.369 2	0.015 0	0.015 0	1.000 0

数据来源：《广东统计年鉴》（2000—2022 年）、《广东农村统计年鉴》（2000—2022 年）、广东省粮食和物资储备局。

广东省粮食产量与粮食播种面积占全国的比重均下降。2000 年，广东省粮食产量为 1 822.33 万吨，占全国粮食产量比重为 3.94%。同年粮食播种面积为 309.99 万公顷，占全国粮食播种面积比重为 2.86%。2021 年，全国粮食产量为 68 284.70 万吨，相比 2000 年增加了 22 067.18 万吨；而 2021 年广东省粮食产量 1 279.87 万吨，相比 2000 年减少了 542.46 万吨，占全国产量比重由 2000 年的 3.94％下降到 1.87％。2021 年全国粮食播种面积为 11 763.10 万公顷，相比 2000 年增加了 916.85 万公顷；而 2021 年广东省粮食播种面积为 221.30 万公顷，相比 2000 年减少了约 88.69 万公顷，占全国播种面积比重由 2000 年的 2.86％下降到 2021 年的 1.88％（表 2-11）。

表 2-11 2000—2021 年全国与广东省粮食产量、播种面积

单位：万吨、万公顷、％

年份	全国产量	广东产量	占比	全国播种面积	广东播种面积	占比
2000	46 217.52	1 822.33	3.94	10 846.25	309.99	2.86
2001	45 263.67	1 721.55	3.80	10 608.0	308.99	2.91
2002	45 705.75	1 484.16	3.25	10 389.08	268.1	2.58
2003	43 069.53	1 488.00	3.45	9 941.04	267.52	2.69
2004	46 946.95	1 390.00	2.96	10 160.6	278.97	2.75
2005	48 402.19	1 394.97	2.88	10 427.84	278.65	2.67
2006	49 804.23	1 242.42	2.49	10 495.8	246.67	2.35
2007	50 160.28	1 267.03	2.53	10 563.84	244.15	2.31
2008	52 870.92	1 210.02	2.29	10 679.27	242.58	2.27
2009	53 082.08	1 261.99	2.38	10 898.58	242.54	2.23
2010	54 647.71	1 249.15	2.29	10 987.61	238.63	2.17
2011	57 120.85	1 275.73	2.23	11 057.31	234.98	2.13
2012	58 957.97	1 295.69	2.20	11 120.46	233.14	2.10
2013	60 193.84	1 202.48	2.00	11 195.6	226.65	2.02
2014	60 702.61	1 229.97	2.03	11 272.26	223.11	1.98
2015	62 143.92	1 211.66	1.95	11 334.3	219.33	1.94
2016	61 625.0	1 204.22	1.95	11 303.4	217.78	1.93
2017	66 160.7	1 208.56	1.83	11 798.9	216.97	1.84
2018	65 789.2	1 193.49	1.81	11 703.8	215.10	1.84
2019	66 384.30	1 240.80	1.87	11 606.40	216.06	1.86
2020	66 949.20	1 267.56	1.89	11 676.80	220.47	1.89
2021	68 284.70	1 279.87	1.87	11 763.10	221.30	1.88

数据来源：《广东农村统计年鉴》（2000—2022 年）、《中国统计年鉴》（2000—2022 年）。

2.2.3 耕地非粮化倾向明显

广东省耕地在农业内部流转的重要特征是明显的非粮食化倾向，具体表

现为：

（1）耕地要素由粮食作物向非粮食作物流转。

从 2000 年至 2021 年，广东省粮食播种面积由 309.99 万公顷降为 221.30 万公顷，净减 88.69 万公顷，降幅 28.61％。这说明，在全部农作物生产中，耕地作为一种生产要素，呈现出耕地使用的非粮食化趋势。

（2）在粮食生产中主粮作物向非主要粮食作物流转。

具体表现是 2000—2021 年，稻谷面积减少量占粮食作物面积净减量的 65.99％，成为导致粮食作物面积下降的绝对主体。大豆占粮食作物面积比总体呈下降趋势，与粮食作物面积比由 2000 年的 3.13％减少为 2021 年的 1.47％；薯类作物占粮食作物面积比重在 2000—2021 年总体呈下降趋势，由 2000 年的 13.77％下降至 2021 年的 9.55％；而玉米占粮食作物的面积比重变化不大，从 2000 年的 5.64％稳定至 2021 年的 5.87％。粮食生产构成的变化说明从 2000 年至 2021 年主粮作物向非主要粮食作物生产流转的态势十分明显，广东省粮食生产品种结构逐步趋向多样化和优质化。

2.2.4　保证粮食自给率不降低压力增大

整体来看，2000—2021 年广东省粮食自给率呈现递减态势（表 2 - 12），从 2004 年开始一直维持在 40％以下，到 2019 年下降到最低值，仅为 22.00％。

表 2 - 12　2000—2021 年广东省粮食自给率变化情况

单位：万吨、％

年份	粮食产量	粮食消费量	自给率
2000	1 822.33	3 374	54.01
2001	1 721.55	3 386	50.84
2002	1 484.16	3 414	43.47
2003	1 488.00	3 597	41.37
2004	1 390.00	3 710	37.47
2005	1 394.97	3 722	37.48
2006	1 242.42	3 775	32.91
2007	1 267.03	3 767	33.64

（续）

年份	粮食产量	粮食消费量	自给率
2008	1 210.02	3 840	31.51
2009	1 261.99	3 600	35.06
2010	1 249.15	3 890	32.11
2011	1 275.73	4 110	31.04
2012	1 295.69	4 250	30.49
2013	1 202.48	4 100	29.33
2014	1 229.97	4 200	29.28
2015	1 211.66	4 284	28.28
2016	1 204.22	4 690	25.68
2017	1 208.56	4 690	25.77
2018	1 193.49	5 400	22.10
2019	1 240.80	5 400	22.00
2020	1 267.56	5 268	24.06
2021	1 279.87	4 811	26.61

数据来源：《广东农村统计年鉴》（2000—2022 年）、广东省粮食和物资储备局。

2000—2021 年广东省人均粮食占有量一直呈现减少态势。表 2-13 表示了 2000—2021 年全国人均粮食占有量和广东省人均粮食占有量的对比。2000 年全国人均粮食占有量为每人 366.10 千克，从 2000 年到 2003 年人均粮食占有量出现小幅的下降，但从 2004 年开始全国人均粮食占有量出现了"14 连增"，到 2021 年人均粮食占有量为每人 483.40 千克，增加了 117.30 千克，增幅比例为 32.04%。而 2000 年广东省人均粮食占有量为 246.30 千克，从 2000 年开始到 2021 年人均粮食占有量呈现下降的趋势，到 2021 年下降到 100.90 千克，减少了 145.40 千克，下降幅度为 59.03%。

表 2-13　2000—2021 年全国和广东省人均粮食占有量

单位：千克/人

年份	全国人均粮食占有量	广东省人均粮食占有量
2000	366.10	246.30
2001	355.89	228.57
2002	356.96	195.10

（续）

年份	全国人均粮食占有量	广东省人均粮食占有量
2003	334.29	193.59
2004	362.22	179.03
2005	371.26	176.58
2006	379.89	154.36
2007	380.61	157.51
2008	399.13	150.41
2009	398.70	157.12
2010	408.66	154.49
2011	425.15	157.57
2012	436.50	161.69
2013	443.46	150.23
2014	444.95	152.74
2015	453.20	125.27
2016	445.68	109.48
2017	475.95	108.21
2018	471.48	105.19
2019	470.78	99.35
2020	474.10	100.41
2021	483.40	100.90

数据来源：《广东农村统计年鉴》（2000—2022 年）、《中国统计年鉴》（2000—2022 年）。

2.3　本章结论

　　本章通过分析发现，广东全省粮食种植面积持续下降，单产不断增加，单产的增加对近 20 年来粮食的稳产保产起到了核心的推动作用。虽然省内粮食单产水平逐渐提高，然而在产业结构升级转型的背景下，人均耕地面积逐步减少，其影响力度大于单产水平的提高，使得省内粮食安全在生产方面趋于恶化。

第 3 章　广东省粮食生产演变的空间特征研究

3.1　基于县域的粮食生产空间分异特征

3.1.1　研究方法

（1）产粮大县生产集中趋势

选取前 20 位粮食生产大县（市、区）粮食产量占全省粮食产量的比重来反映产粮大县的生产集中度。

（2）行业集中指数（CR_n）

采用行业集中指数 CR_n 作为测量指标，运用广东省粮食产量排名前 1、10、20 和 40 位的生产县（市、区）占市场份额的总和作为测算单元，对整个粮食产业的市场结构集中程度进行测度。运用主要粮食生产县的粮食总产量占全省粮食总产量的比例衡量广东省粮食生产的集中度。

$CR_n 1$：表示第一大县的粮食产量之和占全省粮食总产量比例；

$CR_n 10$：表示前 10 位县的粮食产量之和占全省粮食总产量比例；

$CR_n 20$：表示前 20 位县的粮食产量之和占全省粮食总产量比例；

$CR_n 40$：表示前 40 位县的粮食产量之和占全省粮食总产量比例。

（3）赫芬达尔指数（HHI）

采用赫芬达尔指数（HHI）衡量广东省内各县域粮食生产规模集中程度，计算公式为：

$$HHI_t = \sum_{i-1}^{N}(M_{it}/M_t)^2$$

其中 HHI_t 表示第 t 年粮食产业的赫芬达尔指数，N 为地区数量，M_{it}

表示第 t 年 i 县的粮食产量，M_t 表示第 t 年全省粮食总产量。HHI 的数值范围在 0 到 1，数值越大表明粮食产业的集中度越高。

（4）专业化系数（LQ）

采用专业化系数（LQ）（也称区位商），来判断县域粮食生产是否形成地域专业化水平。计算公式为：

$$LQ_{it} = \frac{L_{it}/Q_{it}}{\sum\limits_{i=1}^{N} L_{it} / \sum\limits_{i=1}^{N} Q_{it}}$$

其中，LQ_{it} 表示第 t 年 i 县的粮食产业区位商，N 为县数量，L_{it} 指第 t 年 i 县的粮食产值，Q_{it} 指第 t 年 i 县的农业总产值。区位商大于 1，可以认为该县域粮食生产处于专业化区域；区位商越大，专业化水平越高；如果区位商小于或等于 1，则认为该县域不是粮食生产专业化区域。

（5）区域重心模型

采用区域重心模型描绘广东省粮食生产的空间移动情况。粮食生产重心，是指某个年度粮食产量分布在地域上的力矩达到平衡的点。运用区域重心分析法，计算粮食生产重心经、纬度年度变化量，描绘粮食生产重心演变轨迹，直观呈现广东省粮食产业空间格局演变的过程。

粮食生产重心所在地理位置的经度、纬度计算公式如下：

$$\overline{L_t} = \frac{\sum\limits_{i=1}^{N} M_{it} L_i}{\sum\limits_{i=1}^{N} M_{it}}$$

$$\overline{B_t} = \frac{\sum\limits_{i=1}^{N} M_{it} B_i}{\sum\limits_{i=1}^{N} M_{it}}$$

其中，$\overline{L_t}$ 表示 t 年粮食生产重心地理位置的经度值，$\overline{B_t}$ 表示 t 年粮食生产重心地理位置的纬度值。L_i 表示 i 县（市、区）所在地的经度值，B_i 表示 i 县（市、区）所在地的纬度值。M_{it} 是 i 县（市、区）t 年的粮食产量。N 是县域数量，本书中取值为 122。

粮食生产重心移动距离的计算方法如下：

$$D = E \times [(\overline{L_s} - \overline{L_q})^2 + (\overline{B_s} - \overline{B_q})^2]^{\frac{1}{2}}$$

D 指两地距离。E 为常数，这里取 111.111 千米 [同一经线上，纬度每一度的间距是 111 千米；同一纬线上，每一经度的间距是用 111 乘以纬度数的余弦值；算两地的实地距离时，用勾股定理，此处取 111.111 千米（杨万江等，2011）]，即把地理坐标（以度为单位）转换为地面距离所对应的值。$\overline{L_s}$、$\overline{L_q}$、$\overline{B_s}$、$\overline{B_q}$ 分别表示 s 年 q 年粮食生产重心所处地理位置的经度值和纬度值。

3.1.2 县域间粮食生产空间分异测算结果分析

（1）产粮大县生产集中趋势

本书截取了 2000—2021 年广东省 122 个县（市、区）的粮食种植产量及种植面积数据，通过对 2000 年、2010 年与 2021 年的数据进行加权平均，再筛选出 3 个年份中产量与种植面积都比较靠前的 20 个县（市、区）进行测算分析。最终选取高州、台山、廉江、雷州、五华、兴宁等 20 个产粮大县为样本，统计发现，近 20 年来，产粮大县在广东省粮食生产中发挥了主力军作用，以水稻为例，前 20 位水稻生产大县产量占全省水稻产量的比重从 2000 年的 40.27% 增加到了 2021 年的 45.39%（表 3-1），说明广东全省粮食产能日益向产粮大县集中。

表 3-1　2000、2010、2021 年广东省产粮大县粮食产量占全省比重

年份	累计集中度（%）	产量排名前 20 的县级地区
2021	45.39	高州市、台山市、廉江市、雷州市、五华县、兴宁市、化州市、龙川县、怀集县、信宜市、阳春市、罗定市、电白县、高要市、开平市、南雄市、紫金县、英德市、封开县、遂溪县
2010	41.86	廉江市、罗定市、兴宁市、五华县、化州市、高州市、龙川县、电白区、英德市、信宜市、雷州市、怀集县、阳春市、台山市、高要市、南雄市、紫金县、揭东区、开平市、封开县
2000	40.27	化州市、台山市、罗定市、潮阳区、兴宁市、英德市、廉江市、龙川县、高州市、信宜市、阳春市、高要市、五华县、电白县、揭东区、增城市、博罗县、梅县区、潮安区、开平市

数据来源：《广东省农村统计年鉴》（2001、2011、2019）和广东省统计数据资料。

（2）县域粮食生产行业集中指数演变

粮食行业集中指数测算结果表明，2000—2021 年广东省 CR_n1、CR_n10、

CR_n20、CR_n40 四组集中指数分别经历了"持续上升、上升趋缓、升后转稳、稳后转降"四种轨迹（图 3 - 1）。总体上看，广东省粮食生产专业化集群程度不高。结合四张图可以看出，2000—2021 年广东省第一产粮大县粮食产量占全省比重为 2.55％～2.88％，并实现了较为稳定的连续上升；而前 10 产粮大县粮食产量占全省比重为 22.4％～24.7％，也呈现出持续上升的态势，但后 10 年的增产速度比前 10 年明显减缓；前 20 产粮大县粮食产量占全省比重为 40.6％～42.38％，前 10 年处于持续上升状态，2015 年达到最高值（42.38％）以后开始回落，并逐步趋于平稳；前 40 产粮大县粮食产量占全省比重为 65％～67.7％，前 10 年处于较为小幅度上升状态，2015 年达到最高值（67.7％），随后急剧回落，2021 年达到最小值（65％）。

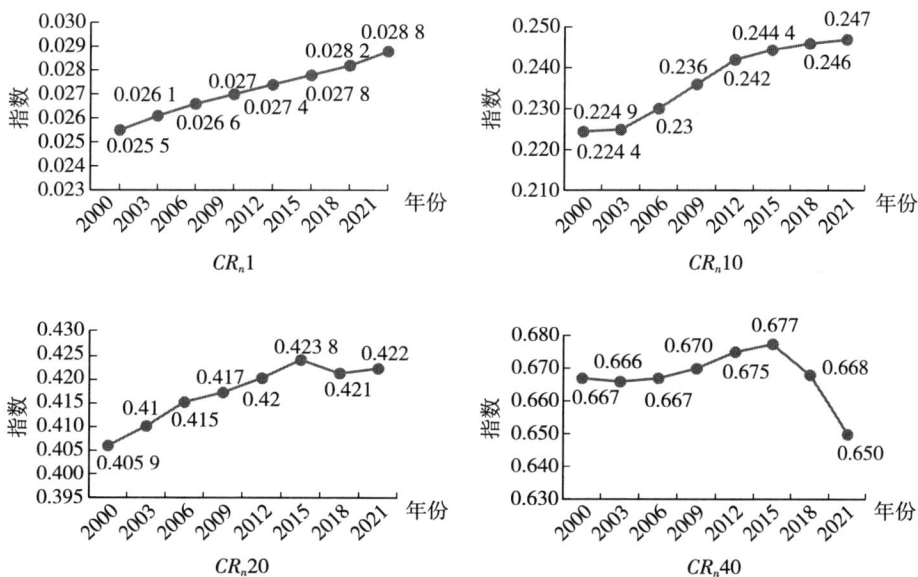

图 3 - 1　2000—2021 年广东省产粮大县粮食行业专业化指数 CR_n 演变趋势（4 组）

备注：产粮大县即研究期限内粮食种植面积和产量居前的 40 个县（市、区）。

（3）粮食生产赫芬达尔指数演变

广东省粮食产业赫芬达尔指数测算结果显示，2000—2021 年广东省 40 个产粮大县粮食产业的 HHI 指数分布范围在 0.051 6 至 0.053 6（图 3 - 2），整个产业在全国范围内的集中度保持在较低的水平。进一步观察发现，整体上产业集中度的变化情况可以分三段进行分析：2000—2006 年，HHI 均呈现下降态势，并从 2000 年的 0.051 6 下降到 2006 年的 0.051 5；2008—2014 年，HHI 以很快的速度上升；HHI 从 2008 年的 0.051 6 上升到 2014 年的 0.052 9；2016—2021 年，HHI 上升速度有所减缓，但仍然持续上升，从 2016 年的 0.053 15 上升至 2021 年的 0.053 60。其含义为，在 20 世纪 90 年代，虽然广东省粮食生产区域从东部持续向西部转移，但粮食产业规模的离散程度在扩大，到了 21 世纪初，产粮大县间产出规模出现了集中运动；2016 年以后粮食生产逐渐形成稳定的规模，大县集聚能力缓慢提升，到 2021 年产业的综合集中度达到最高水平。

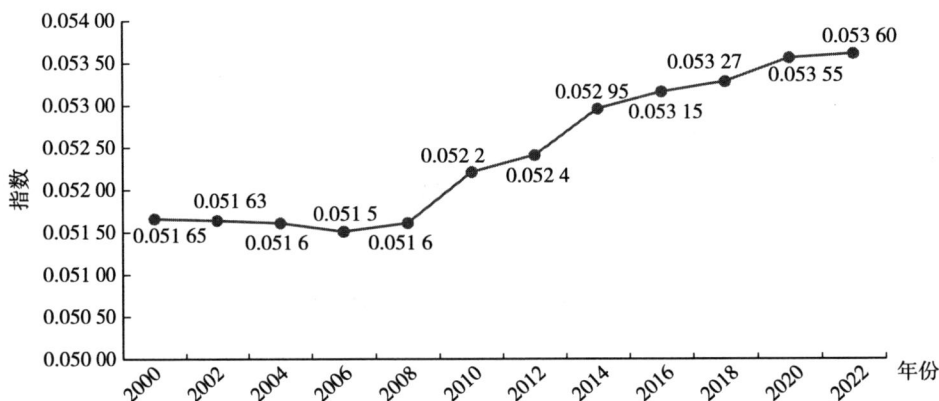

图 3-2 2000—2021 年广东省产粮大县赫芬达尔指数

（4）粮食生产专业化系数演变

本书从广东省 40 个产粮大县中选取 2021 年处于前列的 20 个县为监测点，利用各县域 LQ 值分析产业专业化变动的情况，如表 3-2 所示。

总体来看，粮食产业 LQ 系数在 3 个年份普遍表现出"低—高—中"的特点。有 8 个县（台山、罗定、南雄、龙川、五华、紫金、开平、遂溪）在 3 个年份的 LQ 系数值均大于 1，表明该县域为地区粮食生产专业化区域；4 个县（封开、龙川、紫金、开平）LQ 指数实现连年增长，表明这些地区的产业集中趋势明显；1 个县（高州）LQ 系数一直低于 1，表明在这个地区的农业产业发展过程中，粮食产业的集中趋势并不显著。

表 3-2　2000—2021 年广东省前 20 个县的 *LQ* 值

县（市、区）	2000	2010	2021	县（市、区）	2000	2010	2021
高州市	0.375	0.813	0.922	阳春市	0.597	1.617	1.234
台山市	1.261	1.281	2.515	罗定市	1.466	2.390	2.266
廉江市	0.404	1.756	1.024	电白区	0.720	1.123	1.196
雷州市	0.463	0.103	2.102	高要市	0.540	1.111	0.948
五华县	1.070	2.914	2.477	开平市	1.013	1.354	2.037
兴宁市	0.835	2.043	1.813	南雄市	2.187	1.486	1.862
化州市	0.560	1.096	0.942	英德市	0.635	1.297	0.836
龙川县	1.825	2.733	3.475	紫金县	1.059	1.127	1.260
怀集县	0.610	1.775	1.454	封开县	0.803	1.211	1.342
信宜市	0.739	1.613	1.430	遂溪县	1.229	1.206	1.900

（5）粮食生产重心演变轨迹

重心演变测算结果显示，广东省 122 个县（市、区）中任何一个县（市、区）的粮食生产规模发生变动都会引起全省粮食生产重心的偏移，偏移的方向由地区对粮食生产系统的贡献程度决定，偏移的速度与该方向上的区域调整强度相关。利用生产重心计算公式，计算出 2000 年至 2021 年广东省全省范围内各年度粮食生产重心的地理坐标、年度重心移动距离和移动方向，结果如表 3-3 所示。

表 3-3　2000—2021 年广东省粮食生产重心空间移动方向距离

年份	经度（X）	纬度（Y）	方向	距离（千米）
2000	113.515	23.085	—	—
2001	113.450	23.050	西南	17.544 50
2002	113.513	23.085	东南	8.031 04
2003	113.486	23.067	西北	3.613 78
2004	113.475	23.064	西南	1.253 91
2005	113.470	23.063	西南	0.630 00
2006	113.481	23.071	东北	1.513 07
2007	113.459	23.072	西北	2.406 99
2008	113.410	23.052	西南	5.921 79
2009	113.361	23.038	西南	5.674 07

（续）

年份	经度（X）	纬度（Y）	方向	距离（千米）
2010	113.372	23.029	东南	1.642 74
2011	113.374	23.036	东北	0.817 81
2012	113.342	23.026	西南	3.690 89
2013	113.311	23.008	西南	3.992 72
2014	113.350	23.029	东北	4.919 71
2015	113.312	23.006	西南	4.952 39
2016	113.310	23.005	西南	0.237 29
2017	113.315	23.005	东南	0.584 17
2018	113.314	23.003	西南	0.271 40
2019	113.310	23.007	西南	0.686 42
2020	113.225	22.984	西北	0.458 12
2021	113.251	22.951	东南	4.697 66

从空间布局重心计算产业移动情况来看，经度变动以西移为主，纬度变动以南移为主（图3-3）。结合表3-3和图3-3可以看出，20年间粮食转移轨迹主要可以分为三个阶段：2000—2007年产业移动的速度快，力度大，移动距离达到9.6千米/年，但方向不均，出现明显的大范围跳跃，显示出

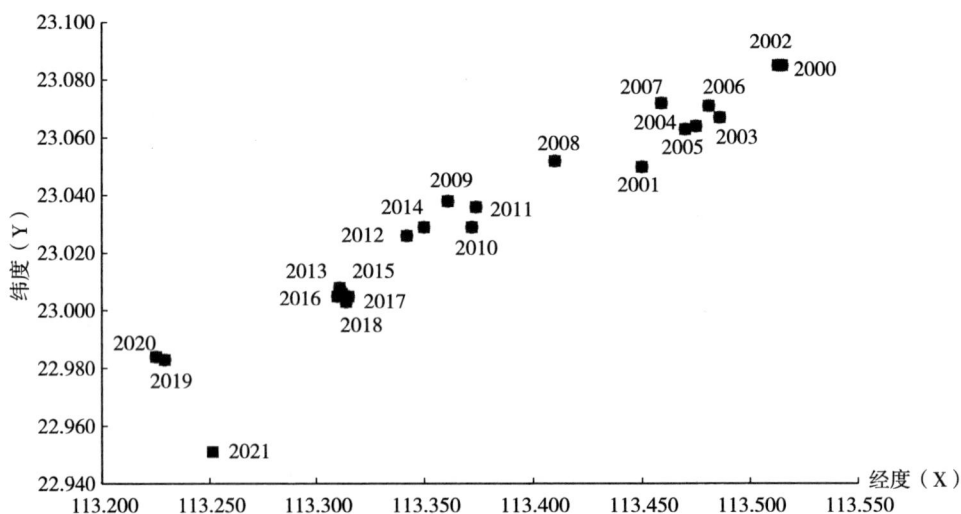

图3-3 2000—2021年广东省粮食产业重心坐标

这个阶段各产地之间生产的波动比较大，处于非稳定阶段；2008—2011年，产业移动的速度明显降缓至 2.5 千米/年，但方向开始以向西为主，力度较大，显示出这个阶段西部粮食生产优势渐渐明显，开始形成总体西移的态势；2012—2019 年，产业移动的速度为 2.4 千米/年，但明显逐年渐趋缓慢，尤其是到 2010 年以后，重心移动距离都在 1 千米以下，移动方向除2014 年向东跳跃辐度较大，其余年份仍然呈现持续向西趋势，显示出这个阶段生产重心移动趋微，各地生产力量正逐步达成平衡态势。

3.2　基于县域的粮食生产空间演变轨迹

3.2.1　研究方法：标准差椭圆

标准差椭圆（SDE）是定量描述地理要素空间分布整体特征的空间统计学方法。该方法以地理要素的平均分布中心为中心，以要素分布的主趋势方向为方位角，以要素在 X 方向和 Y 方向上的标准差为椭圆轴，通过构建地理要素的空间分布椭圆，来描述和解释地理要素空间分布的中心性、方向性和空间分布形态等特征（赵璐等，2014）。许多学者使用椭圆标准差来探讨粮食生产格局的演变规律（夏四友等，2018；王凤等，2018；吴静芬等，2021；肖琴等，2021），既有全国层面的研究，也有区域、县域层面的研究。

SDE 方法通过以中心、长轴、短轴和方位角为基本参数的空间分布椭圆定量描述研究对象的空间分布整体特征。椭圆的中心表示整个数据的中心位置，长半轴表示数据分布的方向，短半轴表示数据分布的范围，长短半轴的差距越大（扁率越大），表示数据的方向性越明显，反之，假如长短半轴越接近，表示数据的方向性越不明显。

本书基于广东省县级尺度的耕地总面积、粮食种植面积、粮食产量和粮食单产数据采用 SDE 方法来描述广东省粮食生产的方向性分布特征，其计算方法如下：

$$SDE_x = \sqrt{\frac{\sum\limits_{i=1}^{n}(x_i - \overline{X})^2}{n}}$$

$$SDE_y = \sqrt{\frac{\sum\limits_{i=1}^{n}(y_i - \overline{Y})^2}{n}}$$

其中，SDE_x 和 SDE_y 为椭圆的圆心，x_i 和 y_i 为每个要素的空间位置坐标，$\overline{X}$ 和 $\overline{Y}$ 为算数平均中心。

$$\tan\theta = \frac{A+B}{C}$$

$$A = \left(\sum_{i=1}^{n}\tilde{x}_i^2 - \sum_{i=1}^{n}\tilde{y}_i^2\right)$$

$$B = \sqrt{A^2 + 4\left(\sum_{i=1}^{n}\tilde{x}_i\tilde{y}_i\right)^2}$$

$$C = 2\sum_{i=1}^{n}\tilde{x}_i\tilde{y}_i$$

其中，θ 为椭圆的旋转角度，$\tilde{x}_i$ 和 $\tilde{y}_i$ 为平均中心和每个要素空间坐标 x_i 和 y_i 的差。

$$\sigma_x = \sqrt{2}\sqrt{\frac{\sum\limits_{i=1}^{n}(\tilde{x}_i\cos\theta - \tilde{y}_i\sin\theta)^2}{n}}$$

$$\sigma_y = \sqrt{2}\sqrt{\frac{\sum\limits_{i=1}^{n}(\tilde{x}_i\sin\theta + \tilde{y}_i\cos\theta)^2}{n}}$$

其中，σ_x 和 σ_y 为椭圆 X 和 Y 轴的长度。

3.2.2 耕地资源重心轨迹

从耕地数量增多的方向分布来看，1990—2020 年广东省耕地数量呈现明显的东北—西南向，且方向性增强。覆盖的主体区域包括广东省大多数区域，东北向延伸至和平县、龙川县、兴宁市、五华县一带，西南向延伸至阳西县、电白县、高州市、信宜市一带，整体以粤西、粤北、珠三角地区为主。标准差椭圆的形态变化幅度较小，表明广东省内耕地资源的优势区域格局相对稳定。

1990—1995 年，省内耕地资源的重心经纬度由 113.389 9、23.260 9 变化为 113.399 7、23.279 2，重心地区均位于广州市白云区，两个重心位置相距2.272千米，变化不大；长半轴由2.475 0变化为2.513 0，短半轴由1.091 6变化为1.104 0，椭圆范围有所扩张。到了2000年，耕地资源的重心经纬度变化为113.398 3、23.278 7，重心地区同样位于广州市白云区，与1995年的重心位置相距0.155千米，变化很小；长半轴、短半轴分别变化为2.509 6、1.102 8，椭圆范围略有减小。到了2005年，耕地资源的重心经纬度变化为113.387 1、23.286 9，重心地区位于广州市白云区和顺路，与2000年的重心位置相距1.462千米，变化不大；长半轴、短半轴分别变化为2.545 6、1.114 5，椭圆范围有所扩张。到了2010年，耕地资源的重心经纬度变化为113.382 5、23.288 1，重心地区位于广州市白云区一环路29号，与2005年的重心位置相距0.489千米，变化较小；长半轴、短半轴分别变化为2.557 4、1.118 6，椭圆范围略有扩张。到了2015年，耕地资源的重心经纬度变化为113.381 4、23.288 2，重心地区位于广州市白云区一环路29号，与2010年的重心位置相距0.107千米，变化很小；长半轴、短半轴分别变化为2.562 2、1.119 9，椭圆范围略有扩张。到了2020年，耕地资源的重心经纬度变化为113.346 8、23.249 5，重心地区位于广州市白云区田心南路2号，与2015年的重心位置相距5.58千米，变化不大；长半轴、短半轴分别变化为2.654 1、1.122 4，椭圆范围有所扩张（表3-4）。

表3-4　1990—2020年广东省县域耕地面积的标准差椭圆参数

时间	重心经度	重心纬度	长半轴	短半轴	扁率
1990	113.389 9	23.260 9	2.475 0	1.091 6	2.267 4
1995	113.399 7	23.279 2	2.513 0	1.104 0	2.276 2
2000	113.398 3	23.278 7	2.509 6	1.102 8	2.275 7
2005	113.387 1	23.286 9	2.545 6	1.114 5	2.284 0
2010	113.382 5	23.288 1	2.557 4	1.118 6	2.286 2
2015	113.381 4	23.288 2	2.562 2	1.119 9	2.288 0
2020	113.346 8	23.249 5	2.654 1	1.122 4	2.364 6

整体而言，研究期内广东省耕地资源的重心位置一直处于广州市白云区，各个年份之间的位置变化不大，椭圆范围处于缓慢扩张阶段，表明20世纪90年代全省耕地资源以珠三角的广州市为重心，伴随城镇化、产业转移，耕地分布向东北、西南方向扩散，以粤北、粤西地区为主。

3.2.3 播种面积重心轨迹

从粮食播种面积增多的方向分布来看，2000—2020 年广东省粮食播种面积呈现明显的东北—西南向，且方向性增强。覆盖的主体区域包括广东省大多数区域，东北向延伸至平远县、梅江区、丰顺县、揭西县一带，西南向延伸至廉江市、坡头区、吴川市一带，整体以粤西、粤北、珠三角地区为主。相比耕地资源，标准差椭圆的形态变化幅度略有增大，表明广东省内粮食种植面积的优势区域格局存在一定波动性。

2000—2005 年，省内粮食播种面积的重心经纬度由 113.353 9、23.091 0 变化为 113.252 2、23.092 9，重心地区均位于广州市海珠区，具体由石伦里六巷 13 号变化为新民六街 31 - 3 号，两个重心位置相距 10.42 千米，变化不大；长半轴由 3.000 0 变化为 3.070 3，短半轴由 1.040 6 变化为 1.060 2，椭圆范围有所扩张。到了 2010 年，粮食播种面积的重心经纬度变化为 113.190 0、23.050 8，重心地区位于佛山市南海区新村十巷 1 号，与 2005 年的重心位置相距 7.909 千米，变化不大；长半轴、短半轴分别变化为 3.088 6、1.065 6，椭圆范围略有扩张。到了 2015 年，粮食播种面积的重心经纬度变化为 112.897 8、22.955 2，重心地区位于佛山市南海区河岗大道，与 2010 年的重心位置相距 31.774 千米，变化幅度有所增大；长半轴、短半轴分别变化为 2.994 9、1.121 1，椭圆范围的长端有所缩减、短端有所扩张。到了 2020 年，粮食播种面积的重心经纬度变化为 113.105 0、22.979 8，重心地区位于佛山市禅城区滨海东路，与 2015 年的重心位置相距 21.406 千米，变化幅度有所减小；长半轴、短半轴分别变化为 3.161 5、1.058 6，椭圆范围的长端有所扩张、短端有所缩减（表 3 - 5）。

表 3 - 5 2000—2020 年广东省县域粮食播种面积的标准差椭圆参数

年份	重心经度	重心纬度	长半轴	短半轴	扁率
2000	113.353 9	23.091 0	3.000 0	1.040 6	2.882 9
2005	113.252 2	23.092 9	3.070 3	1.060 2	2.896 0
2010	113.190 0	23.050 8	3.088 6	1.065 6	2.898 5
2015	112.897 8	22.955 2	2.994 9	1.121 1	2.671 5
2020	113.105 0	22.979 8	3.161 5	1.058 6	2.986 5

整体而言，研究期内广东省粮食播种面积的重心位置由广州市海珠区转移到佛山市南海区、禅城区，各个年份之间的位置有一定的变化，椭圆范围处于缓慢扩张阶段，这与耕地资源的变化相匹配，21世纪以来全省粮食播种面积的分布向东北、西南方向扩散，以粤北、粤西地区为主。

3.2.4　粮食产量重心轨迹

从粮食产量增加的方向分布来看，1990—2020年广东省粮食产量呈现明显的东北—西南向，且方向性增强。覆盖的主体区域包括广东省大多数区域，东北向延伸至平远县、蕉岭县、梅县、丰顺县一带，西南向延伸至廉江市、化州市、吴川市一带，整体以粤西、粤北、珠三角地区为主，兼有部分粤东地区。相比耕地资源，标准差椭圆的形态变化幅度略有增大，表明广东省内粮食产量的优势区域格局存在一定波动性。

1990—1995年，广东省内粮食产量的重心经纬度由113.370 9、23.067 5变化为113.461 5、23.135 3，重心地区由广州市海珠区星岛环北路变化为广州市黄埔区长盛街17号，两个重心位置相距11.955千米，变化不大；长半轴由2.722 9变化为2.950 2，短半轴由0.966 5变化为1.037 9，椭圆范围有所扩张。到了2000年，粮食产量的重心经纬度变化为113.448 1、23.155 6，重心地区位于广州市黄埔区南翔二路15号，与1995年的重心位置相距2.651千米，变化较小；长半轴、短半轴分别变化为3.008 6、1.048 8，椭圆范围略有扩张。到了2005年，粮食产量的重心经纬度变化为113.292 9、23.153 9，重心地区位于广州市越秀区麓湖路，与2000年的重心位置相距15.886千米，变化幅度有所增大；长半轴、短半轴分别变化为3.150 6、1.063 4，椭圆范围继续扩张。到了2010年，粮食产量的重心经纬度与2005年相差不大，椭圆范围也基本相当。到了2015年，粮食产量的重心经纬度变化为113.141 1、23.098 0，重心地区位于佛山市南海区桂龙路1号，与2010年的重心位置相距16.74千米，变化幅度略有增大；长半轴、短半轴分别变化为3.173 7、1.103 3，椭圆范围的长端有所扩张、短端略有缩减。到了2020年，耕地资源的重心经纬度变化为113.164 8、23.009 2，重心地区位于佛山市南海区石肯东华路大冲口坊91号，与2015年的重心位置相距10.181千米，变化幅度有所减小；长半轴、短半轴分别变化为3.193 6、

1.051 6，椭圆范围的长端有所扩张、短端有所缩减（表3-6）。

表3-6 1990—2020年广东省县域粮食产量的标准差椭圆参数

年份	重心经度	重心纬度	长半轴	短半轴	扁率
1990	113.370 9	23.067 5	2.722 9	0.966 5	2.817 2
1995	113.461 5	23.135 3	2.950 2	1.037 9	2.842 4
2000	113.448 1	23.155 6	3.008 6	1.048 8	2.868 6
2005	113.292 9	23.153 9	3.150 6	1.063 4	2.962 8
2010	113.292 9	23.153 9	3.150 6	1.063 4	2.962 8
2015	113.141 1	23.098 0	3.173 7	1.103 3	2.876 5
2020	113.164 8	23.009 2	3.193 6	1.051 6	3.036 8

整体而言，研究期内广东省粮食产量的重心位置由广州市海珠区、黄浦区、越秀区转移到佛山市南海区，各个年份的重心位置发生了一定的变化，椭圆范围处于缓慢扩张阶段，这与播种面积的变化相匹配，21世纪以来全省粮食产量的分布向东北、西南方向扩散，以粤北、粤西地区为主。

3.2.5 粮食单产重心轨迹

从粮食单产增加的方向分布来看，2000—2020年广东省粮食产量呈现明显的东北—西南向，且方向性增强。覆盖的主体区域包括广东省大多数区域，东北向延伸至平远县、蕉岭县、梅县、丰顺县、揭东县一带，西南向延伸至信宜市、高州市、电白县、阳西县一带，整体以粤西、粤北、珠三角地区为主，兼有部分粤东地区。相比耕地资源，标准差椭圆的形态变化幅度略有增大，表明广东省内粮食单产的优势区域格局存在一定波动性。

2000—2005年，省内粮食单产的重心经纬度由113.646 5、23.510 7变化为113.651 8、23.217 9，重心地区由广州市从化区鳌塑径变化为广州市增城区花莞高速，两个重心位置相距32.596千米，变化较大；长半轴由2.600 1变化为2.872 8，短半轴由1.232 0变化为1.117 9，椭圆范围的长端有所扩张、短端有所缩减。到了2010年，粮食单产的重心经纬度变化为113.631 6、23.202 0，重心地区位于广州市增城区，与2005年的重心位置相距2.713千米，变化不大；长半轴、短半轴分别变化为2.860 3、1.111 7，椭圆范围的长端略有缩减、短端略有扩张。到了2015年，粮食单产的重心经纬度变化为 113.673 7、23.229 1，重心地区位于广州市增城区下元路 1 号，与 2010 年的重心位置相距 5.253 千米，变化幅度有所增大；长半轴、短半轴分别变化为 2.895 0、1.131 2，椭圆范围有所扩张。到了 2020 年，粮食单产的重心经纬度变化为 113.665 0、23.244 8，重心地区位于广州市增城区，与 2015 年的重心位置相距 1.957 千米，变化幅度有所减小；长半轴、短半轴分别变化为 2.906 7、1.148 5，椭圆范围略有扩张（表 3-7）。

表 3-7　2000—2020 年广东省县域粮食单产的标准差椭圆参数

年份	重心经度	重心纬度	长半轴	短半轴	扁率
2000	113.646 5	23.510 7	2.600 1	1.232 0	2.110 4
2005	113.651 8	23.217 9	2.872 8	1.117 9	2.569 9
2010	113.631 6	23.202 0	2.860 3	1.111 7	2.572 9
2015	113.673 7	23.229 1	2.895 0	1.131 2	2.559 2
2020	113.665 0	23.244 8	2.906 7	1.148 5	2.530 7

整体而言，研究期内广东省粮食单产的重心位置由广州市从化区转移到广州市增城区，各个年份的位置发生了一定的变化，椭圆范围处于缓慢扩张阶段，这与耕地资源、粮食播种面积的变化相匹配，21 世纪以来全省粮食单产的分布向东北、西南方向扩散，以粤北、粤西地区为主。

3.3　本章结论

从粮食产能演变的空间特征来看，广东省内耕地面积较大的区域主要集中于粤北和粤西地区，珠三角、粤东地区相对较少。这使得粮食种植面积较大的区域以粤北、粤西地区为主；珠三角在 20 世纪 90 年代的粮食种植较多，而在产业升级背景下 21 世纪以来播种面积有所下滑；粤东地区的粮食种植一直维持相对较低水平。粮食产量主要与播种面积相关，其空间特征与播种面积类似。90 年代中前期珠三角、粤东地区的粮食单产水平较高，在城镇化条件下，粮食种植技术逐步向粤西、粤北地区推广，截至 2020 年年末单产水平较高的区域主要集中于粤西、粤北及粤东地区。

使用标准差椭圆探讨粮食生产重心的演变规律。耕地资源方面，20 世纪 90 年代以来广东省耕地资源的重心位置一直处于广州市白云区，椭圆范围处于缓慢扩张阶段，全省耕地资源以珠三角的广州为重心，耕地分布向东北、西南方向扩散。播种面积方面，重心位置由广州市海珠区转移到佛山市南海区、禅城区，其分布向东北、西南方向扩散，以粤北、粤西地区为主。粮食产量方面，重心位置由广州市海珠区、黄浦区、越秀区转移到佛山市南海区，各个年份的位置发生了一定的变化，椭圆范围缓慢扩张。粮食单产方面，重心位置由广州市从化区转移到广州市增城区，其分布向东北、西南方向扩散。

第4章 广东省粮食生产空间相关性与区域变迁分析

4.1 粮食生产的空间相关性分析

4.1.1 研究方法：探索性空间数据分析

空间相关性来自两个方面：一方面，不同地区经济变量样本数据的采集可能存在空间上的测量误差；另一方面，相邻地区间客观存在着更紧凑的关系，而这种关系无法简单地用增加变量的形式来表达。本章重点回答广东省县域粮食生产是否具有区域空间相关性，采用全局空间自相关的 Moran's I 进行分析。

探索性空间数据分析（ESDA）是一系列空间分析方法和技术的集合，通过对事物或现象分布格局的描述与可视化探究区域属性值的分布模式和空间相对差异。空间自相关分析分为全局空间自相关和局部空间自相关分析。全局空间自相关反映了在一个总的空间范围内整体的分布状况，是否在空间上存在聚集特性；局部空间自相关描述一个空间单元与其他空间单元的相似程度。其空间关联模式主要有正空间关联和负空间关联：正空间关联中的高高关联是属性值高于均值的空间单元集聚；而负空间关联中的高于均值的空间单元和低于均值的空间单元邻近的区域以高低关联和低高关联两种形式呈现。

本部分主要步骤为 Global Moran's I→Local Moran's I。Global Moran's I 工具是一种推论统计，这意味着分析结果始终在零假设的情况下进行解释。对于粮食生产的 Global Moran's I 统计量，零假设声明：粮食产量在地理上是随机分布的；换句话说，用于促进观察值模式的空间过程是随机的。全局空间自相关的 Moran's I 统计可表示为：

$$I = \frac{n \sum\limits_{i=1}^{n} \sum\limits_{j=1}^{n} w_{i,j} z_i z_j}{s_0 \sum\limits_{i=1}^{n} z_i^2}$$

其中 z_i 是样本 i 的属性与其平均值（$xi - \tilde{x}$）的偏差，$w_{i,j}$ 是样本 i 和 j 之间的空间权重，n 等于样本总数，s_0 是所有空间权重的聚合：

$$S_0 = \sum\limits_{i=1}^{n} \sum\limits_{j=1}^{n} w_{i,j}$$

其中，统计的 z_I 得分以下列形式计算：

$$z_I = \frac{I - E[I]}{\sqrt{V[I]}}$$

其中：

$$E[I] = -1/(n-1)$$

$$V[I] = E[I^2] - E[I]^2$$

Global Moran's I 统计量所依据的数学公式如上所示。该工具计算所评估变量的均值和方差。然后，将每个观察值减去均值，从而得到与均值的偏差。将所有相邻样本（例如位于指定距离范围内的样本）的偏差值相乘，从而得到叉积。请注意，Global Moran's I 统计量的分子是这些叉积的和。粮食作物总产量（Yt）、劳均粮食产量（Ya）基于地理权重的 Moran's I 的统计值可通过 Stata15.0 软件计算得出。

Global Moran's I 指数是常用的衡量全局空间自相关程度的指数，表达式为：

$$Global\ Moran's\ I = \frac{1}{\sum\limits_{i=1}^{n} \sum\limits_{j=1}^{n} w_{ij}} \times \frac{\sum\limits_{i=1}^{n} \sum\limits_{j=1}^{n} w_{ij}(x_i - \bar{x})(x_j - \bar{x})}{\frac{1}{n} \sum\limits_{j=1}^{n} (x_j - \bar{x})^2}$$

式中：x_i 和 x_j 分别表示第 i 和第 j 地区的观测值；w_{ij} 表示空间权重矩阵 w_{ij} 的元素，若地区 i 和 j 相邻，则 $w_{ij} = 1$，若不相邻，$w_{ij} = 0$。式中 i、$j = 1, 2, \cdots, n$。当 Global Moran's I 值为正时，空间模式整体上显示为正的空间相关性，表明在相邻或相近省区粮食产量存在空间分布上的相似性；当 Global Moran's I 值为负时，空间模式整体上显示为负的空间相关性，表明在相邻或相近省区粮食产量不存在空间分布上的相似性。

4.1.2　空间矩阵构建

实证研究可根据实际研究问题空间依赖性的特点来确定空间权重矩阵。本书研究县域粮食安全的空间关系，由于县域边壤是否邻接，并不会对粮食播种面积、产量、单产产生明显的影响，（假定 A 田和 B 田分属于两县的边境，且相邻，那么他们的确不会因为县属不同而产生明显的空间分异），所以，使用 [0，1] 矩阵不恰当。

广东省内粮食的转运主要通过公路运输实现，地势地形会对县域之间的公路里程产生影响，因此，本研究选用地理权重矩阵，以县政府为中心，以两两县域之间的行车距离取倒数为权重，设定矩阵。

记区域 i 与区域 j 的距离为 d_{ij}，可定义空间权重如下：

$$w_{ij} \begin{cases} 1 \text{ 若 } d_{ij} < d \\ 0 \text{ 若 } d_{ij} \geq d \end{cases}$$

其中，d 为事先给定的距离临界值。当以距离的倒数作为空间权重，则：

$$w_{ij} = \frac{1}{d_{ij}}$$

在上式中，d_{ij} 是两县域重心之间的行车距离，行车距离由百度地图测量得出。局部的距离权重矩阵分布如表 4-1 所示。

表 4-1　121×121 维空间权重矩阵（局部）

单位：千米

县（区）	从化区	增城区	曲江区	始兴县	仁化县	…	罗定市
从化区	0	59.7	165.5	237.2	225.6	…	265.5
增城区	59.7	0	223.9	295.5	282.8	…	281.7
曲江区	165.5	223.9	0	76.8	65.3	…	390.9
始兴县	237.2	295.5	76.8	0	390.9	…	462.4
仁化县	225.6	282.8	65.3	390.9	0	…	450.2
…	…	…	…	…	…	0	…
罗定市	265.5	281.7	390.9	462.4	450.2	…	0

注：实际计量过程中，矩阵中的权重值采用倒数法，并经过标准化处理后导入模型。

4.1.3 空间相关性分析

本书研究粮食生产问题选取的因变量为粮食产量（Yt）、劳均粮食产量（Ya）。利用莫兰指数自相关指标，能够提供变量是否存在空间效应的初步检验。采集的大部分县域的数据来源于《广东农村统计年鉴》《中国县域统计年鉴》。部分县域、直辖市没有纳入该统计年鉴的，则分别摘录自该县的《统计年鉴》《第三次全国农业普查主要数据公报》及《国民经济和社会统计公报》。本次调研，我们采集了 2000—2019 年的广东省县域粮食作物总产量（Yt）、劳均粮食产量（Ya）数据。

本部分首先观测广东省县域间的粮食生产是否存在区域相关关系，以广东省 a1（2000—2007 年）、a2（2008—2016 年）、a3（2017—2021 年）① 三个时间节点的县级行政区域为研究对象，重点识别样本间的空间相关关系。粮食作物总产量（Yt）、劳均粮食产量（Ya）基于地理权重的 Moran's I 的统计值可通过 Stata15.0 软件计算得出。

基于全局 Moran's I 指数的测算可以判断出粮食生产水平在多大概率上存在空间集散分布，具体地，表 4 - 2 呈现了 a1、a2、a3 三个节点年份内，粮食总产量（Yt）与劳均粮食产量（Ya）的莫兰指数。

表 4 - 2　2000—2021 年广东省县域粮食产量的莫兰指数

变量	时间	I	$E(I)$	$Sd(i)$	z	$p - value^*$
Yt 粮食总产量	a1	0.302	−0.013	0.022	7.285	0.000***
	a2	0.32	−0.013	0.022	7.47	0.000***
	a3	0.332	−0.013	0.022	6.421	0.000***
Ya 劳均粮食产量	a1	0.102	−0.013	0.022	5.164	0.000***
	a2	0.108	−0.013	0.022	5.417	0.000***
	a3	0.119	−0.013	0.022	5.302	0.000***

根据实证结果：在所有时间节点，广东省县域粮食生产水平存在显著的空间自相关关系。换句话说，无论从总产量还是劳动生产率的维度，粮食产

---

① 由于以个别年份为观测对象时，容易出现由于自然灾害所导致的大规模产量波动，因此，本部分将 2000 年以来的每 7 年为一个时间节点，通过 7 年内的粮食产量均值作为观测值。

能的空间效应都是存在的。

上述这种空间自相关作用在逐步增强。粮食总产量（Yt）莫兰指数从 a1 的 0.302 上升至 a3 的 0.332；劳均粮食产量（Ya）从 a1 的 0.102 上升至 a3 的 0.119。

研究表明：粤东北部粮食高产聚集区消失。灯塔盆地周边的低山丘陵区，在 a1、a2 曾是广东省传统的粮食高产聚集（H-H）区，但在 a3 所有样本县退出了高产集聚（H-H）的行列。

粤西南部粮食高产集聚区日渐缩小。湛江、茂名与广西壮族自治区交界的几个县（区），在 a1、a2 一直承担着"粤西粮仓"的角色，但在 a3 部分县域退出了高产集聚（H-H）行列。

粤中部粮食低产集聚区有扩张趋势。珠三角地区在 a1、a2 一直是低产集聚（L-L）的代表，但在 a3 则出现了新的低产集聚（L-L）样本县，其外延也出现了新的高低聚集（H-L）样本县，这些样本随着时间推移可能会进一步转变为低产聚集（L-L）县。

广东省粮食产量空间自相关性分析表明，广东省粮食产量空间分布不是随机的，而是呈现出显著的空间集聚性，而且 1998—2017 年空间集聚性逐渐增强。广东省粮食产量的空间集聚类型主要表现为高高集聚和低低集聚，高高集聚主要分布在西南部和东北部地区，1998—2017 年高高集聚区范围缩小，尤其以粤东北部高高集聚区变化最为明显；低低集聚区主要集中在珠三角地区，1998—2017 年低低集聚区范围扩大。

4.2　粮食生产关键指标区域变迁分析

基于地级市层面，从耕地资源、播种面积、粮食产量、单产水平 4 个方面描述 1990 年以来广东省粮食产能演变的空间特征。

4.2.1　耕地资源区域变迁

广东省内耕地面积较大的区域主要集中于粤北和粤西地区，珠三角、粤东地区相对较少。1990—2015 年韶关市、梅州市、清远市、肇庆市、惠州市、广州市、江门市、阳江市、茂名市和湛江市的耕地面积较大，耕地总面积占全省耕地总面积的70%以上。2020年韶关市、梅州市、清远市、河源市、肇庆市、惠州市、江门市、阳江市、茂名市和湛江市的耕地面积较大，耕地总面积约占全省耕地总面积的74%。

4.2.2　播种面积区域变迁

广东省内粮食播种面积较大的区域主要集中于粤北和粤西地区；珠三角在20世纪90年代种植粮食较多，伴随城镇化进程，21世纪以来粮食播种面积有所下滑；粤东地区的粮食种植一直维持在相对较低的水平。

具体而言，20世纪90年代除了深圳市、珠海市、潮州市、东莞市和中山市之外，其余地级市粮食总种植面积均大于200万亩[*]；1995年除了深圳市、珠海市、汕头市、潮州市、汕尾市、东莞市、中山市和佛山市之外，其余地级市粮食总种植面积均大于200万亩；2000年除了深圳市、珠海市、汕头市、潮州市、汕尾市、东莞市、中山市和佛山市之外，其余地级市粮食总种植面积均大于200万亩；2005年除了广州市、深圳市、珠海市、汕头市、韶关市、汕尾市、东莞市、中山市和江门市之外，其余地级市粮食总种植面积均大于200万亩；2010年除了广州市、深圳市、珠海市、汕头市、韶关市、潮州市、汕尾市、东莞市、中山市、江门市和云浮市之外，其余地级市粮食总种植面积均大于200万亩；2015年除了广州市、深圳市、珠海市、汕头市、韶关市、潮州市、汕尾市、东莞市、中山市、江门市和云浮市之外，其余地级市粮食总种植面积均大于200万亩；2020年除了广州市、深圳市、珠海市、汕头市、韶关市、河源市、梅州市、潮州市、汕尾市、东莞市、中山市、江门市、阳江市、揭阳市和云浮市之外，其余地级市粮食总种植面积均小于200万亩。

1990—1995年，除了潮州市之外，其余地级市的粮食总播种面积均减少；1995—2000年，除了河源市、梅州市、湛江市和云浮市之外，其余地级市的粮食总播种面积均减少；2000—2005年，除了惠州市、潮州市和佛山市之外，其余地级市的粮食总播种面积均减少；2005—2010年，除了佛山市之外，其余地级市的粮食总播种面积均减少；2010—2015

　＊　1亩＝1/15公顷。

年除了深圳市和中山市之外，其余地级市的粮食总播种面积均减少；2015—2020 年除了深圳市和茂名市之外，其余地级市的粮食总播种面积均减少。

4.2.3　粮食产量区域变迁

粮食产量主要与播种面积相关，广东省内粮食产量较多的区域主要集中在粤北和粤西地区，珠三角和粤东地区相对较少，尤其 21 世纪以来第二、第三产业对第一产业的挤出效应使得这两个区域的粮食产量趋于减少。

具体而言，20 世纪 90 年代粮食总产量大于等于 100 万吨的地级市有 9 个，分别为广州市、汕头市、韶关市、梅州市、江门市、湛江市、茂名市、肇庆市和清远市；1995 年粮食总产量大于等于 100 万吨的地级市有 7 个，分别为韶关市、梅州市、江门市、湛江市、茂名市、肇庆市和清远市；2000 年粮食总产量大于等于 100 万吨的地级市有 8 个，分别为韶关市、河源市、梅州市、湛江市、茂名市、肇庆市、清远市和揭阳市；2005 年粮食总产量大于等于 100 万吨的地级市有 7 个，分别为河源市、梅州市、湛江市、茂名市、肇庆市、清远市和揭阳市；2010 年粮食总产量大于等于 100 万吨的地级市有 4 个，分别为梅州市、湛江市、茂名市和肇庆市；2015 年粮食总产量大于等于 100 万吨的地级市有 4 个，分别为梅州市、湛江市、茂名市和肇庆市；2020 年粮食总产量大于等于 100 万吨的地级市有 4 个，分别为梅州市、湛江市、茂名市和肇庆市。

1990—1995 年，12 个地级市的粮食总产量减少，分别为广州市、深圳市、珠海市、汕头市、佛山市、东莞市、中山市、江门市、阳江市、湛江市、茂名市和肇庆市；1995—2000 年 11 个地级市的粮食总产量减少，分别为广州市、深圳市、珠海市、汕头市、佛山市、梅州市、惠州市、东莞市、中山市、江门市和清远市；2000—2005 年，所有地级市的粮食总产量均减少；2005—2010 年，除了汕头市和汕尾市粮食总产量增加之外，其余地级市的粮食总产量均减少；2010—2015 年，除了珠海市和茂名市粮食总产量减少之外，其余地级市粮食总产量均增加；2015—2020 年，除了深圳市、惠州市、江门市、湛江市、茂名市、肇庆市和潮州市的粮食总产量增加之外，其余地级市的粮食总产量均减少。

4.2.4 单产水平区域变迁

20世纪90年代中前期珠三角、粤东地区的粮食单产水平较高，伴随城镇化进程，粮食种植逐步向粤西、粤北地区转移，农业技术也向这些区域推广，截至2020年年末单产水平较高的区域主要集中于粤西、粤北及粤东地区。

具体而言，20世纪90年代除了深圳市、韶关市、河源市、梅州市、惠州市、汕尾市、江门市、阳江市、湛江市、茂名市、肇庆市和清远市之外，其余地级市的粮食单产均大于350千克/亩；1995年除了深圳市、珠海市、河源市、惠州市、汕尾市、江门市、阳江市、湛江市和清远市之外，其余地级市的粮食单产均大于350千克/亩；2000年除了汕尾市和湛江市之外，其余地级市的粮食单产均大于350千克/亩；2005年除了韶关市、梅州市、潮州市、东莞市、中山市、佛山市、阳江市、湛江市和清远市之外，其余地级市的粮食单产均大于350千克/亩；2010年除了广州市、深圳市、珠海市、韶关市、潮州市、东莞市、中山市、江门市、佛山市、阳江市、湛江市和清远市之外，其余地级市的粮食单产均大于350千克/亩；2015年除了广州市、韶关市、潮州市、东莞市、中山市、江门市、佛山市、阳江市、湛江市和清远市之外，其余地级市的粮食单产均大于350千克/亩；2020年除了广州市、深圳市、韶关市、东莞市、中山市、江门市、阳江市和清远市之外，其余地级市的粮食单产均大于350千克/亩。

1990—1995年，除了深圳市、珠海市、东莞市和佛山市的粮食单产减少之外，其余地级市的粮食单产均增加；1995—2000年，所有地级市的粮食单产均增加；2000—2005年，除了深圳市、惠州市和汕尾市的粮食单产减少之外，其余地级市的粮食单产均增加；2005—2010年，除了梅州市的粮食单产增加之外，其余地级市的粮食单产均减少；2010—2015年，所有地级市的粮食单产均增加；2015—2020年，除了深圳市、珠海市、江门市和揭阳市的粮食单产减少之外，其余地级市的粮食单产均增加。

4.3　本章结论

使用 ESDA 探讨粮食生产的空间相关性。研究表明，21 世纪以来广东省县域粮食生产存在显著的空间自相关关系，这一作用逐步增强。局部分析表明，粤东北部粮食高产集聚区消失，粤西南部粮食高产集聚区日渐缩小，粤中部粮食低产集聚区渐显扩张趋势。

第5章 广东省粮食生产区域格局 演变的机理与影响因素研究

5.1 要素禀赋与粮食生产区域演变的机理与空间关系

5.1.1 要素禀赋、空间因素与区域粮食种植

随着科学技术条件的不断进步,"区域性要素"中自然资源的作用逐渐变弱,而资本、劳动力等的作用越来越重要,向劳动力和资本丰富的地区聚集是现代社会产业发展趋势。土地、劳动力、资本被看作农业生产的三个基本要素,是县域粮食生产的重要驱动因素,这些要素对区域粮食生产演变具有怎样的作用呢?本节重点分析土地禀赋、劳动力与资本化水平对区域粮食生产的影响。

（1）禀赋因素：土地、劳动力与资本

土地、劳动力和资本是农业生产的基本生产要素,基于水稻产业空间集聚的认识,分析三种生产要素对南方稻区水稻生产区域变迁的影响机理。由于土地面积无法随意变更,能变动的是土地产权,因此对水稻生产的影响主要表现为产能变化,不具备空间变动影响;农业劳动力是最活跃的生产要素,区域间劳动力的转移将对水稻种植产生空间溢出效应;资本的作用体现为资金和技术的投入,其影响机理在县域产业结构层面表现为空间溢出,在资本结构层面表现为产能驱动。

土地禀赋是最稳定的农业生产条件,由于土地面积无法随意变更,能变动的是土地产权,因此相比流动性较大的劳动力和资本要素,土地禀赋要素较为稳定。农用土地对粮食生产的影响主要体现在土地质量方面,如土壤肥沃度、设施化水平等,具体的影响机理如图5-1所示。

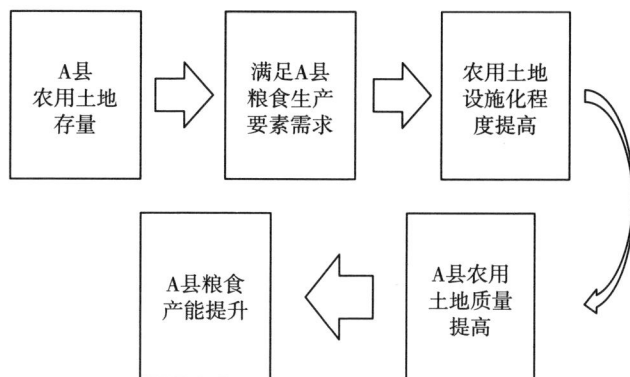

图 5-1　农用土地质量对粮食生产的影响

A 县原有的农用土地存量可满足粮食生产要素需求，在政策扶持、资本投入等方面的作用下，农用土地设施化程度提高，土地生产效率在原有基础上进一步提升，使得粮食产量整体上升。据此，农用土地质量的提升对粮食生产具有正向影响。

农业劳动力是粮食生产最活跃的生产要素，其流动性较大，表现为区域间的农业劳动力转移。在空间关系研究中，相邻县域的粮食生产从理论推导上存在劳动力转移的空间溢出效应，具体如图 5-2 所示。理论推演的前提是：第一，农业劳动力可自由流动；第二，不考虑劳动力对第二、第三产业的转移；第三，A 县的农业可用土地和资本已接近饱满，B 县的土地和资本要素仍有剩余，劳动力要素的增加可提高粮食产量。

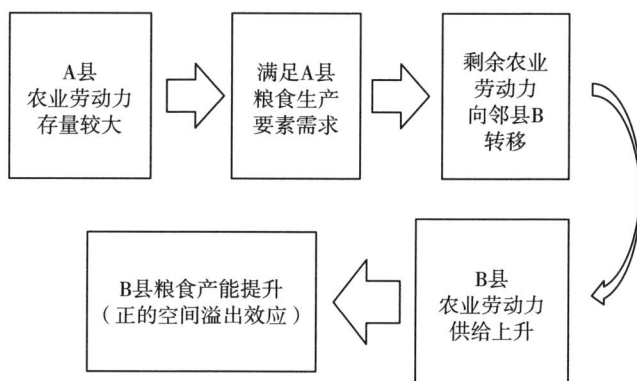

图 5-2　粮食生产中劳动力转移的空间溢出效应

对以粮食生产为主的县域，A 县的农业劳动力比例较高，除了可满足 A 县的粮食生产要素需求以外，还有一定比例的富余劳动力。由于县域间的农业劳动力可自由流动，A 县未从事粮食生产的劳动力极大可能转移到 B 县；B 县的土地和资本要素仍有富余，劳动力要素的增加提升了粮食产能。B 县粮食生产规模扩大，从而提高了粮食产量，其诱因是 A 县劳动力转移的溢出效应。这表明，农业劳动力对粮食生产具有正向的溢出效应，富余劳动力的转移可提高临近县域的粮食产能。

资本天生具有趋利性质，在县域间产业结构差异的背景下，相近县域的农业资本有可能转化为非农资本，从而产生负向的空间溢出效应。其理论推导见图 5-3，前提有：第一，资本在县域之间可自由流动；第二，第二、第三产业的资本收益率高于第一产业，农业资本在流动成本较低的状况下会流向第二、第三产业。

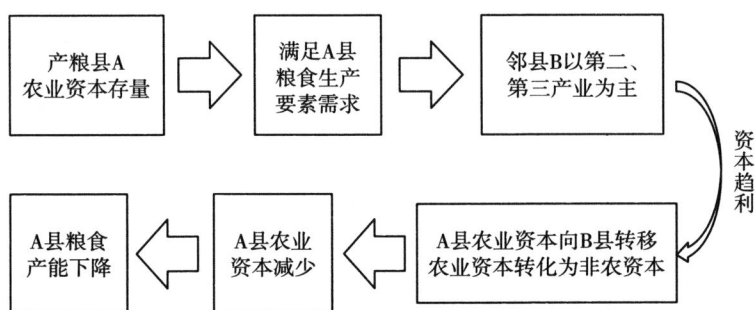

图 5-3 县域产业结构差异的农业资本转化

县域产业结构之间的差异会促使农业资本的转化，A 县原有的农业资本可满足粮食生产要素需求，而 B 县的第二、第三产业具有更高的资本收益率，且 B 县的资本存量并未满足产业发展需求，资本在趋利性质下由资本收益率较低的第一产业转向资本收益率较高的第二、第三产业，使得 A 县的农业资本流出，粮食产能下降。这表明，在空间关系研究中，县域产业结构差异使得农业资本对粮食生产具有负向的溢出效应。

对农业产业而言，现阶段资本的投入主要表现为机械化水平，区域内农业机械化水平越高，其农业资本投入越多。农业资本属于"大农业"项目，包括农、林、牧、渔业，农业主要是农作物种植，除了粮食还包括水果、蔬菜等。据此，对应的资本结构也存在不同类型的机械投入，如粮食种植机械化水平，经济作物种植机械化水平，林业、畜牧养殖和渔业机械化水平等，而这种农业资本结构的差异也会影响粮食生产状况，见图5-4。理论推演的前提是：第一，资本在产业内的流动性不受限制；第二，非粮产业的资本收益率更高。

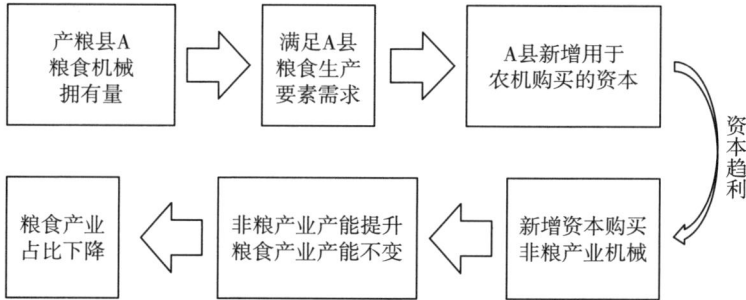

图5-4 农业资本结构差异对粮食生产的影响

农业资本收益率具有结构差异，资本的逐利性使得第一产业内各个行业发展具有差异性。A县新增一笔用于农业机械投入的资本，而粮食产业和非粮产业（如经济作物）具有资本收益率的差异，在资本流动不受限的前提下，农用机械将更多投入收益率较高的非粮产业，非粮产业产能提升而粮食产业产能不变，使得粮食产量占比下降。这表明，农业资本结构差异对粮食生产的影响取决于资本收益率，资本收益率较高的农业产业将占用较多的农业资本，对应的资本收益率较低的农业产业将占用较少的农业资本。

（2）空间因素：规模报酬递增与成本降低

空间经济学中最重要的两个特征，就是因距离而导致的运输成本的存在和规模收益递增现象（安虎森，2009），且循环累积因果机制是导致经济集聚的关键，贸易自由度的变化对循环累积因果机制起决定性的影响作用。本书认为空间因素将通过实现规模报酬递增和成本降低（运输成本等）促进稻谷生产形成初步的空间集聚状态。

规模报酬递增。在农业地理集聚区内，由于人口（尤其是劳动力）、农业生产主体、关联企业等经济主体的集聚，导致参与交易的经济主体数量的增多，从而引致农业市场规模的扩大。特别是，作为最重要的生产要素，地理集聚引致的劳动力数量上的增加实际上就等同于农业市场规模的扩大。同时，更多异质性企业在空间上的集聚意味着多样化产品供给的增加，这既可拓展可交易对象的范围和刺激消费者多样性需求的增加，同时还会增加对多样化中间投入品的需求，这两方面都会导致农业市场规模的扩大。另外，农业地理集聚有利于形成专业化的农产品批发市场和区域品牌效应，形成农产品的营销优势和市场网络，凭借市场和品牌占领和扩大农业市场规模。

成本降低方面，一方面是降低运输成本，农业地理集聚有助于促进农业区域经济的一体化发展，降低区域间要素和产品流动的障碍，缩短区域之间的经济距离和运输距离，降低农业生产要素、中间投入品和农产品的贸易成本，这将会从空间上扩大市场范围。产业地理集聚可以降低运输成本，从而解除运输条件对市场规模扩大的约束。运输成本的持续降低允许基础设施和服务被有效共享，从而加强了人口和经济活动的集聚，导致经济活动更大程度的集聚（世界银行，2009）。农业地理集聚意味着交通基础设施的改善、农产品的批量运输、农业生产要素以及中间投入品的就地购买和批量购买、空间距离的缩短，这些方面对农业运输成本的降低至关重要。另一方面是降低交易成本。产业以集聚方式存在的一个重要制度优势在于有效降低交易费用。Scott 和 Storper（1987）研究分析了交易费用与产业集聚之间的关系，认为生产中的分工、公司间交易活动结构和地方化发展中产生的内生性集聚经济导致了产业经济活动的地理集聚，这会极大地降低外部交易的空间成本。因此，可以说，农业地理集聚本质上就是一种能有效降低交易费用的中间性经济组织：农业经济活动和产业在特定地域上的集聚，本身就意味着可以降低农业交易主体之间因为距离而产生的交易费用，因为在其他条件不变的条件下，交易费用是交易主体之间距离的增函数；关联企业和各类农业生产要素在特定地域上的集聚，可以实现资源的共享、技术和知识以及信息的快速扩散、价值链上的相互需求，从而减少搜寻成本和降低交易费用；农业地理集聚区内企业之间通过长期正式合作和非正式交流而形成的信任机制和声誉体系，可以有效防止机会主义的行为倾向和减少市场中的不确定性，从而大大降低签订和执行契约所需要的各种交易费用（图5-5）。

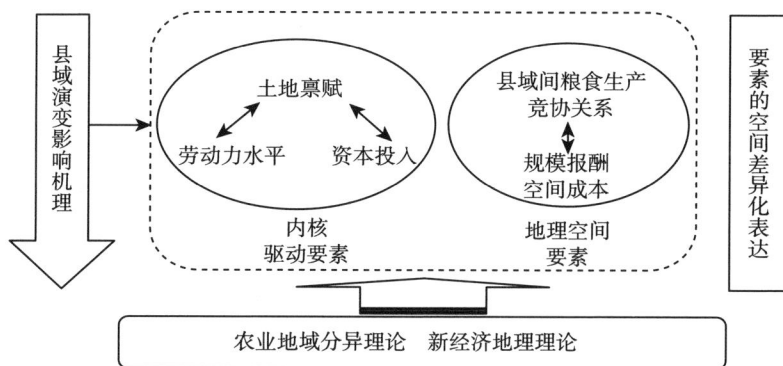

图5-5 空间视角下南方稻区区域集聚的形成逻辑

（3）集聚自我加强：循环累积因果链

新经济地理学模型中包含一个重要的循环累积因果机制，指本地市场效应和价格指数效应相互成为因果关系，导致初始的产业集聚自我加强，形成更大规模的集聚。在粮食生产中，循环累积因果机制表现为主产区市场规模和供给能力较大，以收益最大化为目标的粮食企业或农户等主体将选择市场规模较大的区域作为生产区位，这就是本地市场效应。反过来，某一区域中集中了很多粮食生产主体以后，在本地生产的粮食种类和产量会增多，从外地输入的粮食数量和种类将会减少，加之外地输入产品需支付交易成本，意味着该区域粮食市场上的产品价格相对较低，这又意味着在相同的名义工资水平下，该区域从事粮食生产的实际工资水平较高，这就是价格效应。这样，本地市场效应和价格指数效应成为因果关系，也就是前向和后向联系。这种因果链将促使区域集聚的自我加强。

影响机理的实证分析方面。在因变量选取上，以水稻产量、产出结构等指标衡量水稻产出水平；以劳动力和资本为自变量，选取合理控制变量（如归属劳动力指标的年龄、农业劳动力比重、受教育程度、非农收入等，归属资本指标的固定资产投入、机械化水平、药肥投入等）。在研究方法上，将选定变量分别采用最小二乘法回归（OLS）、空间滞后模型（SLM）、空间误差模型（SEM）和地理加权回归（GWR）进行回归分析，比较各方法优劣并进行取舍，挖掘研究期限内南方稻区水稻生产区域变迁的主要影响因素。

（4）粮食种植空间集聚的生产效率溢出

自马歇尔（Marshall，1890）时代起一种受到广泛认可的观点是，集群可以通过三条途径产生正向外部性：知识和创新思想的传播、劳动力市场匹配、上下游企业的投入产出关联。这种马歇尔外部性通常也被归结为集聚效应。新经济地理理论产生之后，集聚效应不仅得到了理论方面的解释，而且得到了实证方面的支持（Ciccone and Hall，1996；Glaeser and Resseger，2010）。新经济地理学进一步指出，经济集聚能够以外部性为纽带促进经济增长（Krugman，1991），通过分享、匹配和学习三种微观机制对收入增长产生作用（Duanton and Puga，2004），进而提高生产技术效率。

已有研究显示农业集聚也会产生相关溢出效应（田红宇、邓尚昆，2019）。农业地理集聚区内非正式交流网络的形成、技术和知识溢出机制的存在，会促使技术和知识在集聚区内各类经济主体之间传播和扩散，这将强化创新主体间的技术、知识整合与碰撞效应，激发农业创新活动，使农业地理集聚区在有限的空间内积聚高密度的农业创新活动；农业地理集聚区共享的劳动力市场，促使劳动力尤其是人才在企业间可以方便地流动，这便于企业间的模仿和学习，形成有效的集体学习机制。已有研究显示中国粮食生产技术效率存在空间自相关关系，中国部分地区的粮食生产技术效率的空间收敛存在涟漪效应，即技术推广过程中粮食生产技术效率不仅不会随着距离的扩大而降低，反而会形成规模效应使效率提高（高鸣、宋洪远，2014）。但也有研究认为技术外部性是技术集聚和产业集聚的关键原因，随距离快速下降的技术溢出效应导致技术活动的局部集聚，进而引致经济活动的局部集聚（符淼，2009）。因此，本书将讨论集聚与溢出效益之间的因果关系，并分时期讨论两者之间的关系。

5.1.2　区域粮食种植选择行为

（1）区域粮食生产最优决策

由于粮食生产资源禀赋差异，不同区位经济社会主体之间就会存在要素投入配比的分工合作关系，表现为区域之间的相互需要和补充，即多个决策主体的空间邻近将为彼此带来正的外部效应。具有代表性的观点是，马歇尔认为集聚相关的外部性有大规模生产、知识的溢出、成熟劳动力市场的形成与本地大市场相联系的前后向关联等（郝寿义，2004）。据此，本书构建了一个区域粮食产业选择模型，市场上存在粮食产业（x）和非粮食产业（y）两种产业选择，产品价格分别为 P_x 和 P_y，且 A 区和 B 区拥有的资源配置不同，但都受到市场容量（m）的约束。为简化起见，本书借用道格拉斯效用函数来构建各区域在粮食产业和非粮食产业区位选择的决策函数：

$$f_A(x，y)=x^\alpha y^{1-\alpha}$$

$$f_B(x，y)=x^{1-\alpha} y^\alpha$$

$$St \quad P_x x+P_y y=m$$

假设市场交易成本由生产者承担，根据效益最大化原则，A 区市场需求组合 $(x，y)=\left(\dfrac{\alpha m}{P_x}，\dfrac{(1-\alpha)m}{P_y}\right)$；B 区市场需求组合 $(x，y)=\left(\dfrac{(1-\alpha)m}{P_x}，\dfrac{\alpha m}{P_y}\right)$。产品价格 P_x 和 P_y 会随着市场行情变化产生波动，假设每个产业的产品面临的市场交易成本只与消费市场的距离相关，且单位距离产生的交易成本相同，设定为 κ，粮食产业（x）的规模为 S_x，非粮食产业（y）的规模为 S_y，如果 A 区更远离非粮食产品消费区，则 A 区会选择更大规模的粮食生产，B 区会选择更大规模的非粮食生产。

此时，粮食产业（x）的收益 R_x 为：

$$R_x=P_x\times\frac{\alpha m}{2P_x}+P_x\times\frac{(1-\alpha)m}{2P_x}$$

市场运营成本为：

$$C_x=k\times\left[\frac{\alpha m}{P_x}\int_o^{S_x}(S_x-\omega)\mathrm{d}\omega+\frac{\alpha m}{P_x}\int_{S_x}^{\frac{1}{2}}(\omega-S_x)\mathrm{d}\omega+\frac{(1-\alpha)m}{P_x}\int_{\frac{1}{2}}^{1}(\omega-S_x)\mathrm{d}\omega\right]$$

$$=\frac{mk}{2P_x}\times[2\alpha S_x^2-S_x+0.75-0.5\alpha]$$

如果粮食产业的投入成本为 F_x，则粮食产业（x）的效益函数为：

$$\pi_x=R_x-C_x-F_x$$

如果粮食生产成本 F_x 的边际收益为 0，引入效益最大化条件：

$$\frac{\mathrm{d}\pi_x}{\mathrm{d}S_x}=-\frac{mk}{2P_x}\times(4\alpha S_x-1)=0$$

可以得出最优粮食生产规模为：

$$S_x^*=\frac{1}{4\alpha}$$

同理，设定非粮食产业生产成本 F_y 的边际收益也为 0，可以根据非粮食产业效益最大化条件 $\dfrac{\mathrm{d}\pi_y}{\mathrm{d}S_y}=-\dfrac{mk}{2P_y}\times(4\alpha S_y-1)=0$，推导出最优规模为：

$$S_y^*=1-\frac{1}{4\alpha}$$

在产业内达到资源最优配置（边际收益为 0）条件下，粮食产业规模和非粮食产业规模配比的大小是由区域粮食产业贡献弹性 α 决定的，那么具体到 A 区和 B 区，其最佳的规模又分别是多少呢？

将 S_x^* 和 S_y^* 带入区域在粮食产业和非粮食产业区位选择的决策函数，可以得到：

$$f_A(x,\ y)^*=x^{\frac{1}{4S_x}}y^{1-\frac{1}{4S_y}}$$

$$f_B(x,\ y)^*=x^{1-\frac{1}{4S_y}}y^{\frac{1}{4S_x}}$$

$$St\quad P_xS_x^*+P_yS_y^*=m$$

可以推导出：A 区最优产业组合规模为 $(x,\ y)^*=\left(\dfrac{m}{4P_yS_x},\ \dfrac{(1-\alpha)m}{4P_xS_y}\right)$；

B 区市场需求组合规模为 $(x,\ y)^*=\left(\dfrac{(1-\alpha)m}{4P_yS_x},\ \dfrac{\alpha m}{4P_xS_y}\right)$。可以得出结论：从上述推导可以发现，各个区域最优粮食产业规模的选择是由区域粮食产业贡献弹性、市场环境和产品价格共同决定的。

（2）权衡、机会成本对不同区域粮食生产的影响

区位的唯一性决定了不同区位在粮食生产布局上的差异性，这种差异性集中表现为区位要素的异质性。而区位要素禀赋的差异化与区域粮食生产布局偏好的多样化对应，区位要素禀赋差异化和区位主体粮食生产布局偏好的多样性共同决定了粮食生产区域演变的路径。在区位要素资源差异化背景下，区位主体粮食生产布局的基本思路是"权衡"，因此机会成本就成为区位粮食生产格局演变的决定因素，粮食生产的区位选择会是经济行为主体或者活动在多个被选择对象中的挑选，是一个考虑机会成本的主观活动，这种选择依托客观的区位在行为主体心目中的价值和舍弃其他选择的机会成本。

为了简化分析，本书将区位主体假设为"双目标有限经济人"，其目标函数既包括区域内的粮食安全责任，又体现了自身可支配收入，再以区域福利水平为两者之间"权衡"的结果，最大化目标是在完成粮食安全责任目标

制度约束的同时也实现了可支配收入的优化增长，这种优化增长是在福利最大化目标之下追求可支配收入的次优结果，这种受约束的区位主体被称为有限经济人。图5-6表示了这种双目标区位主体的决策过程。

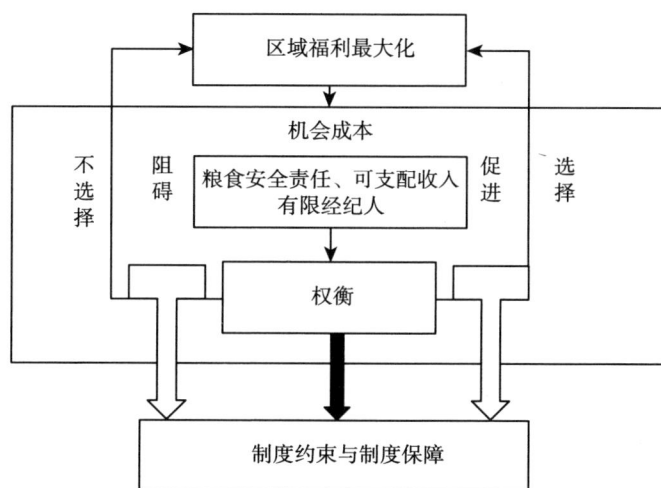

图5-6　权衡、机会成本对不同区域粮食生产的影响框架

　　有限经济人的行为原则最终为是否有利于区位主体的福利增进。经济人区位主体在追求可支配收入最大化时出现大量损害其他经济主体的行为，由于粮食产业比较效益低下，承担过多粮食生产责任会损伤区域主体可支配收入增长目标，如果区域粮食生产责任缺乏有效约束，尤其是缺乏明确目标约束和行为、路径约束，就会造成区位主体消极履行的行为，或者区域间相互推诿责任。所谓目标约束就是区位主体背离其福利性本质转为经济人目标过程中的约束。区位主体有限经济人角色属性的存在有其必然的逻辑基础，但是如果背离或抛弃了其本质的福利属性，行为异化就会成为必然。而有限经济人的突出特征就是来自第一层次福利最大化目标的约束，也就是说，履行粮食安全责任和追求可支配收入最大化只能作为手段而存在，不能成为独立的目标决策。当有限经济人面对实现可支配收入最大化的诸多路径时，行为原则就是该路径能否增进区域其他经济主体的福利水平，能够增进福利水平的路径就是适宜路径，反之则是非可行路径。如果说，这种目标约束仍然过于抽象，缺乏刚性约束，那么一整套有效的制度框架就构成了双目标区位行为人的刚性约束。

通过上述分析，可以发现其实区位主体的粮食生产决策属于"双目标"决策模式，区位行为人决策模式的实现有赖于一套有效的粮食责任约束制度架构。不可否认，区位要素资源差异化的区域行为模式有着很大差异，存在尖锐的矛盾。要使两个不同目标在相同区位行为中得到体现，需要化解一系列复杂矛盾，而这又依赖于制度创新做保障。

5.2 广东省县域粮食生产格局演变的影响因素实证分析

随着社会技术条件的不断进步，"区域性要素"中自然资源的作用逐渐变弱，而资本、劳动力等越来越重要，向劳动力和资本丰富的地区聚集是现代社会产业发展的趋势。土地、劳动力、资本被看作农业生产的三个基本要素，是县域粮食生产的重要驱动因素，这些要素对区域粮食生产演变具有怎样的作用呢？本书重点分析土地禀赋、劳动力与资本化水平对区域粮食生产的影响。

5.2.1 影响因素

（1）土地禀赋

土地禀赋是最稳定的农业生产条件，由于土地面积无法随意变更，有更多变动表现的是土地产权，因此相对于流动性较大的劳动力和资本要素，土地禀赋要素较为稳定。微观上，土地禀赋对粮食生产的影响主要体现在地形地势（王凤等，2018）、土壤肥力（陶雯等，2019）、灌溉水平（王玉斌、李乾，2019）、细碎化程度（万广华，程恩江，1996）等，应用于宏观加总数据中，则多用耕地总量（张露，罗必良，2018）和农业基础设施存量（曾福生，李飞，2015；朱晶，晋乐，2017）来体现。从理论上讲，农用土地禀赋的提升对粮食生产具有正向影响（王静等，2011；王凤等，2018）。

也有少数研究发现，粮食生产水平及其生产要素存在空间异质性（张金萍、秦耀辰，2011），也就是说同等的要素变化对粮食产出水平的弹性会因地而异。例如：A、B是相邻的两个县级行政区，二者拥有较为相似的自然资源特征（耕地总量、地形地势、水土条件等），且由于市场是开放的，假定两地的农业劳动力和农业资本市场出清。A 县农户以种植双季稻为主，B 县近年来发展高附加值的特色农业，带动了一批农户调整种植结构，推行虾稻共生、单季稻轮作等"双改单"种植制度。那么，当两地土地禀赋发生了等量的增加，如，同时获拨等量的高标准农田设施建设资金。那么在农田建设效果上，A、B 两地粮食产出弹性会有不同的反应——A 县的产出弹性大，B 县的产出弹性小，这是由两地的种植结构差异所导致的。据此，提出假设 1：土地禀赋的提升对粮食生产水平具有积极影响，但存在空间差异，且这种差异是由不同地理位置的农业生产结构差异引致的。

（2）农业劳动力

农业劳动力是粮食生产最活跃的生产要素，其流动性较大，在过去的 20 年间，农业劳动力经历了从富余到供给不足的过程（赵卫军等，2018；徐晓华等，2018），其微观上的最主要变化表现为区域、产业间的农业劳动力转移（钱文荣、郑黎义，2010）以及劳动力老龄化（胡雪枝，钟甫宁，2012）等问题。在空间关系研究中，劳动力转移对粮食生产水平存在的空间溢出效应已被发现（侯孟阳、姚顺波，2018），相关研究认为，劳动力转移对农业生态效率的影响存在一个拐点，也就是说其带来积极或消极的影响并非单一的。本研究进一步推定：农业劳动力变化对粮食产出水平的影响具有空间异质性，其影响的方向和大小也是因地而异的。以 C、D 县为例，C 县地处粤西，为传统产粮大县，农业劳动力充足；D 县地处珠三角边缘，劳动力价格较高，农业劳动力供给不足。显然，在 C 县培育新型农业经营主体能够扶持一批种粮大户、专业化合作社或社会化生产服务组织，这些组织的壮大有利于提升当地粮农的经营规模、辐射带动能力（黄祖辉，俞宁，2010），从而提升粮食产量；但在 D 县对新型农业经营主体的培育则很可能侧重于下游加工企业或地方龙头企业，这些带有工商资本背景的组织，一方面从产业优化的层面提高了农产品的附加值和市场化水平，另一方面则不利于粮食增产、稳产，甚至加剧了农地"非粮化"现象（田欧南，2012；谷小勇、张巍巍，2016），这是两地的劳动力价格差异和产业基础差异导致的。据此，本书提出假设 2：劳动力禀赋的提升对粮食生产水平的影响具有空间异质性，地区间作用的大小和方向不一致，这种差异与当地的劳动力价格和农业生产服务市场有关。

（3）农业资本

对农业产业而言，农户信贷融资行为仍受到多方面的约束（王晶等，2018），因此，现阶段资本的投入主要表现为固定资产投入，如农田水利设施和农业机械设施，一方面，区域内固定资产投入水平越高，粮食生产能力越强。在空间关系上，固定资产具有高度的空间相关性，如张露、罗必良（2018）发现农业机械存量对小麦生产有空间溢出效应并且沿纬度布局。另一方面，由于资本具有流动性，县域产业结构之间的差异会促使农业资本和非农资本相互转化，如 E 县原有的农业资本可满足粮食生产要素需求，而 F 县的二、三产业具有更高的资本收益率，且 F 县的资本存量并未满足农业产业发展需求，资本在趋利性质驱使下由资本收益率较低的第一产业转向资本收益率较高的二、三产业，使得 E 县的农业资本流出，粮食产能下降。这表明，在空间关系研究中，县域产业结构差异使得农业资本对粮食生产具有负向的溢出效应。农业资本属于"大农业"项目，包括农、林、牧、渔业，农业主要是农作物种植，除了粮食还包括水果、蔬菜等。据此，对应的资本结构也存在不同类型的机械投入，如粮食种植机械化水平、经济作物种植机械化水平、林业、畜牧养殖和渔业机械化水平等，而这种农业资本结构的差异也会影响粮食生产状况。据此，本书提出假设 3：农业资本化水平的提升对粮食生产水平具有空间异质性，地区间影响的大小和方向不一致，这种差异是沿地理位置上的非粮产业的资本收益率差异布局的。

5.2.2 实证设计

本书前文研究分析了粮食生产影响因素的空间相关性，本章继续沿用前文研究的框架，发掘粮食生产的空间异质性。空间异质性指由于空间单位的异质性而产生的空间效应在区域层面上的非均一性（Anselin，1988a）。空间异质性主要来源于研究对象在各区域的地理条件差异，这些地理条件差异是地形地势、光热条件、季风气候、土壤成分等理化特征的综合作用结果，而这些差异在宏观研究中往往是难以控制的。本章在普通最小二乘法（OLS）模型的基础上，建立地理加权回归（GWR）模型，采用加权二乘法（WLS）探索广东省县域粮食产量空间变异特征和影响因素。

（1）模型设定与变量选取

地理加权回归模型（GWR）[①] 是全局回归模型的延伸，采用非参数估计方法，由 Brunsdon 等（1998）在局部加权最小二乘法的基础上提出，该方法能够有效处理空间相关性和空间异质性的问题。模型的思想是构建出每个样本空间位置之间的衰减函数，并以此衰减函数为权重进行回归，回归对所有的样本都进行独立运算，其他参与计算的样本都会根据与这个样本点不同的空间关系赋予不同的权值，而且远处的观察具有较低的影响被指定为较低权重，最后可以得出每个样本的相关回归系数。

①空间权重分配。GWR 的思想是构建出每个样本空间位置之间的衰减函数，并以此衰减函数为权重进行回归，回归对所有的样本都进行独立运算，其他参与计算的样本都会根据与这个样本点不同的空间关系赋予不同的权值，最后可以得出每个样本的相关回归系数。空间权重矩阵是数据空间结构的一种表现形式，它是对数据集样本之间存在的空间关系的一种量化。从概念上讲，空间权重矩阵是 $N \times N$ 表（N 表示数据集中的样本数）。本研究的空间距离矩阵基于县与县之间的固定距离（物理距离）设置，由 Arcgis10.6 自动生成。模型的一般形式为：

$$y^i = \beta_0(\mu_i, \nu_i) + \sum_k \beta_k(\mu_i, \nu_i) x_{ik} + \varepsilon_i$$

其中，(μ_i, ν_i) 是第 i 个样本点的空间坐标，$\beta_k(\mu_i, \nu_i)$ 是因素 k 在回归点 i 的回归系数。GWR 的基本原理是采样数据中存在空间自相关关系。因此，假定靠近点 i 的数据对于在点 i 处的连续函数的估计比远离 i 的数据具有更多影响。在实践中，通过对数据应用加权最小二乘（WLS）来计算空间自相关：

$$\beta(\mu_i, \nu_i) = [X'W(\mu_i, \nu_i)X]^{-1} X'W(\mu_i, \nu_i)y$$

其中，$W(\mu_i, \nu_i)$ 代表一个矩阵，它根据它们与点 i 的接近度将权重分配给观测值。接近点 i 的观察值被赋予较高的权重，因此，模型对点 i 处的连续函数的估计存在较高影响，而且远处的观察具有较低的影响被指定为较低权重（Brunsdont 等，1998）。

空间加权函数是 GWR 的重要方面，其格式以及计算中包含每个空间位

[①] 地理加权回归模型的详细背景和完整理论详见 FotheriNgham 等（2002）。

置的观测值。高斯函数是一种常用于 GWR 的空间加权函数，根据高斯曲线，数据权重随距离 i 的增加而减小：

$$\omega_{ij} = \exp\left[-\left(\frac{d_{ij}}{b}\right)^2\right]$$

其中，b 是带宽，d_{ij} 是样本点 i 和 j 直接的距离。当给定带宽 b，距离 d_{ij} 越大，位置 j 所赋予的权重会越小，离点 i 足够远的权重将会趋于 0。

②带宽与核函数。在带宽的选取上，一般采用固定带宽或自适应带宽两种。采用固定带宽使整个研究区域内具有固定大小的核心，从而产生在每个校准点均等应用的加权函数，这可能会给建模数据不均匀分布时造成问题，因为在数据稀疏的区域计算中会包含很少的观察值（Brunsdont 等，1998）；采用自适应带宽则会按照样本分布的疏密来决定核函数的类型，如果样本分布紧密，则核表面覆盖的范围小，反之则大。自适应带宽是采用交叉验证法（CV）实现的，其中，带宽由下式决定：

$$CV = \sum_{i=1}^{n} \left[y_i - y_{\neq i(b)}\right]^2$$

其中，$y_{\neq i(b)}$ 是 y_i 的拟合值，当 CV 最小时，对应的 b 就是相应的带宽。

③GWR 模型的检验。实证中，应该始终从 OLS 回归开始回归分析，首先获得一个正确指定的 OLS 模型，然后使用同样的解释变量运行 GWR 回归。由于 OLS 模型默认样本间的空间关系是一致的，因此具有区域差异的数据违反了 OLS 对全球平稳性的假设。为了评估和比较 OLS 和 GWR 模型的性能，可以考虑通过调整后的 R^2（Adj－R^2）以及小样本的修正赤池信息准则（AICc）检验。

Adj－R^2 代表确定系数并测量数据的拟合良好度，其值范围从 0 到 1，Adj－R^2 通过对分子和分母进行归一化来改进 R^2 的自由度，并以此补偿模型中的变量数量（Ohtani，2000）：

$$R_{adj}^2 = 1 - \left[\frac{(1-R^2)(n-1)}{n-k-1}\right]$$

其中，n 表示数据样本中的观察值的数量，k 表示分析中包括的独立变量的数量。较高的 Adj－R^2 值表明更好的模型拟合，这与自变量中较高比例的自变量标准化残差对应（GaoandLi，2011）。

小样本量修正的赤池信息准则（AICc）也是模型性能的相对度量，

$AICc$ 值的大小取决于独立参数的个数和模型的极大似然函数两个值，参数少表示模型简洁，极大似然函数大表示模型精确，因此，参数值越少、极大似然函数越大，则 $AICc$ 越小，则模型具有较高的性能。$AICc$ 的定义如下：

$$AICc = -2supL + 2q + 2\frac{q(q+1)}{N-q-1}$$

其中 $supL$ 是代表拟合程度的模型的对数似然值，q 是模型中包含的参数总数（Karen，2008）。一般来说，比较两个包含相同变量的模型时，$AICc$ 值差异在 3 以上，表明具有较低 $AICc$ 值的模型是更好的（Gao and Li，2011）。

④初始回归模型。基于上述空间相关现象讨论，本书 GWR 模型的假设条件限定为：a. 粮食生产的空间关系符合地理学第一定律，即在邻近县域比远处县域相关性更强；b. 各影响因素在空间上表现为非均匀分布，因此同一因素在不同县域的作用系数不一致；c. 特定时间、特定政治环境下的粮食产量主要由三方面因素决定，即劳动力、资本和土地作用。我们因此得出初始的回归模型：

$$Y_t = \beta_0 + \beta_1 Le + \beta_2 Ld + \beta_3 Ap + \beta_4 Dp + \beta_5 Ac + \beta_6 Ng$$

其中，Y_t 是样本在 a3 时期内的粮食生产水平，用粮食总产量（Yt）指征；β_0 是截距项；Le 是农地的设施化程度；Ld 是土地非粮食化的比较收益；Ap 是劳动力比重；Dp 是劳动力非粮化程度；Ac 是农业资本人均拥有量；Ng 是非农化比较收益，具体指标构成如表 5-1 所示。

表 5-1　研究变量选取

一级指标	二级指标	指标构成	代码
粮食生产水平	粮食总产量	粮食总产量	Yt
农业土地禀赋	土地设施化程度	农业设施面积/行政区域总面积	Le
	土地非粮化比较收益	非粮作物产值/农业总产值	Ld
农业劳动力水平	农业劳动力比重	第一产业从业人员数/总人口	Ap
	劳动力非粮化程度	设施农业面积/第一产业从业人员数	Dp
农业资本化水平	农业资本人均拥有量	农业机械总动力/第一产业从业人员数	Ac
	非农化比较收益	非农 GDP/农业 GDP	Ng

（2）研究范围与数据来源

GWR 模型是针对截面数据对每个样本进行的个别独立回归，如果仅采用广东省的截面数据，不仅无法准确估量邻壤县域的影响，还可能会因为样本较少导致变量显著性无法通过检验，因此通过建立缓冲的方法弥补此缺陷。利用 ArcGIS 10.6 软件邻域分析工具在广东省外围分别建立 R（0 千米）、S（100 千米）、M（200 千米）、L（400 千米）三级缓冲区域，分析不同尺度粮食产量影响因素。其中，R 尺度为广东省，包括 123 个县级单元；S 尺度范围最小，包括广东省及其毗邻共 187 个县级单元；M 尺度范围介于 L 与 S 之间，包括广东省及其外围 306 个县级单元；L 尺度范围最大，包括粤、湘、浙、赣、桂 5 省（份）530 个县级单元。

本研究采集的大部分县域的数据来源于《中国县域统计年鉴》。部分县域、直辖市没有纳入该统计年鉴的，则分别摘录自该县的《统计年鉴》《第三次全国农业普查主要数据公报》及《国民经济和社会统计公报》。由于假定样本在空间上是相关的，因此数据采集以广东省为重点，同时采集了 4 个接壤的省份：广西壮族自治区、湖南省、江西省、福建省，共 5 省份 530 个县级区域的粮食生产水平、农业土地禀赋、农业劳动力水平、农业资本化水平四个维度的数据，描述性分析各省份的四个维度变量的特征、变量之间的关系以及对比分析各个省份数据的异同，为模型构建的合理性提供支撑。

为了构建空间异质性的 GWR 模型，本部分将比前文研究更进一步，采集了广东、广西、湖南、江西、福建五省份 530 个县级区域 a4（2015—2017 年）时期的一系列加总数据进行实证研究。采用 2015 年、2016 年和 2017 年三年平均数据以消除气候因素对粮食产量的影响；采用极差法对所有变量进行标准化处理，消除量纲。本书感兴趣的问题是广东省粮食生产的影响因素是否存在区域差异，如果有，差异的大小及规律是怎样体现的。

5.2.3 实证结果与分析

GWR 模型的实证须从 OLS 回归开始，通过 OLS 获得一个正确指定的变量组合，然后使用同样的变量组合运行 GWR 回归。由于 OLS 模型默认样本间的空间关系是一致的，因此具有区域差异的数据违反了 OLS 对全球平稳性的假设。为了评估和比较 OLS 和 GWR 模型的性能，可以考虑通过

调整后的 R^2（$Adj-R^2$）以及小样本的修正赤池信息准则（AICc）检验。

（1）OLS 回归结果与分析

采用 OLS 回归作为基准模型，回归结果表明，各尺度下几种解释变量对粮食生产水平造成了不同的影响（表 5-2）。

表 5-2　L、M、S、R 4 种尺度 OLS 模型回归结果对比

参数	L 尺度	M 尺度	S 尺度	R 尺度
样本数量	530	306	187	123
R^2	0.36	0.43	0.49	0.52
校正 R^2	0.35	0.41	0.47	0.5
AICc	$-2\,133.99$	$-1\,376.31$	-903.68	-903.68
系数显著性指标	X_1、X_3、X_5、X_6	X_3、X_6	X_1、X_3	X_1、X_3
稳健性指标	X_3、X_5、X_6	X_3、X_6	X_1、X_3、X_6	X_1、X_3、X_6

由表 5-2 可知，在 L 尺度下，农业劳动力比重（Ap）、农业资本人均拥有量（Ac）、非农化比较收益（Ng）、土地设施化程度（Le）、土地非粮化比较收益（Ld）与粮食产量具有显著相关性；M 尺度下，农业劳动力比重（Ap）、农业资本人均拥有量（Ac）与粮食产量具有显著相关性，其他指标与粮食产量相关性不显著（表 5-3）；S 尺度下，农业资本人均拥有量（Ac）、土地非粮化比较收益（Ld）与粮食产量具有显著相关性，其他指标与粮食产量相关性不显著。随着研究尺度上升，样本数量增加，通过显著性的变量数量增加，变量的显著性也增强。以土地非粮化比较收益（Ld）为例，S、M、L 尺度下，其 P 值分别为 0.106 967、0.007 469、0.001 127。

M 尺度 OLS 模型回归结果表明（表 5-3），模型的拟合度为 52％，各个变量的标准化残差膨胀因子（VIF）均小于 7.5，表示变量之间不存在共线现象。解释变量农业资本人均拥有量（Ac）和土地非粮化比较收益（Ld）2 个系数通过 10％水平的显著性检验，与稳健性检验结果一致。

表 5-3　M 尺度 OLS 模型估计及诊断结果

变量	系数	标准差	Probability[b]	Robust_Pr[b]	VIF[c]
截距	0.102	0.481	0.035 222*	0.013 002*	—
农业劳动力比重（Ap）	0.180	0.068	0.008 743*	0.006 305*	1.74

（续）

变量	系数	标准差	Probability[b]	Robust_Pr[b]	VIF[c]
劳动力非粮化程度（Dp）	0.046	0.117	0.692 496	0.424 546	1.97
农业资本人均拥有量（Ac）	−0.273	0.048	0.000 000*	0.000 000*	3.54
非农化比较收益（Ng）	0.107	0.059	0.696 669	0.036 533	2.61
土地设施化程度（Le）	−0.117	0.102	0.255 261	0.172 706	4.23
土地非粮化比较收益（Ld）	−0.140	0.123	0.910 05	0.946 932	1.82
样本数量	123	联合 F 统量/p 值		0.000 000*	
R²	0.52	Koenker（BP）统计量/p 值		0.002 078*	
校正 R²	0.50	AICc		−903.68	

注：*表示在 10% 的水平上显著。

L 尺度 OLS 模型回归结果表明（表 5 - 4），模型的拟合度为 36%，各个变量的标准化残差膨胀因子（VIF）均小于 7.5，表示变量之间不存在共线现象。解释变量农业劳动力比重（Ap）、农业资本人均拥有量（Ac）、非农化比较收益（Ng）、土地设施化程度（Le）和土地非粮化比较收益（Ld）5 个系数显著性通过 10% 水平的显著性检验，解释变量农业资本人均拥有量（Ac）、土地设施化程度（Le）和土地非粮化比较收益（Ld）3 个系数的稳健性通过 10% 水平的显著性检验。

表 5 - 4 L 尺度 OLS 模型估计及诊断结果

变量	系数	标准差	Probability[b]	Robust_Pr[b]	VIF[c]
截距	0.053	0.010	0.000 002*	0.000 025*	—
农业劳动力比重（Ap）	−0.027	0.119	0.024 192*	0.090 592	1.23
劳动力非粮化程度（Dp）	−0.401	0.244	0.101 771	0.139 007	2.99
农业资本人均拥有量（Ac）	−34.130	0.248	0.000 00*	0.000 000*	3.2
非农化比较收益（Ng）	0.023	2.476	0.047 231*	0.057 599	1.67
土地设施化程度（Le）	5.870	0.113	0.000 002*	0.000 552*	5.38
土地非粮化比较收益（Ld）	−0.265	1.209	0.001 127*	0.000 407*	1.07
样本数量	530	联合 F 统量/p 值		0.000 00*	
R²	0.36	Koenker（BP）统计量/p 值		0.000 00*	
校正 R²	0.35	AICc		−2 133.99	

注：*表示在 10% 的水平上显著。

通过对 OLS 回归结果的观测，发现 4 种尺度的模型设定都通过了检验，变量选取有一定的合理性，因此应以不同尺度下的设定进行 GWR 回归。

（2）GWR 回归结果与分析

GWR 回归结果可以展现每个样本县的粮食生产对不同要素的反应，因此，每个设定下各样本县的回归系数都不一样。

表 5-5 显示了 4 种可选范围下 GWR 模型回归的稳健性参数。相比 OLS 模型的回归结果，GWR 模型对粮食生产影响因素的解释能力更直观强大。GWR 回归的系数区间既涵盖了 OLS 回归的系数，又体现了地区差异化程度，在粮食生产影响因素问题上具有更强的解释能力，较小的残差平方和较低的 AICc 值（差异大于 3）都表明 GWR 模型回归的拟合效果更好。

表 5-5　GWR 模型回归结果

覆盖范围	R	S	M	L
带宽	1.59	2.03	1.78	2.42
残差平方	1.5	0.057	0.123	0.382
$AICc$	−160.9	−952.7	−1 473.02	−2 269.33
R^2	0.66	0.63	0.61	0.55
校正 R^2	0.61	0.60	0.58	0.51
$Sigma$	0.119	0.018	0.021	0.027

①R 尺度回归结果。R 尺度下 GWR 模型回归系数及标准化残差分布。回归结果显示（表 5-6），考虑到低于 0.1 的稳健概率，模型中 3 个自变量与粮食产量具有统计学显著性关系：县域的农业劳动力比重（Ap）、农业资本人均拥有量（Ac）、非农化比较收益（Ng）对粮食生产产生了明显的影响。

模型 R^2 为 0.66，说明模型仅能够解释粮食生产影响因素中的 66%；标准化残差膨胀因子 VIF 均值接近于 1，说明变量选取合理，模型的共线性问题不大。标准化残差＞2.5 或小于－2.5 的样本县为 2 个，占所有样本的 1.6%，说明模型"噪声"极小。

表 5-6 R 尺度下 GWR 和 OLS 回归结果比照

R 尺度	研究结果	农业劳动力比重（Ap）	劳动力非粮化程度（Dp）	农业资本人均拥有量（Ac）	非农化比较收益（Ng）	土地设施化程度（Le）	土地非粮化比较收益（Ld）
OLS	系数	0.18	0.046	−0.273	0.107	−0.117	−0.14
	标准差	0.068	0.117	0.048	0.059	0.102	0.123
	Probability[b]	0.009*	0.692	0.000*	0.697*	0.255	0.91
	Robust_Pr[b]	0.006*	0.425	0.000*	0.037	0.173	0.947
	VIF[c]	1.74	1.97	3.54	2.61	4.23	1.82
GWR	Mean	0.139		−0.303	0.078		
	Std. Dev.	0.078		0.066	0.107		
	min	−0.244		−0.441	−0.113		
	max	0.329		−0.222	0.343		
	样本数	123	123	123	123	123	123

注：* 表示在 10% 的水平上显著。

②S 尺度回归结果。S 尺度下 GWR 模型回归系数及标准化残差分布。回归结果显示（表 5-7），考虑到低于 0.1 的稳健概率，模型中 3 个自变量与粮食产量具有统计学显著性关系。县域的农业劳动力比重（Ap）、农业资本人均拥有量（Ac）、土地非粮化比较收益（Ld）对粮食生产产生了明显的影响。

模型 R^2 为 0.63，说明模型仅能够解释粮食生产影响因素中的 63%；标准化残差膨胀因子 VIF 均值接近于 1，说明变量选取合理，模型的共线性问题不大。标准化残差＞2.5 或小于−2.5 的样本县为 4 个，占所有样本的 2.1%，说明模型"噪声"较小。

表 5-7 S 尺度下 GWR 和 OLS 回归结果比照

S 尺度	研究结果	农业劳动力比重（Ap）	劳动力非粮化程度（Dp）	农业资本人均拥有量（Ac）	非农化比较收益（Ng）	土地设施化程度（Le）	土地非粮化比较收益（Ld）
OLS	系数	0.027	−0.003	−19.800	0.022	−0.748	−0.115
	标准差	0.011	0.225	2.830	0.012	1.241	0.070
	Probability[b]	0.015*	0.988	0.000*	0.079	0.547	0.107*
	Robust_Pr[b]	0.009*	0.976	0.000*	0.127	0.341	0.000*
	VIF[c]	1.360	2.480	3.520	2.280	4.620	1.130

（续）

S 尺度	研究结果	农业劳动力比重（Ap）	劳动力非粮化程度（Dp）	农业资本人均拥有量（Ac）	非农化比较收益（Ng）	土地设施化程度（Le）	土地非粮化比较收益（Ld）
GWR	Mean	0.016		−16.802			−0.608
	Std. Dev.	0.010		2.566			0.714
	min	−0.040		−25.179			−2.874
	max	0.032		−14.334			−0.055
	样本数	187	187	187	187	187	187

注：＊表示在 10％的水平上显著。

③M 尺度回归结果。M 尺度下 GWR 模型回归系数及标准化残差分布。回归结果显示（表 5-8），考虑到低于 0.1 的稳健概率，模型中 2 个自变量与粮食产量具有统计学显著性关系。县域的农业资本人均拥有量（Ac）和土地非粮化比较收益（Ld）对粮食生产产生了明显的影响。

表 5-8　M 尺度下 GWR 和 OLS 回归结果比照

M 尺度	研究结果	农业劳动力比重（Ap）	劳动力非粮化程度（Dp）	农业资本人均拥有量（Ac）	非农化比较收益（Ng）	土地设施化程度（Le）	土地非粮化比较收益（Ld）
OLS	系数	0.006	−0.038	−22.700	0.006	1.187	−0.193
	标准差	0.011	0.225	2.843	0.122	1.329	0.072
	Probability[b]	0.557	0.865	0.000＊	0.630	0.373	0.007＊
	Robust_Pr[b]	0.566	0.845	0.000＊	0.632	0.334	0.001＊
	VIF[c]	1.340	2.470	4.210	1.950	5.750	1.090
GWR	Mean			−20.428			0.116
	Std. Dev.			14.440			4.121
	min			−133.435			−4.971
	max			−11.925			34.020
	样本数	306	306	306	306	306	306

注：＊表示在 10％的水平上显著。县域的农业资本人均拥有量（Ac）、土地非粮化比较收益（Ld）对粮食生产产生了明显的影响。

模型 R^2 为 0.61，说明模型能够解释粮食生产影响因素中的 61％；标准化残差膨胀因子 VIF 均值接近于 1，说明变量选取合理，模型的共线性问题不大。标准化残差＞2.5 或小于−2.5 的样本为 8 个，占所有样本的 2.6％，说明模型"噪声"较小。

④L 尺度回归结果。L 尺度下 GWR 模型回归系数及标准化残差分布。回归结果显示（表 5-9），考虑到低于 0.1 的稳健概率，模型中 5 个自变量与粮食产量具有统计学显著性关系。县域的农业劳动力比重（Ap）、农业资本人均拥有量（Ac）、非农化比较收益（Ng）、土地设施化程度（Le）、土地非粮化比较收益（Ld）对粮食生产产生了明显的影响。

表 5-9　L 尺度下 GWR 和 OLS 回归结果比照

L 尺度	研究结果	农业劳动力比重（Ap）	劳动力非粮化程度（Dp）	农业资本人均拥有量（Ac）	非农化比较收益（Ng）	土地设施化程度（Le）	土地非粮化比较收益（Ld）
OLS	系数	−0.027	−0.401	−34.130	0.023	5.870	−0.265
	标准差	0.119	0.244	0.248	2.476	0.113	1.209
	$Probability[b]$	0.024*	0.102	0.000*	0.047*	0.001*	0.001*
	$Robust\_Pr[b]$	0.091	0.139	0.000*	0.058	0.001*	0.000*
	$VIF[c]$	1.230	2.990	3.200	1.670	5.380	1.070
GWR	$Mean$	−0.027		−30.684		5.131	−0.879
	$Std.\ Dev.$	0.035		11.325		5.187	1.236
	min	−0.121		−78.974		−1.363	−8.166
	max	0.054		−13.689		31.473	−0.085
	样本数	530	530	530	530	530	530

模型 R^2 为 0.55，说明模型仅能够解释粮食生产影响因素中的 55%；标准化残差膨胀因子 VIF 均值接近 1，说明变量选取合理，模型的共线性问题不大。标准化残差>2.5 或小于−2.5 的县为 16 个，占所有样本的 3%，说明模型"噪声"较小。

（3）广东省粮食生产格局驱动因素的异质性

表 5-9 显示了所有通过检验的 GWR 回归结果，各因素中分别有不同尺度的模型通过了检验，解释变量至少能够反映 51% 粮食产量变化原因。随着纳入模型的样本量越多，统计显著的变量随之也增多，但模型整体的解释能力相应变弱。因此，有必要对各个解释变量在不同模型设定下的系数分布进行比较分析。具体来看：

①农业劳动力比重（Ap）。结合 R、S 的采样尺度来看，劳动力比重对粮食总产量影响的大小、正负并不固定。大部分地区的回归系数为正，也就是说农业劳动力比重的减少会带来粮食的减产。随着采样范围扩大至 L，可以发现农业劳动力比重减少反而促进粮食增产的样本县开始增多，这种情况发生于广西、江西、福建、湖南中南部地区，这可能是由全国范围内农业劳动力价格提升所带来的"趋粮化"现象——农民可以用资本化的方法把粮食生产中的劳动密集环节进行要素替代，或外包出去——引起的。因此，农村富余劳动力越少，粮食种植面积越大，粮食产量越多。然而在广东省，劳动力比重减少对粮食生产的影响不明显，尤其是沿海及中部地区，农业劳动力继续减少无法带来粮食产量的提升，一是因为在该地区，广东省的农村劳动力价格较高，兼业农户的比较收益低，弃耕行为非常突出；二是因为该地区细碎的农田条件阻碍了农业生产服务市场的形成，农民无法把生产环节外包出去。劳动力比重对粮食生产的异质性表明劳动力禀赋的提升对粮食生产水平具有双重功效，这取决于当地的劳动力的价格和农业生产服务市场情况，此结论与假设 1 一致。

②非农化比较收益（Ng）。非农化比较收益（Ng）对粮食总产量影响正负、大小因地而异。在粤西地区，非农化比较收益（Ng）提升对粮食生产有抑制作用，即经济非农化导致土地非粮化，而在粤东则呈现相反的状态，非农化比较收益（Ng）提升对粮食生产有促进作用。产生这种区别的原因主要是土地禀赋差异。如前文所述，粤西片区是广东省现存较少的粮食高产聚集区，粮田相对充裕，土地连片规整，粮食生产以需求收入弹性较弱的普通大米为主；而粤东地区农地细碎、农业经营规模小、专业化程度低，粮食生产以需求收入弹性较强的优质大米为主，两地的粮食产品生产定位不一样，导致粮食生产对经济发展做出了截然相反的反应。

③农业资本人均拥有量（Ac）。农业资本人均拥有量对粮食总产量影响为负，作用大小因地而异。在 R、S 的采样范围内，农业资本人均拥有量对粮食生产的抑制作用是从粤中向东、西方向辐射增强的。当采样范围扩大至 M、L，这种抑制作用在全广东省范围内有所减弱，但方向仍然为负。这说明了农业资本如农业机械、设施、资金等投放越多的地区，粮食生产越是受

到挤压，这是由于粮食产业的生产布局变迁主要是由资本化来推动的，农业资本化程度越高，当地农户生产非粮作物的概率越大。在广东省，农业资本化进程对粮食产业的抑制作用较小，而且珠三角地区比东、西部小，说明农业资本在发达地区的刺激作用比欠发达地区疲软，对粮食产业的挤出效应弱。从非农化比较收益和农业资本人均拥有量的结果来看，农业资本化水平对粮食生产的作用在地区间是不一致的，这与当地的资本收益率差异有关，研究结果与假设 2 一致。

④土地非粮化比较收益（Ld）。土地非粮化比较收益（Ld）对粮食总产量影响为负，作用大小因地而异。在 S、L 的采样范围内，土地非粮化比较收益（Ld）对粮食生产的抑制作用是从东向西辐射增强的。土地非粮化比较收益表达经济作物与粮食作物的效益差距，这种差距在地区间高低不一，仍然以广东省为例，西部主要依靠规模化来提高粮食作物的亩均收益，而东部主要通过提高粮食产品的附加值来提高收益，由于粮食产业的规模经济是有边界的，而通过延伸产业链条则能够突破土地经营规模的制约，因此非粮化比较效益对粤西农户的吸引力大，"粮转经"的可能性大；对粤东农户的吸引力小，"粮转经"的可能性小。

⑤土地设施化程度（Le）。土地设施化程度（Le）对粮食总产量影响作用大小、方向因地而异。总体来看，在 L 的采样范围内，大部分地区设施化程度对粮食生产有促进作用，这种促进作用呈现从沿海向内陆区域逐步增强的趋势。由于设施化水平反映农田基础设施建设的好坏，对于水资源缺乏的地区，农地设施的投放是保障粮食生产的重要手段，因此，土地设施化程度对粮食的增产效果在水资源条件相对欠缺的内陆地区十分明显，然而在广东省，粮食产量受土地设施化影响相对不明显，在沿海地区布局农业设施甚至会对粮食生产产生负面影响，这种特殊的情况看似与常理相反，但却非常符合粮食主销区的经济现实：广东省的农业总产值中，渔业、果业等单产较高的产业占据大头，这些产业对农地设施化水平的需求更高，土地设施投放的效益更容易被这些高附加值产业所吸收，久而久之，粮食生产可能被排挤于良田之外，由此产生负向影响。这也证明：土地禀赋对粮食生产的作用差异是由不同地理位置的农业生产结构差异所引致的。

5.3 本章结论

土地、劳动力和资本是农业生产的基本生产要素，本章分析三种生产要素对广东省粮食生产区域变迁的影响机理。推理得出，农用土地质量的提升对粮食生产具有正向影响；农业劳动力对粮食生产具有正向的溢出效应，富余劳动力的转移可提高临近县域的粮食产能。在空间关系研究中，县域产业结构差异使得农业资本对粮食生产具有负向的溢出效应；农业资本结构差异对粮食生产的影响取决于资本收益率，资本收益率较高的农业产业将占用较多的农业资本，对应的资本收益率较低的农业产业将占用较少的农业资本。最后，本章节构建一个区域粮食产业选择模型，从推导可以发现，各个区域最优粮食产业规模的选择是由区域粮食产业贡献弹性、市场环境和产品价格共同决定的。

本研究讨论了主销区粮食生产水平影响因素存在的区域差异。差异的大小及规律。在不同的采样范围下分析 GWR 模型回归结果，最后得出结论如下：第一，在粮食主销区，农业土地禀赋对粮食生产水平的影响具有不确定性。广东省的实证结果表明，土地非粮化比较收益对粮食生产的促进作用呈现"西高东低"的差异性，土地设施化程度对粮食生产的作用不明显，在沿海地区甚至出现负反馈现象，这与不同位置的农业生产结构差异有关；第二，农业劳动力禀赋对粮食生产水平影响的大小、正负具有区域差异。在大样本下，广东省粮食生产水平对劳动力比重的影响不明显，这与劳动力价格的过高和农业生产服务市场的滞后有关；第三，农业资本化水平对粮食生产水平影响的大小、正负具有区域差异。非农比较收益对粮食总产量的影响呈现"东高西低"的差异性，农业资本人均拥有量对粮食总产量的负面影响从"珠三角向四周辐射减弱"，这与地方的资本收益率差异有关。

上述发现给我们带来了一定的启示：资本、土地、劳动力对粮食生产的影响是空间异质的，因此，各种粮食安全政策在不同地区的施行效果也是大相径庭的。政策制定者需要在更广阔的范围内考虑"邻居效应"之余，按照各地农业生产要素的禀赋基础，合理地建设粮食生产功能区，指引政策执行部门有针对性地施政。具体可分别用劳动力、土地及资本三个要素对粮食生产的影响来衡量各地施政方针的适宜性：一是劳动力提升政策的适宜性。指的是在农村劳动力短缺的背景下，如何引导地区农业劳动力的转型升级以维持粮食稳产增产，相关的政策如高素质农民培训、生产者补贴等；二是土地提升政策的适宜性。指的是在农业用地低产出、低流转、高抛荒的背景下，如何维持农用地持续稳定地产出粮食，相关政策如高标准农田建设、土地流转市场建设、农地集约化政策等；三是资本提升政策的适宜性。指的是在资本进入农业的过程中，如何保障粮食产业健康稳定发展而不是被资本"挤出"，相关的政策如农业机械购置补贴、农村普惠金融等。

第 6 章 广东省粮食生产非均衡生产潜力指数模型及增长收敛性研究

粮食生产潜力研究的提出与人口、土地、生产力相关联,粮食生产潜力的估算与评价不仅可以作为国家或地区进行粮食产区分区、制定粮食产量计划和粮食主产区发展规划、确定发展方向及有关粮食生产政策的重要依据,而且是估算口粮承载能力的基础。因此,粮食生产潜力的研究在理论和实践上都具有重要意义。"非均衡"生产的本质在于因地制宜、因地施策,主要衡量土地生产粮食的能力。本章从生产潜力理论的渊源出发,梳理生产潜力的自然影响因素与社会影响因素,整理归纳各类非均衡生产潜力指数模型,从研究县域、地级市和分稻区的土地生产潜力出发,计算得出各类指数模型数据,最终落脚于地级市粮食生产非均衡发展潜力,并从 σ 收敛和 β 收敛重点探讨非均衡生产潜力增长收敛性。

6.1 生产潜力理论

生产潜力指潜在的能力和力量亦即内在的没有发挥出来的力量或能力,是一种潜在的能力,对生产企业来说是一种还没有被充分利用和发挥的潜在的生产能力。本书所论述的粮食生产潜力隶属于农业综合的生产潜力范畴,主要包括光、热、水、土等自然因素影响的自然生产潜力和与土地资源开发有密切关系的社会—经济—技术因素影响的社会经济生产潜力两大方面。粮食生产潜力是指单位面积粮食生产土地上每年所能获得的最大粮食可能产量及经济效益。粮食生产潜力是多因素综合作用的结果,根据学者的研究理论,可将影响粮食生产潜力的多种因素归纳为自然因素与社会经济因素两大类。本书采用的自然因素主要包括年太阳辐射(短波辐射)总量、年平均温度、年降水量和年蒸散量，社会经济因素主要包括地膜、农药、机械化、灌溉和化肥。

对于生产潜力概念的研究，张扬（2020）在研究三江平原生产力演变、王少明（2009）在研究海南天然橡胶集团天然橡胶生产潜力时提到了生产潜力的概念。生产潜力是国民经济各物质生产部门和企业，在人力、物力、财力等方面还没有被利用或还没有被充分利用的能力，挖掘生产潜力是促进增产节约的重要措施，同时也是实现内涵扩大再生产的基础。刘雪晨（2019）在研究中国经济增长的非均衡问题、付蕾（2018）在研究孟加拉国经济增长现状与潜力中均谈到了潜在产出，这与生产潜力类似，均是可实现的最大生产力的概念，对粮食生产潜力的研究有重要的借鉴作用。国际货币基金组织以及美联储等主要国家央行均将潜在产出定义为经济运行中的失业率达到非加速通胀失业率（NAIRU）时的产出水平。

生产潜力的评估模型主要为农业生态区法（AEZ），AEZ 是联合国粮食及农业组织（FAO）为了获取农业发展规划所需的资料，进行全球特别是非洲热带地区土地资源生产潜力评价的过程中创立的。AEZ 模型是目前全球使用最广泛的土地生产潜力评估模型，AEZ 模型在估算过程中，主要考虑了太阳总辐射、温度、降水和土壤性状等自然环境因素，即 AEZ 模型首先估算光合生产潜力，在其他条件不变时，首先考虑太阳辐射所决定的产量，在光合生产潜力基础上加入温度影响因素形成光温生产潜力，接着加入水影响因素形成光温水生产潜力，最后加入土地影响因素形成土地（光温水土）生产潜力（张扬，2020）。在 AEZ 模型的基础上，谭素英（2021）以甘肃省张掖市甘州区为例，基于地理信息系统（GIS），运用改进的 AEZ 法分析其 2009—2018 年耕地生产潜力及承载力。张扬（2020）谈到 AEZ 模型是从自然因素角度去对土地生产潜力进行评价，在土地利用和农业现代化发展趋势下，人为因素对生产潜力作用效果愈发明显，因此结合三江平原特有的农垦二元结构，根据农业经营投入的差异建立农业生态经济区划（AEEZ）模型，同样基于 GIS 技术计算了三江平原的耕地生产潜力。王青（2010）等在 AEZ 模型基础上，进一步考量社会经济因素的影响，根据土、肥、水、种、密、保、管、工 8 个影响作物产量形成的主要社会经济因素构建社会经济生产潜力系统，形成了较为完善的农业综合生产潜力指标体系及模型。王少明（2011）则引用王青的社会经济生产潜力在研究海南橡胶集团天然橡胶生产潜力系统时，从植胶规模、技术应用、品种改良、管理方式、社会环境等方面探讨了天然橡胶生产潜力，最后提出了关于提升天然橡胶生产潜力的发展意见。

潜在产出水平测算方法主要是线性趋势法，假设产出由长期趋势成分和短期波动成分构成，通过使用 H－P 滤波法可以剔除短期波动得到长期趋势成分，此时所得到的长期趋势成分就是潜在产出，以及经济结构关系估计法的潜在增长率测算，是基于某种经济关系和其构成的函数关系来估计潜在增长率，此时采用奥肯定律法通过失业率确定产出，还有选用柯布道格拉斯生产函数的生产函数法，最后是基于多变量结构化分解法的潜在增长率测算和基于主观判断法的潜在增长率测算（刘雪晨，2019）。付蕾（2018）分析了上述提到的 H－P 滤波法即生产函数法两种测算方法的优缺点，H－P 滤波法优点是对数据要求不是太高，数据较容易获取，结果容易得到且解释力度高，缺点就是纯统计方法得出的结论缺乏经济理论支撑，较难解释结果所蕴含的经济原因，而生产函数法数据的选取要求较高，数据的准确性对结果有很大的影响，优点就是该方法有一定的经济学理论背景所以能很好地解释结果所蕴含的经济学原因，许瑶（2020）则进一步应用前述的生产函数法，使用生产函数来构造生产前沿面应用于 2008—2017 年中国 10 个沿海地区养殖海域利用效率的测度，研究论证了中国海水养殖的空间非均衡发展问题。

6.2　非均衡生产潜力指数模型

非均衡度是指区域间相对发展差异的大小，常用的评价指标有 Gini 系数、Theil 系数、变异系数、Zenga 指数等（姜尚男，2020），这些指标各有特点，在实际应用中各有侧重，接下来依次结合粮食生产潜力对这些指标进行介绍，为选择合适的衡量粮食非均衡生产潜力的指标做基础。

6.2.1　基尼系数

基尼系数是在意大利统计学家 Corrado Gini 提出的一种衡量不均衡的指数基础上逐渐发展而来的，早期主要被用来定量研究各阶层人口的收入差距，之后被广泛应用于宏观经济、环境、交通、医疗、教育等各个领域的差距测度。相比泰尔指数、变异系数、集中指数等其他常见的差距测度指标，基尼系数应用最为广泛。与其他指标相比，基尼系数提供了一个基于总体分布的不平等程度的单一衡量标准，并允许跨国家和时间段进行比较。

基尼系数公式为：

$$G = \frac{2}{n^2 \mu} \sum_{i=1}^{n} i e_i - \frac{n+1}{n}$$

其中 n 为粮食主产区域数量，μ 为粮食主产区生产潜力的平均值，i 为广东省粮食主产区域，取值为 $0 \sim n$，e_i 为粮食主产区生产潜力从低到高排列后第 i 个地区的粮食主产区生产潜力水平。

6.2.2 泰尔指数

泰尔指数（Theil 指数）是荷兰经济学家 Theil 受到 Shannon 提出的信息熵的启发，在其基础上发展得出的用于衡量收入差距的新指标，之后便被广泛应用于研究各种不公平、不平等现象。

泰尔系数公式为：

$$T = \frac{1}{n} \sum_{i=1}^{n} \frac{e_i}{\mu} \ln \frac{e_i}{\mu}$$

其中 n 为粮食主产区域数量，μ 为粮食主产区生产潜力的平均值，i 为广东省粮食主产区域，取值为 $0 \sim n$，e_i 为粮食主产区生产潜力从低到高排列后第 i 个地区的粮食主产区生产潜力水平。

在信息理论中，若收到一条准确的信息证实某件发生概率为 P 的事件 E 真实发生了，则定义此信息的信息量 $h(P)$ 为 $h(P) = \ln(1/P)$。设某完备事件组由 n 个事件（E_1，E_2，$\cdots$，E_n）组成，各自发生的概率依次为（P_1，P_2，$\cdots$，P_n），则有 $\sum_{i=1}^{n} P_i = 1$。

那么根据信息论中对熵的定义，其值等于各事件的信息量与其相应概率乘积的总和。

$$H(x) = \sum_{i=1}^{n} P_i h(P_i) = \sum_{i=1}^{n} P_i \log(1/P_i) = - \sum_{i=1}^{n} P_i \log(P_i)$$

其中，根据换底公式，式中 log 的底数是任意的，由于其最后计算的结果仅相差一个倍数，下式同。显然，n 个事件各自发生的概率越趋近于 $1/n$，熵越大。根据信息论中熵的含义及计算方法，将其用于测度收入水平不平等程度时，可解释为将人口份额转化为收入份额（类似洛伦兹曲线中将人口累积百分比信息转化为收入累计百分比）的消息所包含的信息量。

设 U_i 为第 i 个个体所占的收入份额，$E(U)$ 就是一种反映收入分配不平等的尺度，$E(U) = \sum\limits_{i=1}^{n} U_i h(U_i) = \sum\limits_{i=1}^{n} U_i \log(1/U_i)$。收入越平均，$E(U)$ 越大，如果收入绝对平均，即 $U_i = 1/n$ 时，$E(U)$ 就达到最大值 $\log n$，这便是泰尔指数的由来，其基本公式为：

$$T = \frac{1}{n} \sum_{i=1}^{n} \frac{y_i}{\bar{y}} \times \log[y_i/\bar{y}]$$

其中，T 为测度收入差距程度的泰尔指数，y_i 表示第 i 个个体的收入，$\bar{y}$ 为所有个体的平均收入。

对于分组数据，泰尔指数表示为各地区收入份额与人口份额之比的对数的加权和，权数为收入份额，其公式为：

$$T = \sum_{k=1}^{K} w_k \times \log[w_k/e_k]$$

其中，w_k 表示地区 k 的收入占所有地区总收入的比例，e_k 表示地区 k 人口占总人口数的比重。泰尔指数大于等于 0，值越小表明地区间差异越小。

将泰尔指数进行变形便可以广泛应用于衡量各个领域的非均衡程度。另外，泰尔指数还可以按组内差距和组间差距进行分解，用于衡量两者对总差距的贡献。泰尔指数因其可分解性和计算简便的特点，深受广大学者的欢迎。

6.2.3　变异系数

变异系数又称离散系数，是指一组数据的标准差与其平均值的比值，其具体计算公式如下。

$$CV = \frac{S}{\bar{x}}$$

$$S = \sqrt{\frac{\sum\limits_{i=1}^{n}(x - \bar{x})^2}{n-1}}$$

式中，S 和 $\bar{x}$ 分别代表样本数据的标准差和均值，两者之比即为变异系数。变异系数通过估算样本数据与均值的离差来衡量非均衡或不公平程度，其值越大，表明非均衡程度越大，反之亦然。

6.2.4 Zenga 指数

Zenga 指数是一种性质优良的新型不平等测度指数，国际上已有大量的理论探讨和广泛的实证，但目前在国内还没有得到足够的重视。以收入差距衡量为例，介绍 Zenga 指数的计算过程如下。

首先，将所有研究对象的收入集合按从小到大的顺序排列：

$0 < y_1 < y_2 < \cdots < y_h < \cdots < y_r$，集合中的取值各不相同；收入集合中对应的频数集合为 $(n_1, n_2, \cdots, n_h, \cdots, n_r)$。

收入集合中的每一个收入取值 Y。将总体划分为高、低收入组两部分。其中，收入较低的一组的平均收入表示为公式。

$$\overline{M}_h(y) = \frac{\sum\limits_{h=1}^{h} y_h}{\sum\limits_{h=1}^{h} n_h}, \quad h = 1, 2, \cdots, r$$

相应地，收入较高的一组的平均收入为：

$$\overset{+}{M}_h(y) = \begin{cases} \dfrac{\sum\limits_{h=1}^{r} y_h - \sum\limits_{h=1}^{h} y_h}{\sum\limits_{h=1}^{r} n_h - \sum\limits_{h=1}^{h} n_h}, & 1 \leqslant h < r \\ y_r, & h = r \end{cases}$$

Zenga 指数由点不平等指数加权平均得出，点不平等指数被定义为较高收入组平均收入和较低收入组平均收入的相对偏差，用以下公式表示。

$$Z_h = \frac{\overset{+}{M}_h(y) - \overline{M}_h(y)}{\overset{+}{M}_h(y)} = 1 - \frac{\overline{M}_h(y)}{\overset{+}{M}_h(y)}, \quad h = 1, 2, \cdots, r$$

设前 h 个人的累积人口比例为 $p_h = \dfrac{\sum\limits_{h=1}^{h} n_h}{\sum\limits_{h=1}^{r} n_h}$，累积收入比例为 $L(p_h) =$

$\dfrac{\sum\limits_{h=1}^{h} y_h}{\sum\limits_{h=1}^{r} y_h}$，结合上述公式，$Zenga$ 点不平等指数还可以表示为：

$$Z_h = 1 - \left[\frac{L(p_h)}{p_h}\right]\left[\frac{1-p_h}{1-L(p_h)}\right], \quad h = 1, 2, \cdots, r$$

Zenga 总不平等指数被定义为所有 Zenga 点不平等指数的加权平均：

$$Z = \sum_{h=1}^{r} \frac{n_h}{N} Z_h$$

6.2.5 衡量非均衡度指数概述

学者们对于非均衡的研究主要是基于经济理论方面的均衡概念的分析。刘雪晨（2019）对经济增长理论的均衡研究进行了综述，分别是微观范畴的均衡研究、宏观经济框架下的微观均衡研究、宏观范畴的均衡研究，为本书奠定了理论基础，并在此基础上使用了多维均衡的概念，经济增长的多维均衡是动态平衡和静态平衡的统一结合，非均衡是可测度的，实际水平是围绕均衡水平上下波动的，非均衡是常态。

常用的衡量非均衡度的模型包括基尼系数、泰尔指数、变异系数、极距与倍率、Zenga 指数等。这些衡量非均衡的指标各有优劣，每一种方法指标对应性质各异的数据，且在实际应用中的侧重点也各不相同。其中，基尼系数应用领域最为广泛，并且相较于变异系数、Theil 指数等其他较为常用的指标，基尼系数提供了一个基于总体分布的不平等程度的单一衡量标准，并允许跨国家和时间段进行比较。另外，基尼系数的子群可分解性便于我们更细致地探寻各子群的差异。泰尔指数同样具备可分解性，但相比基尼系数，其应用范围有限；变异系数直观性较强，容易理解，但不具备可分解性，且没有确定的取值范围，缺乏可比性；极距和倍率易受极端值影响；Zenga 指数是近年来才提出的一种不平等测度方法，虽然具备一些优良特性，但相对来说仍未成熟，应用范围比较有限。因此，基于研究目的和研究对象，本书选用以上各种指数模型来测算广东省各粮食主产区间粮食生产非均衡发展程度。除了研究粮食生产非均衡发展问题外，这些指数模型同样适用于城乡收入差距和普惠金融发展问题的研究。李建伟（2017）在变异系数法确定指标权重的基础上构建普惠金融发展指数，从而通过构建相关空间计量模型，实证检验了省域普惠金融发展对城乡收入分配差距的影响，"地理维度的渗透性"子维度在现阶段我国数字普惠金融的发展中起到主导效应，大部分省域普惠金融的发展对缩小该省域城乡收入差距具有显著的作用，周边省域普惠金融的发展对该省域城乡收入差距的改善存在空间溢出效应。沈丽等（2019）通过 Dagum 基尼系数与扩展的分布动态学模型考察中国数字普惠金融的区域差异及分布动态演进，发现全国数字普惠金融发展水平整体呈现下降趋势，与东中部相比，西部地区发展速度较快，呈上升趋势；东部地区多极分化现象明显，中部和西部区多极分化现象逐渐消失。王雪等（2020）运用空间趋势面和泰尔指数检验县域数字普惠金融发展的演进态势发现，中国县域数字普惠金融发展水平逐步提升但呈现出"东高西低、南高北低"的空间非均衡状态，全国县域数字普惠金融发展的总体差距在缩小，省内县级区域间的数字普惠金融发展差距是总体差距的主要来源，且在数字普惠金融发展水平落后的西部地带和低—低集聚区内实现了最快的收敛速度。

黎传熙（2018）介绍了区域经济发展理论中的非均衡发展理论，包括冈纳·缪尔达尔的循环累积因果论、艾尔伯特·赫希曼的不平衡增长论、弗里德曼的中心—外围论、美国哈佛大学教授雷蒙德·弗农首创区域经济梯度推移理论、法国经济学家佩罗提出具有时代意义的增长极理论。经济理论认为，开始时各地域的初始状态可能是不均衡的，但落后的地区可能会向先进地区学习，最终所有地区的发展会收敛至一个水平。郭海红（2021）为此梳理了关于收敛方面的经济理论：第一，新古典增长理论的观点是技术进步是外生的，资本边际产出终将呈递减趋势，因而经济水平落后的地区经济增长速度会较快，区域间会形成平衡状态。第二，内生增长理论的观点是，技术进步是内生的，它既受区域的要素投入和技术投入的约束，又受学习曲线、经验积累、知识溢出等影响，因而资本边际产出不会呈递减趋势，具有较高资本、知识、技术累积的区域增速也会较高，区域间不会形成收敛形态。

黎传熙（2018）、许瑶（2020）均在各自的文献综述中分析了非均衡的原因，总的来讲就是各区域的初始禀赋不同以及所面临的社会经济环境不同。前者应用非均衡发展理论和增长极理论，通过数理统计等手段综合分析肇庆市发展的优劣势和问题，讨论了港澳大湾区各城市因功能、定位不同导致不平衡的发展,以及使得肇庆市在发展方面处于劣势的具体原因。后者分析了中国海域利用效率的空间非均衡格局成因,主要包括养殖人员培训水平、推广机构密度、推广人员学历水平、经济发展水平的差异。

不同地域的划分方法对考察地域生产潜力的发展不平衡很关键,不同的文献给出了不同的解决方案。李全峰(2015)在对不同土地产权制度下耕地利用综合效益的对比分析中提到,可以运用不同的土地产权制度,将地域划分为垦区和农区,它们的农业生产模式、农业生产投入(如种子、化肥、机械等)以及耕地经营规模、农户非农收入、生产性消费等方面都是有区别的。高鸣(2014)利用了以中国粮食生产功能为依据划分的主产区、主销区和平衡区,分析区域间粮食生产技术效率的差别。郭海红(2021)根据地理特征将我国的地区分为东部、中部、西部。张扬(2020)则更为全面,不仅把三江平原分为农区和垦区,还把耕地类型分为水田、耕地和旱地,根据行政区以县域分级,并进一步将类型组合,如分析了农区和垦区之间三种耕地类型的差异,甚至更为细致地,以 500 米空间分辨率的栅格来分割三江平原,得到每个像元点上的生产潜力,进而得到了三江平原的地理分级地图,使得生产潜力的区域差异更为直观。

许多文献使用文字及统计数字与图表针对各自研究的问题进行了区域非均衡的分析。黎传熙(2018)主要是通过统计表格分析了粤港澳大湾区各城市的 GDP、第三产业 GDP、第三产业占比、人均 GDP、地区、城乡发展不协调等的统计表格数据,并描绘了粤港澳大湾区发展不均衡的现状。余亮亮(2014)采用统计表格,以经济发展差异视角,分析了地域发展的非均衡状况,他采用对 GDP 进行人口加权的办法形成人均 GDP。郭海红(2021)则采用了时序图,刻画了所估计的绿色全要素生产率的时间变化。张扬(2020)在时序图的基础上加入条形图,并拓展了总量、平均值、变异系数的研究变量个数,以此讨论三江平原整体的耕地生产潜力的时间变化。

对于非均衡发展的研究还可以采用其他的统计方法。许瑶(2020)采用核密度估计、重心—标准差椭圆方法分析空间非均衡性及空间格局;郭海红(2021)利用核密度函数考察指标区域差异随时间动态演变的趋势,然后构建空间马尔可夫链考察指标区域差异的空间流动性,并结合 Arcgis 趋势面分析深度考察区域差异的长期演化趋势,陈明华等(2016)结合核密度估计针对五大城市群中内部金融发展水平的分布位置、分布态势、分布延展性、极化趋势等进行全面分析，总结五大城市群金融发展绝对差异的分布动态和演进规律；张扬（2020）、李玲（2020）还运用了地理加权回归（GWR），以及 GIS 软件刻画分级统计地图。余亮亮（2014）基于广义的基本公共服务差异视角，遴选出 11 个表征基本公共服务水平的指标，使用模糊数学评价法对不同地区福利的非均衡性进行分析，采用的是客观的熵值法确定权重，得到基本公共服务福利在区域上非均衡现象比较严重的结论；刘雪晨（2019）在分析经济的均衡指数时，使用主成分分析进行评分，将低级指标汇总为总指标，使得对非均衡的评价由部分过渡到整体。陆凤芝等（2017）采用熵值法测算 2005—2014 年我国省域数字普惠金融发展水平，得出我国各地区数字普惠金融水平呈现从东到西逐渐递减的区域格局。沈丽等（2019）分析我国金融风险分布动态演进发现，中部、西部地区呈现微弱的多级分化趋势，东北地区则表现为较严重的两极分化，为实现我国金融风险差异化管理提供决策依据。

本书主要是厘清以县域为主的微观区域粮食非均衡生产潜力。通过使用地理加权空间计量方法，采用种粮比较效益、耕地非农化比较收益、当地资源环境、技术、经济社会发展因素指标为基本变量，从统计上分析和预测广东省域范围内粮食生产变迁关键属性的"微观区域相关性"，重点侦测"非粮食主产县"之间粮食生产微观区域是否具有相互传递的影响关系或模仿效应，分析其存在的机理和产生的影响。在此基础上，分析沿海粮食主产区比较效益影响系数地理分布差异，为预测未来沿海粮食主销区粮食生产微观区域变化提供依据。

本书运用空间非均衡发展的视角，以推进粮食非均衡生产潜力作为切入点，构建理论框架，揭示广东省县域粮食产能的空间相关性和空间演化特征，厘清影响广东省县域粮食生产变迁的驱动因素，包括空间地理、资源禀赋、微观生产主体、生产技术、农业支持政策等多重因素的影响程度及其效应分析。重点研究省域范围内粮食生产的空间分异规律，以及产粮大县与非产粮大县之间的动态演变特征、非均衡生产的效率和潜力状况。另外，分析影响广东省县域范围内粮食生产与非均衡生产潜力挖掘的市场环境、技术行为、各要素投入行为对粮食生产技术效率的影响及其程度。

在综合和借鉴国内外相关研究的基础上，厘清并界定粮食生产供需不均衡、产销区激励不相容、主销区粮食生产空间分异、非均衡生产潜力等概念及特征，并从农业生产空间分异规律视角对广东省粮食生产进行明晰与划分，为后续实证研究提供理论框架支撑。针对影响广东省粮食生产空间演化、产能波动、生产技术效率改进等环境、技术、经济社会发展多重因素，采用基于面板数据和微观调研数据相结合，引入随机前沿生产函数（SFA），建立测算广东省粮食非均衡生产的计量模型。

经济学测算地区耕地生产潜力的思路是建立在"投入—产出"基础之上的，即对微观区域（诸如县域层面）粮食的投入与产出指标进行随机前沿或数据包络分析；鉴于本研究是针对广东省各区县历年（2001—2018 年）的粮食生产面板数据，运用非参数的包络分析方法来测量不同地区的非均衡生产能力时，不能将地区的个体效应（反映地区特征的截距项）从非效率项（反映生产能力偏离最优水平的误差项）中分离出来，这样会导致测量出来的不同地区的非均衡生产潜力变得不清晰。基于此，广东省各县域粮食产出可以用粮食产量来表示，而投入要素则从劳动力、土地、农业机械、化肥、灌溉等 6 个方面进行变量选择。鉴于广东省不同区县存在着较大的资源禀赋和经济社会发展的差异，因此本研究拟把光照、温度、降水及土壤等作为非生产因素，纳入中介变量、调节变量予以辅助分析。本研究模型设定如下：

$$CI_{it} = \beta_0 + \sum\nolimits_n \beta_{nit} \times X_{it} + \nu_{it} - \mu_{it}$$

上式中，n 是自变量的个数，i 表示区县的序号，t 为年份；β 为一组待估计的参数，CI_{it} 表示第 i 个县第 t 年的非均衡生产潜力，X_{it} 代表自然因素，具体表示哪些内容是本研究需要解决的关键问题之一。参照上文提及的主要从劳动力、土地、农业机械、化肥、灌溉等 6 个方面进行选择。上式中的误差项由两个相互独立的部分 ν_{it} 和 μ_{it} 组成，其中 ν_{it} 为经典的随机误差项，服从正态分布 $N(0, \sigma_\nu^2)$，μ_{it} 为非负的随机项，表示第 i 个县在 t 年份的非均衡生产效率。另外，除了上述影响因素外，广东省不同区县的资源禀赋差异较大，为了探究出其他"外部因素"的影响，可以通过引入虚拟变量、中介变量进行研究；本研究设定 m_{it} 为外部影响因素，则可以得出如下计量公式：

$$m_{it} = \delta_0 + \delta_1 F_{it} + \delta_2 \times D + \delta_3 \times D \times F_{it}$$

上式中 δ 是要估计的参数，F 是要选择的相关虚拟变量指标，结合本研究的性质和各县域粮食生产的具体实际，本研究拟把光照、温度、降水及土壤等作为非生产因素，可以通过采用 MLE 方法来对 δ 和 β 两组参数进行估计。

6.3 广东省粮食生产非均衡生产潜力增长的收敛性探讨

增长的收敛性一般分为 σ 收敛和 β 收敛。收敛是由弗里德曼（1992）和奎阿（1996）提出的，是指在不同的经济区域个体产出或收入的分散程度随时间的推移而逐渐降低，通常采用标准差、变异系数和 Theil 指数进行分析，能够直观地反映区域间的差距是否缩小。收敛指期初水平较低个体的增长率高于期初水平较高个体的增长率，体现了落后者向发达者追赶的过程，包括绝对收敛和条件收敛。绝对收敛和条件收敛都属于收敛的概念范畴，它预示每个个体的产出或收入水平都会达到相同的稳态增长速度和增长水平。相对而言，条件收敛考虑了各个经济体的条件差异，因此不会向相同的稳态进行收敛而是向各自不同的稳态进行收敛。

许多研究者使用了新古典收敛理论中的收敛思想研究非均衡发展问题。思想之一是 σ 收敛思想，σ 收敛主要使用标准差、变异系数、σ 系数、Theil 指数（又称泰尔或锡尔指数）、对数离差系数（LD）及基尼（Gini）系数（Beaudoing et al.，2020）。马林静（2015）单独使用了变异系数对我国各区域粮食生产效率进行了 σ 收敛方面的讨论。许瑶（2020）在研究海域利用效率的空间非均衡性时使用了其中的 GINI 系数、对数离差均值、Theil 指数。余亮亮（2014）虽然只选择了 Theil 指数，但 Theil 系数是可分解的，因此该作者进一步分解了 Theil 指数；郭海红（2021）更为全面一些，其在研究绿色全要素生产率时综合采用了以上六个指标。思想之二是 β 收敛思想。郭海红（2021）介绍，β 收敛分为绝对 β 收敛和条件 β 收敛，前者描述的是某指标不同期初水平的区域终将形成共同的稳态水平，条件 β 收敛是在绝对 β 收敛的基础上，增加其他的控制变量，即在控制某些变量的基础上某指标随时间变化能趋于一定稳态水平，作者也将二者应用在基于时间趋势的收敛检验当中。马林静（2015）、李玲（2020）等也分别在生产技术的收敛与水资源分配不均衡方面使用了 β 收敛思想。

6.3.1　土地生产非均衡潜力的增长的收敛性

（1）光合生产潜力

常见的估算指标有光能利用率、太阳辐射总量、干物质产热率、植物叶面积指数等。本书采用此公式：

$$Y_Q = \frac{666.7 \times 10^4}{C \times 500} \times F \times E \times Q$$

其中，Y_Q 为光合生产潜力千克/公顷；C 为能量转换系数（千卡/克，即1 克干物质结合所产生的化学能，选用 Albritton 研究得到的 16.74 千卡/千克；F 表示光合有效利用率，说明作物通过光合作用结合的能量占太阳总辐射的比重，本研究取值 5%；E 为不同作物的经济系数，表示为作物经济产量占生物产量的比值，水稻的经济系数约为 0.3～0.5，本研究取 0.47；Q 为太阳辐射总量瓦/平方厘米，$Q = T \times$ 短波辐射，短波辐射为地表接收的太阳辐射总强度（W/cm²），T 为时间（s）。

（2）光温生产潜力

光温生产潜力假定水分、土壤水平最佳，仅仅由光照、温度决定，通过计算温度订正系数 $f(T)$，对光合生产潜力 Y_Q 进行修正得到光温生产潜力，本书采用以下公式：

$$Y_T = Y_Q \times f(T)$$

其中，Y_T 为光温生产潜力（kg/km²）；Y_Q 为光合生产潜力（kg/hm²）；$f(T)$ 为温度修正系数。本书使用的公式由邓根云得出：

$$f(T) = \begin{cases} 0, & T \leqslant 0 \\ \dfrac{T}{30}, & 0 < T < 30 \\ 1, & T > 30 \end{cases}$$

其中，$f(T)$ 为温度修正系数；T 为全年平均温气温（℃）。

（3）光温水生产潜力

光温水生产潜力，由光、温、水确定的作物生产能力，其假定了土壤条件为最优，在光温生产潜力 Y_T 的基础上通过水分修正系数修正得来：

$$Y_w = Y_T \times f(w)$$

其中，Y_w 为光温水生产潜力（kg/hm²）；Y_T 为光温生产潜力（kg/hm²）；$f(w)$ 为水分修正系数。此处 $f(w)$ 通过蒸散量和降水量计算得到：

$$f(w) = \frac{R}{ET}$$

其中，R 为全年降水量（mm）；ET 为全年蒸散量（mm）。

（4）光温水土生产潜力

光温水土生产潜力 Y_s，又称作自然生产潜力或土地生产潜力，表示单位土地最大可能产量由光、温、水、土决定。本书采用 AHP 评分得到的土壤生产潜力的影响系数 $f(s)$，由此得出计算土地生产潜力总公式为

$$Y_s = Y_w \times f(s)$$

其中，Y_s 为土地生产潜力（kg/hm²）；Y_w 为光温水生产潜力（kg/hm²）；$f(s)$ 为土壤生产潜力的影响系数。

由上述公式可以计算出广东省县域 2000—2021 年的土地生产潜力指数值如表 6-1 所示，土地生产潜力时序图如图 6-1 所示。

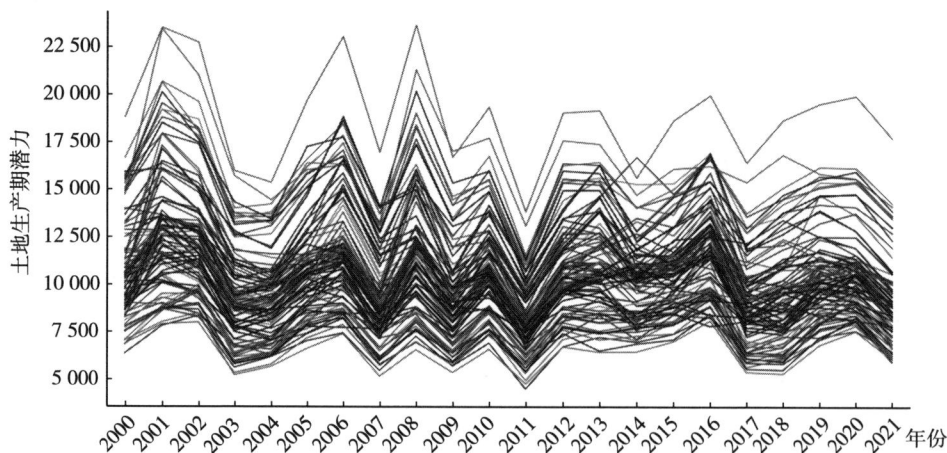

图 6-1　县域土地生产潜力时序图

由图 6-1 可以看出，广东省县域的土地生产潜力呈现出较为明显的波动性，说明随着时间序列的推进，其自然因素和社会因素每年均出现了一些变化，因而以下研究各自系数类型下的广东省全省、地级市、县域、分稻区的 σ 收敛和 β 收敛的图形。

表 6-1　广东省县域 2000—2021 年的土地生产潜力指数

县域	2000 年	2001 年	2002 年	2003 年	2004 年	2005 年	2006 年	2007 年	2008 年	2009 年	2010 年
东莞市辖区	13 555	16 386	15 601	10 900	10 717	13 674	15 757	11 815	15 933	11 427	13 572
中山市辖区	15 632	19 071	17 680	13 660	13 595	16 085	17 713	13 635	18 900	14 352	15 438
云浮市云城区	10 451	13 350	13 259	9 704	10 294	11 264	12 022	8 774	12 408	10 076	11 791
云浮市云安区	9 752	12 957	12 752	9 397	9 942	10 283	11 066	8 277	11 881	9 670	10 703
云浮市新兴县	10 786	14 328	13 733	10 237	10 644	11 563	12 304	9 065	13 033	10 629	12 106
云浮市罗定市	9 104	12 448	12 270	8 888	9 436	9 563	10 456	8 086	11 549	9 343	10 440
云浮市郁南县	9 476	12 571	12 738	9 200	9 797	10 369	11 561	8 493	11 942	9 739	10 111
佛山市三水区	14 693	17 810	17 266	12 468	12 997	15 298	16 968	12 092	15 789	12 468	14 709
佛山市南海区	15 299	19 055	18 553	13 345	13 713	16 045	17 740	12 792	17 242	13 418	15 856
佛山市顺德区	16 552	20 527	19 472	13 910	14 121	16 497	18 312	13 600	18 296	14 064	16 666
佛山市高明区	10 410	13 034	12 729	9 357	9 729	11 015	11 683	8 422	11 720	9 427	10 976
广州市从化区	10 251	11 403	10 955	8 231	8 947	10 468	11 111	8 334	10 652	8 215	10 752
广州市南沙区	15 554	18 666	18 029	13 181	13 287	15 669	16 667	12 748	17 548	13 237	15 905
广州市增城区	10 523	12 204	11 800	8 761	9 246	10 753	11 593	8 637	11 356	8 596	10 707
广州市天河区	10 526	12 491	12 423	9 091	9 300	11 033	11 970	8 876	12 065	9 092	11 071
广州市白云区	10 452	11 569	11 581	8 655	9 156	10 681	11 431	8 510	11 334	8 574	10 776
广州市花都区	10 209	11 926	11 846	8 611	9 159	10 589	11 176	8 336	11 069	8 508	10 697
惠州市博罗县	11 235	12 839	11 953	8 961	9 222	10 939	12 366	9 274	11 776	8 660	10 754
惠州市惠东县	8 957	10 497	9 282	7 044	6 758	8 732	10 386	7 613	9 452	6 709	8 456
惠州市惠城区	15 679	17 767	15 756	12 390	12 566	15 022	17 331	13 026	16 203	11 790	14 756

（续）

县域	2011年	2012年	2013年	2014年	2015年	2016年	2017年	2018年	2019年	2020年	2021年
东莞市辖区	10 048	13 401	13 764	11 827	12 913	14 016	11 484	13 134	14 542	14 683	12 253
中山市辖区	10 736	15 413	15 287	12 210	14 133	15 325	12 669	14 405	14 977	15 260	13 382
云浮市云城区	8 269	11 775	12 175	10 815	11 141	12 060	9 583	10 890	11 180	10 960	9 969
云浮市云安区	7 960	10 837	11 041	10 025	10 481	11 299	9 216	9 546	9 700	9 404	8 791
云浮市新兴县	8 568	12 556	12 625	10 366	10 805	11 766	9 415	10 840	11 303	10 994	10 155
云浮市罗定市	7 896	10 932	11 110	10 090	10 756	11 557	9 381	9 581	9 744	9 640	8 801
云浮市郁南县	7 213	10 023	10 433	10 469	10 564	11 486	9 052	8 162	9 244	9 720	8 569
佛山市三水区	10 324	13 320	14 499	16 605	14 669	16 612	11 862	12 006	13 151	13 658	11 883
佛山市南海区	11 357	15 255	15 501	15 175	15 213	16 785	12 919	13 508	15 280	15 226	13 501
佛山市顺德区	11 472	16 143	16 339	13 946	14 911	16 614	13 650	14 992	16 065	16 022	14 177
佛山市高明区	7 647	10 852	11 040	9 906	9 814	10 607	8 472	9 747	10 047	9 793	9 102
广州市从化区	7 694	9 745	10 360	11 056	10 809	12 579	8 600	7 593	9 600	10 313	8 528
广州市南沙区	11 173	16 262	16 174	13 949	14 561	16 485	13 486	14 422	15 586	15 464	13 490
广州市增城区	7 904	10 013	10 394	10 975	11 194	12 971	9 052	8 139	10 177	10 542	8 882
广州市天河区	8 292	10 912	10 757	11 458	11 358	13 017	9 369	8 644	10 830	11 183	9 366
广州市白云区	8 099	10 311	10 385	11 072	10 949	12 571	8 554	7 729	9 616	10 165	8 563
广州市花都区	8 204	10 219	10 627	11 570	11 413	13 140	8 870	8 142	10 381	10 817	9 092
惠州市博罗县	7 891	10 369	11 150	10 452	10 848	12 815	8 839	8 501	11 034	10 648	8 922
惠州市惠东县	6 354	8 266	9 137	7 824	8 045	9 418	6 787	7 109	8 612	8 300	6 892
惠州市惠城区	10 598	14 323	15 393	14 013	13 581	16 658	11 168	10 721	14 619	13 564	11 392

（续）

县域	2000年	2001年	2002年	2003年	2004年	2005年	2006年	2007年	2008年	2009年	2010年
惠州市惠阳区	13 227	15 311	13 809	10 424	10 173	12 819	14 473	10 871	14 607	10 065	12 650
惠州市龙门县	10 530	11 610	10 775	8 266	8 826	10 226	11 353	8 701	10 458	7 938	10 365
揭阳市惠来县	13 104	14 244	13 349	10 762	9 929	12 707	15 474	11 750	12 894	9 170	12 004
揭阳市揭东区	15 798	15 975	14 995	12 720	11 810	14 536	18 701	13 963	14 884	10 634	14 080
揭阳市揭西县	11 311	11 632	10 757	8 779	8 164	10 296	13 194	9 743	10 723	8 069	10 203
揭阳市普宁市	13 844	14 486	13 633	11 074	10 243	13 272	16 476	12 330	13 516	9 731	12 434
梅州市丰顺县	11 567	11 621	10 723	9 067	8 280	10 559	13 712	10 080	10 680	8 060	10 945
梅州市五华县	12 780	12 784	11 910	9 974	9 109	11 668	15 153	11 051	12 070	9 587	12 184
梅州市兴宁市	12 567	12 725	11 839	9 700	8 843	11 293	14 080	10 377	11 312	9 306	11 105
梅州市大埔县	11 698	11 553	10 502	8 896	7 930	9 759	12 381	9 050	9 268	7 471	10 272
梅州市平远县	10 082	10 161	9 506	7 726	7 056	8 994	11 290	8 270	8 763	7 466	9 509
梅州市梅县区	11 794	11 598	10 756	8 932	8 121	10 058	12 772	9 332	9 839	8 044	10 768
梅州市蕉岭县	8 969	8 899	8 416	6 790	6 258	7 832	9 807	7 146	7 562	6 340	8 608
汕头市潮南区	12 411	13 542	12 647	10 202	9 719	12 270	14 792	11 429	12 376	8 687	11 584
汕头市潮阳区	15 471	16 246	15 202	12 598	11 906	14 753	18 506	14 039	15 090	10 581	13 834
汕头市金平区	12 941	13 517	12 935	10 393	9 940	12 199	14 944	11 519	12 469	8 756	11 663
汕尾市海丰县	9 396	10 374	9 192	7 112	6 699	9 055	10 489	7 918	9 412	6 821	8 648
汕尾市陆丰市	8 213	8 974	8 385	6 662	6 543	8 313	9 306	7 400	8 404	6 125	7 607
汕尾市陆河县	12 436	12 532	11 577	9 646	8 850	11 326	14 344	10 526	11 723	8 988	11 287
江门市台山市	9 211	13 599	11 870	9 002	8 588	10 607	10 030	8 220	12 138	9 577	10 260

（续）

县域	2011年	2012年	2013年	2014年	2015年	2016年	2017年	2018年	2019年	2020年	2021年
惠州市惠阳区	9 397	11 701	12 660	10 572	11 041	12 967	9 570	10 188	11 801	11 315	9 342
惠州市龙门县	7 498	9 945	10 703	10 069	10 025	12 170	8 074	7 609	10 284	10 081	8 429
揭阳市惠来县	9 145	12 050	13 962	10 403	11 884	14 049	10 063	11 095	11 687	11 084	9 141
揭阳市揭东区	10 656	13 878	16 176	12 162	13 796	16 817	11 679	12 588	13 822	12 750	10 667
揭阳市揭西县	7 771	10 319	12 050	9 782	10 844	13 026	8 777	9 425	10 887	10 137	8 271
揭阳市普宁市	9 362	12 287	14 463	11 321	12 179	14 398	10 237	11 134	12 459	11 860	9 643
梅州市丰顺县	8 012	10 676	11 911	9 488	10 415	12 532	8 353	9 083	10 199	9 570	7 854
梅州市五华县	8 992	11 819	13 811	11 502	11 469	13 783	9 177	10 008	11 439	10 416	8 483
梅州市兴宁市	8 379	10 923	11 071	10 445	11 458	14 244	8 496	9 598	11 339	10 716	8 789
梅州市大埔县	7 600	10 024	9 989	9 691	10 813	12 995	8 309	8 727	10 619	10 493	8 308
梅州市平远县	7 067	9 520	9 314	9 051	10 054	12 632	7 320	8 117	9 589	9 035	7 304
梅州市梅县区	7 972	10 561	10 480	10 143	10 847	13 135	8 230	8 892	10 624	10 386	8 346
梅州市蕉岭县	6 264	8 303	8 163	8 094	8 532	10 317	6 421	6 875	8 222	8 063	6 420
汕头市潮南区	8 999	11 691	13 716	10 356	11 634	13 533	9 892	10 840	11 290	10 705	8 947
汕头市潮阳区	10 653	13 729	16 199	12 187	13 803	16 708	11 762	12 861	13 740	12 757	10 569
汕头市金平区	9 248	11 872	13 770	10 493	11 446	13 147	9 916	11 299	11 665	11 001	9 119
汕尾市海丰县	6 860	8 033	9 300	7 538	8 541	9 235	6 875	7 544	7 839	8 200	6 681
汕尾市陆丰市	6 309	7 246	8 314	7 085	8 353	8 206	6 399	7 227	7 179	7 531	6 466
汕尾市陆河县	8 499	11 203	13 150	10 783	11 530	13 714	9 143	9 899	11 018	10 351	8 419
江门市台山市	7 367	10 088	10 090	8 063	10 241	10 249	8 718	9 799	10 487	10 013	9 040

（续）

县域	2000年	2001年	2002年	2003年	2004年	2005年	2006年	2007年	2008年	2009年	2010年
江门市开平市	9 980	13 560	12 541	9 543	9 608	10 931	11 300	8 394	12 322	9 820	10 602
江门市恩平市	9 385	13 439	12 040	9 196	9 195	10 258	10 266	7 952	11 989	9 681	10 406
江门市新会区	14 935	19 398	18 100	13 484	13 458	15 743	16 619	12 687	18 128	14 082	15 112
江门市蓬江区	14 823	18 380	17 348	13 049	13 246	14 977	16 405	12 636	17 264	13 278	14 799
江门市鹤山市	10 445	13 357	12 866	9 748	9 849	11 078	11 828	8 602	12 232	9 712	10 892
河源市东源县	10 319	11 159	10 193	7 983	8 071	9 474	11 080	8 519	9 531	7 565	9 906
河源市和平县	8 431	9 247	8 853	6 709	6 710	8 762	9 998	7 578	8 495	7 120	8 421
河源市源城区	10 975	12 090	10 753	8 554	9 005	10 476	12 110	9 214	10 793	8 244	10 559
河源市紫金县	10 594	10 987	10 068	8 039	7 826	9 612	12 005	8 939	10 284	7 945	9 915
河源市连平县	7 663	8 680	8 195	6 125	6 388	8 003	8 608	6 627	7 754	6 175	7 613
河源市龙川县	9 694	10 068	9 555	7 733	7 185	8 825	10 617	7 904	8 634	7 207	8 818
深圳市宝安区	18 668	23 336	22 562	15 864	15 246	19 550	22 875	16 846	23 496	16 594	19 217
深圳市龙岗区	13 091	15 894	14 724	11 106	10 403	13 348	14 954	11 194	15 684	10 567	13 071
清远市佛冈县	8 954	10 051	9 834	7 061	7 708	9 286	9 894	7 274	9 393	7 247	9 627
清远市清城区	9 292	10 529	10 552	7 484	8 170	9 809	10 440	7 537	9 854	7 682	10 196
清远市清新区	8 836	10 400	10 864	7 597	8 073	9 512	10 169	7 260	9 606	7 597	9 852
清远市英德市	7 839	9 452	9 465	6 613	7 048	8 642	8 870	6 666	8 698	6 745	8 497
清远市连南瑶族自治县	6 833	8 546	9 587	6 276	6 976	8 043	8 478	6 011	8 073	6 461	7 872
清远市连山壮族瑶族自治县	6 782	8 600	9 673	6 402	7 047	8 064	8 453	5 951	8 160	6 499	8 136

（续）

县域	2011年	2012年	2013年	2014年	2015年	2016年	2017年	2018年	2019年	2020年	2021年
江门市开平市	7 463	10 812	10 614	8 829	9 192	9 793	8 048	9 442	9 810	9 459	8 809
江门市恩平市	7 409	10 765	10 693	8 802	8 957	9 709	7 854	9 211	9 695	9 459	8 796
江门市新会区	10 628	15 245	15 136	12 386	13 861	14 957	12 002	13 712	14 115	13 991	12 637
江门市蓬江区	10 217	14 844	14 854	11 733	12 988	14 285	11 980	13 687	14 605	14 647	12 936
江门市鹤山市	7 622	11 127	11 064	9 100	9 653	10 384	8 470	9 798	10 120	9 805	9 067
河源市东源县	7 206	9 799	10 615	9 666	9 161	11 529	7 539	7 331	9 735	8 950	7 510
河源市和平县	6 331	8 239	7 919	8 007	9 220	11 088	6 615	7 339	8 472	8 485	6 818
河源市源城区	7 657	10 297	11 062	10 095	9 915	12 520	8 163	7 754	10 585	9 754	8 379
河源市紫金县	7 390	9 718	11 121	9 509	9 585	11 627	7 659	8 139	9 757	9 101	7 620
河源市连平县	5 841	7 705	7 376	7 623	7 978	9 322	5 856	6 475	7 544	7 891	6 120
河源市龙川县	6 568	8 737	9 050	8 413	9 494	11 987	7 205	7 899	9 341	8 618	7 020
深圳市宝安区	13 739	18 907	19 025	15 496	18 512	19 818	16 313	18 527	19 375	19 783	17 587
深圳市龙岗区	9 590	11 560	12 469	10 112	11 080	12 818	9 840	10 746	12 307	11 872	9 751
清远市佛冈县	7 216	9 117	9 545	10 353	10 375	11 906	8 105	7 423	9 227	9 937	8 134
清远市清城区	7 621	9 683	10 123	10 863	11 072	12 723	8 649	7 899	9 730	10 515	8 579
清远市清新区	6 941	9 546	10 104	10 934	9 661	11 291	7 681	7 565	8 775	9 632	7 681
清远市英德市	6 099	8 436	8 305	8 515	8 811	9 779	6 709	6 639	8 587	9 074	6 879
清远市连南瑶族自治县	5 299	8 017	8 454	8 171	8 404	9 545	6 236	6 230	7 928	9 056	6 610
清远市连山壮族瑶族自治县	5 317	8 369	8 808	8 423	8 509	9 701	6 366	6 339	8 016	9 071	6 625

（续）

县域	2000 年	2001 年	2002 年	2003 年	2004 年	2005 年	2006 年	2007 年	2008 年	2009 年	2010 年
清远市连州市	7 048	8 795	9 934	6 334	7 049	7 605	8 495	6 104	7 623	6 517	7 490
清远市阳山县	6 334	7 771	8 298	5 595	6 158	6 987	7 399	5 444	7 229	5 686	6 887
湛江市吴川市	11 284	17 844	15 950	11 565	10 346	11 653	11 877	9 864	15 737	12 294	12 769
湛江市廉江市	10 579	15 547	13 790	11 198	10 950	10 965	11 151	9 584	14 251	10 501	11 495
湛江市徐闻县	8 619	11 488	10 351	7 459	7 008	7 742	7 686	7 622	9 995	8 786	8 582
湛江市遂溪县	8 743	12 346	10 883	8 142	7 629	8 442	8 501	7 658	11 134	8 335	8 710
湛江市雷州市	9 340	12 885	11 174	7 767	7 391	8 569	8 400	8 450	10 990	9 043	9 247
湛江市霞山区	11 552	17 202	14 857	10 578	9 767	11 195	11 478	9 974	15 217	11 911	12 213
潮州市潮安区	13 888	13 556	12 722	10 950	10 003	12 641	16 495	12 114	12 774	9 306	12 720
潮州市饶平县	10 929	11 011	10 757	8 880	8 550	10 350	12 471	9 559	9 945	7 757	9 547
珠海市斗门区	15 190	20 481	17 909	13 655	13 109	16 292	16 220	13 015	18 863	14 537	15 362
珠海市金湾区	15 394	19 979	17 505	14 226	13 346	17 132	17 638	13 913	20 031	15 230	15 859
肇庆市四会市	11 040	13 270	13 060	9 478	10 157	12 321	12 882	9 046	12 224	9 862	12 097
肇庆市封开县	8 929	11 347	11 797	8 261	9 089	10 547	10 860	7 649	10 937	8 830	9 951
肇庆市广宁县	9 084	10 999	11 259	7 880	8 616	10 507	11 131	7 705	10 409	8 323	10 626
肇庆市德庆县	10 270	12 820	12 934	9 276	9 905	11 421	12 063	8 564	12 028	9 807	11 504
肇庆市怀集县	8 605	10 626	11 258	7 881	8 685	10 438	10 711	7 445	10 334	8 272	10 381
肇庆市高要区	10 566	13 251	13 059	9 514	10 041	11 568	12 483	8 853	12 006	9 754	11 395
肇庆市鼎湖区	11 684	14 286	13 892	10 217	10 640	12 577	13 227	9 402	12 924	10 405	12 311
茂名市信宜市	8 199	11 869	11 547	9 137	9 584	9 210	9 737	7 721	11 365	9 058	10 020

（续）

县域	2011年	2012年	2013年	2014年	2015年	2016年	2017年	2018年	2019年	2020年	2021年
清远市连州市	4 932	7 073	7 478	7 023	7 988	9 130	6 260	6 170	8 151	9 468	7 598
清远市阳山县	4 492	6 700	7 184	6 934	7 358	8 276	5 538	5 481	7 191	8 031	5 908
湛江市吴川市	9 726	12 662	12 592	10 877	11 930	11 692	11 135	12 325	11 589	11 264	10 516
湛江市廉江市	9 164	11 876	11 292	10 208	11 296	10 789	10 225	11 107	10 696	10 065	9 730
湛江市徐闻县	7 481	8 656	8 391	7 875	8 431	7 761	8 025	9 023	8 266	8 816	7 525
湛江市遂溪县	7 398	9 497	9 025	8 257	8 776	8 350	8 211	8 722	8 382	8 084	7 774
湛江市雷州市	7 920	9 679	9 279	8 413	9 084	8 341	8 222	9 490	8 920	8 921	8 340
湛江市霞山区	9 605	12 381	12 301	10 654	11 431	11 264	10 965	12 214	11 275	11 007	10 121
潮州市潮安区	9 554	12 552	14 568	10 910	12 927	15 784	10 779	11 789	12 491	11 488	9 604
潮州市饶平县	8 044	9 780	11 196	9 670	11 425	12 334	8 611	9 473	9 909	9 754	8 383
珠海市斗门区	10 977	15 465	15 315	12 744	14 613	15 356	12 633	14 137	15 062	15 332	13 558
珠海市金湾区	11 244	15 866	15 740	12 720	14 500	15 314	12 882	14 622	15 434	15 838	13 782
肇庆市四会市	8 176	11 042	11 903	13 236	12 506	14 602	9 781	9 379	10 365	11 161	9 488
肇庆市封开县	6 954	9 849	10 263	10 658	10 866	12 100	9 184	7 639	9 354	10 861	8 761
肇庆市广宁县	7 139	9 695	10 520	11 812	11 030	13 066	8 846	8 534	9 599	10 547	8 771
肇庆市德庆县	7 860	10 960	11 781	12 609	11 652	13 434	9 562	8 843	10 161	11 190	9 307
肇庆市怀集县	6 675	9 357	10 231	10 846	10 125	11 705	7 904	7 782	9 057	10 467	8 246
肇庆市高要区	7 919	10 699	11 518	12 074	11 045	12 435	9 101	9 750	10 415	10 748	9 556
肇庆市鼎湖区	8 382	11 190	12 011	13 411	12 942	15 027	10 162	9 881	10 903	11 495	9 990
茂名市信宜市	7 556	10 520	10 344	9 745	9 123	9 853	8 180	8 417	8 887	8 875	8 452

（续）

县域	2000年	2001年	2002年	2003年	2004年	2005年	2006年	2007年	2008年	2009年	2010年
茂名市化州市	10 543	16 275	15 013	11 789	11 336	11 128	11 767	9 385	14 259	11 015	12 011
茂名市电白区	10 362	17 029	14 851	11 269	10 545	12 022	11 503	9 557	15 414	12 982	13 702
茂名市茂南区	14 611	23 275	20 845	15 599	14 336	15 911	16 172	13 166	21 144	16 910	17 601
茂名市高州市	10 516	15 996	14 971	11 710	11 521	11 486	11 883	9 395	14 885	11 909	12 739
阳江市江城区	8 556	13 331	11 550	8 733	8 428	9 793	9 261	7 580	11 969	9 780	10 462
阳江市阳东区	8 749	13 793	11 889	8 928	8 541	10 232	9 614	7 858	12 166	9 819	10 800
阳江市阳春市	8 274	11 962	11 060	8 567	8 614	8 789	8 962	7 098	10 950	9 019	9 434
阳江市阳西县	8 204	13 020	11 187	8 531	8 173	9 388	8 821	7 320	11 666	9 888	10 234
韶关市乐昌市	7 741	8 712	9 712	6 153	6 837	7 380	8 350	6 199	7 489	6 378	7 607
韶关市乳源瑶族自治县	8 032	9 195	9 739	6 212	6 726	8 089	8 891	6 479	8 234	6 521	8 535
韶关市仁化县	7 007	7 969	8 442	5 204	5 647	6 583	7 359	5 149	6 531	5 348	6 560
韶关市南雄市	7 512	8 670	8 966	5 814	6 200	7 344	8 163	5 775	6 914	5 848	7 351
韶关市始兴县	6 838	7 854	7 956	5 317	5 759	7 125	7 838	5 710	6 957	5 722	7 295
韶关市新丰县	8 330	10 011	9 446	6 796	7 212	9 033	9 340	7 255	8 763	6 923	8 736
韶关市曲江区	7 460	8 677	8 619	5 775	6 188	7 785	8 202	5 961	7 585	5 931	7 581
韶关市武江区	7 489	8 607	8 861	5 906	6 297	7 872	8 414	6 093	7 949	6 147	8 053
韶关市浈江区	9 852	11 236	11 434	7 743	8 402	9 912	10 804	8 012	9 903	7 950	9 952
韶关市翁源县	7 490	8 639	8 268	5 956	6 392	8 245	8 687	6 488	8 062	6 334	7 962

（续）

县域	2011 年	2012 年	2013 年	2014 年	2015 年	2016 年	2017 年	2018 年	2019 年	2020 年	2021 年
茂名市化州市	9 105	12 202	11 874	10 817	11 146	11 404	10 413	10 724	10 766	10 736	10 015
茂名市电白区	9 888	13 309	12 901	10 217	12 282	12 423	12 103	13 316	12 433	12 426	10 534
茂名市茂南区	13 012	17 462	17 274	14 608	15 973	16 115	15 274	16 724	15 727	15 482	14 027
茂名市高州市	9 508	12 975	12 592	11 198	10 665	11 354	10 334	10 954	10 962	10 883	10 069
阳江市江城区	7 545	9 696	9 696	7 706	8 962	9 132	8 947	9 829	9 234	9 085	8 059
阳江市阳东区	7 756	9 711	10 266	7 581	9 686	9 430	8 713	9 459	10 111	9 730	8 495
阳江市阳春市	6 843	9 636	9 599	8 287	8 722	9 612	7 895	8 530	8 751	8 553	7 765
阳江市阳西县	7 666	10 133	9 805	7 948	9 411	9 525	9 160	10 177	9 466	9 334	8 060
韶关市乐昌市	5 392	7 777	7 443	7 464	7 830	9 192	6 096	5 892	7 862	9 023	7 217
韶关市乳源瑶族自治县	6 156	8 800	8 565	8 969	9 248	10 221	6 998	6 731	8 921	9 241	7 045
韶关市仁化县	4 750	6 686	6 407	6 431	6 966	8 047	5 364	5 282	6 785	7 505	6 048
韶关市南雄市	5 422	7 386	6 476	6 842	7 062	8 424	5 853	5 803	7 058	8 222	6 366
韶关市始兴县	5 744	7 578	7 047	7 249	7 371	8 830	5 625	6 059	7 042	7 793	6 082
韶关市新丰县	6 500	8 761	8 551	8 581	8 354	9 626	6 275	6 671	8 281	8 800	6 699
韶关市曲江区	5 582	7 680	7 381	7 709	7 840	8 766	6 075	5 933	7 637	8 030	6 220
韶关市武江区	5 910	8 306	7 966	8 286	8 407	9 415	6 396	6 300	7 955	8 334	6 357
韶关市浈江区	7 698	10 340	9 980	10 271	10 541	11 519	8 027	8 107	10 009	10 417	8 304
韶关市翁源县	5 946	7 946	7 508	7 832	7 917	8 822	5 933	6 120	7 514	8 111	6 238

县域属于研究广东省粮食生产非均衡生产潜力增长的基本单元，因而在研究 σ 收敛的性质时，对以上非均衡生产潜力指数指标公式，从标准差、变异系数、σ 系数、Theil 指数（又称泰尔或锡尔指数）、对数离差系数（LD）及基尼（Gini）系数等各项指数指标进行分析，计算得出各县域的 σ 收敛指标数值如表 6-2 所示，并绘制图形如图 6-2 所示。

表 6-2　广东省县域土地生产潜力的 σ 收敛指标

年份	标准差（单位：10 吨/公顷）	变异系数	σ 系数	Theil 系数	LD	Gini 系数
2000	0.229 3	0.223 9	0.218 3	0.024 4	0.024 1	0.124 8
2001	0.303 6	0.244 1	0.235 2	0.028 6	0.028 1	0.133 6
2002	0.251 5	0.213 4	0.203 7	0.021 8	0.021 3	0.116 7
2003	0.212 6	0.239 8	0.238 1	0.028 2	0.028 3	0.134 0
2004	0.190 2	0.215 0	0.211 7	0.022 6	0.022 5	0.120 2
2005	0.218 3	0.209 5	0.202 9	0.021 2	0.020 9	0.115 3
2006	0.270 1	0.234 5	0.226 5	0.026 5	0.026 1	0.130 0
2007	0.203 9	0.233 6	0.227 2	0.026 4	0.026 1	0.128 9
2008	0.287 1	0.253 8	0.247 0	0.031 1	0.030 8	0.139 6
2009	0.214 8	0.242 5	0.233 7	0.028 2	0.027 7	0.132 1
2010	0.215 9	0.204 9	0.201 7	0.020 5	0.020 4	0.113 4
2011	0.159 2	0.205 3	0.205 8	0.020 8	0.021 0	0.113 5
2012	0.207 1	0.199 6	0.195 5	0.019 4	0.019 3	0.110 1
2013	0.239 2	0.221 6	0.221 1	0.024 2	0.024 3	0.124 2
2014	0.191 1	0.193 8	0.189 8	0.018 3	0.018 2	0.106 7
2015	0.188 8	0.182 3	0.179 3	0.016 3	0.016 2	0.101 5
2016	0.232 3	0.199 2	0.197 1	0.019 5	0.019 5	0.112 4
2017	0.187 7	0.217 9	0.215 9	0.023 2	0.023 3	0.120 8
2018	0.219 5	0.242 9	0.239 1	0.028 7	0.028 7	0.135 0
2019	0.191 5	0.190 2	0.184 8	0.017 6	0.017 3	0.104 9
2020	0.166 0	0.164 2	0.156 0	0.012 9	0.012 5	0.088 5
2021	0.164 5	0.192 4	0.186 5	0.017 9	0.017 7	0.105 0

　　数据来源：计算光温水生产潜力的数据来自美国哥达德空间飞行中心（GSFC）和美国国家环境预报中心（NCEP）联合开发的全球高分辨率的陆面模拟系统（GLDAS），并经由 WheatA 小麦芽开发者整理；土地修正系数数据来源梁佳勇等《广东水稻生产潜力及影响因素分析》（2004）。

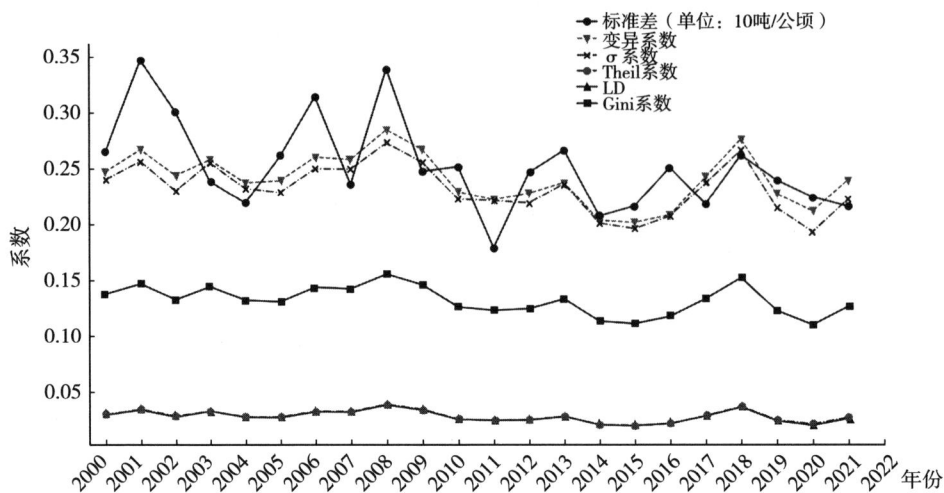

图 6-2　广东省县域土地生产潜力的 σ 收敛图

由表 6-2 和图 6-2 可知，在 2000—2022 年的时间序列图形中，标准差的波动较大，而变异系数与 σ 系数、LD 与 Theil 系数分别近似重合，但除了标准差外，其余 5 个系数整体变化态势较为一致。在 2000—2007 年之间变化较为平缓，在 2008 年 σ 收敛出现一次较小的变动，说明 2008 年土地生产潜力受到一定的拉升，在 2008 年的基础上的后 10 年内，粮食生产非均衡生产潜力一直处于相对稳定状态，到 2018 年，σ 收敛又出现一次较大幅度的提升。整体而言，广东省县域的土地生产潜力 σ 收敛指数指标体现了快速发展之后的收敛效应。

从县域上升到地级市层面数据，同样参照县域所研究的 σ 收敛指标指数公式，分别得到各地级市土地生产潜力的 σ 收敛指标数值如表 6-3 所示，并绘制图形如图 6-3 所示。

表 6-3　广东省地级市土地生产潜力的 σ 收敛指标

年份	标准差 （单位：10 吨/公顷）	变异系数	σ 系数	Theil 系数	LD	Gini 系数
2000	4.314 3	1.403 0	0.887 4	0.611 5	0.529 0	0.554 3
2001	4.275 3	1.280 6	0.838 4	0.530 3	0.460 0	0.521 9
2002	4.220 4	1.310 8	0.847 2	0.550 9	0.476 1	0.529 1

（续）

年份	标准差 （单位：10吨/公顷）	变异系数	σ 系数	Theil 系数	LD	Gini 系数
2003	4.187 5	1.485 5	0.919 4	0.667 1	0.576 7	0.575 1
2004	3.953 2	1.446 1	0.909 3	0.646 6	0.561 5	0.568 0
2005	3.772 1	1.309 3	0.846 5	0.547 5	0.473 4	0.527 6
2006	4.118 3	1.299 6	0.842 2	0.538 5	0.465 5	0.525 1
2007	3.665 1	1.403 1	0.881 9	0.604 9	0.521 2	0.551 3
2008	4.167 1	1.308 3	0.865 1	0.552 7	0.485 6	0.533 9
2009	3.510 5	1.369 1	0.881 4	0.592 6	0.516 1	0.548 1
2010	3.592 6	1.280 8	0.825 8	0.526 7	0.452 1	0.516 8
2011	3.131 4	1.392 0	0.865 3	0.597 4	0.509 5	0.545 0
2012	3.530 2	1.281 4	0.823 2	0.525 4	0.450 0	0.516 0
2013	3.746 9	1.287 8	0.826 4	0.529 3	0.453 2	0.518 1
2014	3.413 2	1.316 5	0.822 0	0.544 0	0.459 2	0.520 6
2015	3.518 3	1.291 3	0.812 0	0.525 4	0.444 0	0.512 6
2016	3.318 9	1.182 6	0.766 8	0.456 0	0.386 6	0.482 7
2017	3.083 0	1.329 8	0.826 0	0.545 4	0.460 3	0.522 2
2018	2.796 5	1.231 1	0.790 0	0.480 1	0.407 8	0.495 4
2019	3.321 4	1.289 6	0.796 9	0.513 0	0.428 6	0.504 8
2020	3.258 5	1.286 7	0.787 1	0.505 8	0.419 7	0.499 0
2021	3.365 5	1.388 7	0.859 6	0.588 2	0.500 5	0.540 3

数据来源：计算光温水生产潜力的数据来自美国哥达德空间飞行中心（GSFC）和美国国家环境预报中心（NCEP）联合开发的全球高分辨率的陆面模拟系统（GLDAS），并经由 WheatA 小麦芽开发者整理；土地修正系数数据来源梁佳勇等《广东水稻生产潜力及影响因素分析》（2004）。

由表 6-3 和图 6-3 可知，在 2000—2020 年的时间序列图形中，变异系数与 σ 系数的波动较大，LD、Theil 系数和 Gini 系数的发展趋势线相对一致，除了标准差外，其余 5 个系数整体变化态势较为一致。在 2002 年收敛变化呈现第一个波峰，此后，分别在 2011 年、2013 年、2019 年和 2020 年分别出现了土地生产潜力的 σ 收敛的变动峰值，说明这些年份土地生产潜力在得到一定程度的非均衡发展后再次收敛。

在土地生产潜力指标中，从县市行政区域进一步过渡到分稻区层面（许超明，1985），考虑到广东省种植的主要粮食作物为水稻，因而图表中使用

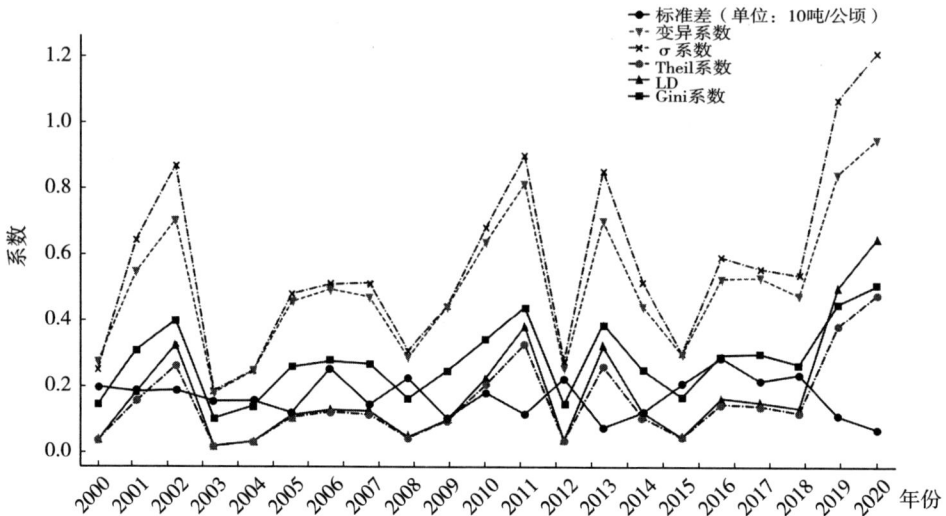

图 6-3　广东省地级市土地生产潜力的 σ 收敛图

的主要是水稻的土地生产潜力测算的 σ 系数指标，土地生产潜力的测算指标主要采用年太阳辐射（短波辐射）总量、年平均温度、年降水量、年蒸散量。此外，地级市的土地生产潜力由县域的土地生产潜力数据简单平均而成。同样参照县域和地级市土地生产潜力所研究的 σ 收敛指标指数公式，分别得到分稻区土地生产潜力的 σ 收敛指标数值如表 6-4 所示，并绘制图形如图 6-4 所示。

表 6-4　广东省分稻区土地生产潜力的 Theil 系数指标

年份	西北单季稻亚区	粤北双季稻亚区	西江丘陵亚区	东北江丘陵亚区	韩江丘陵亚区	鉴江丘陵亚区	西南沿海丘陵亚区	雷州台地亚区	珠江三角洲亚区	潮汕平原亚区
2000	0.002 4	0.009 7	0.005 2	0.274 8	0.005 5	0.008 3	0.003 9	0.824 0	1.143 6	0.018 3
2001	0.000 3	0.005 6	0.003 9	0.277 6	0.005 8	0.010 3	0.000 8	0.722 3	1.087 4	0.022 5
2002	0.000 1	0.004 4	0.002 3	0.286 9	0.006 6	0.009 8	0.001 3	0.755 9	1.119 1	0.022 3
2003	0.000 1	0.008 9	0.003 3	0.307 2	0.007 3	0.007 5	0.001 0	0.843 9	1.239 3	0.020 5
2004	0.000 2	0.005 3	0.002 1	0.296 7	0.008 1	0.006 4	0.002 2	0.844 9	1.237 7	0.018 8
2005	0.000 7	0.006 1	0.003 9	0.268 2	0.007 6	0.009 1	0.002 7	0.722 0	1.094 9	0.021 3
2006	0.000 2	0.009 3	0.003 6	0.256 4	0.008 0	0.008 9	0.005 7	0.737 3	1.047 9	0.027 4
2007	0.000 5	0.011 0	0.002 5	0.269 0	0.008 8	0.008 3	0.001 9	0.786 6	1.132 5	0.014 8
2008	0.000 7	0.006 1	0.002 4	0.284 4	0.009 7	0.010 5	0.000 6	0.719 1	1.123 5	0.026 6

（续）

年份	西北单季稻亚区	粤北双季稻亚区	西江丘陵亚区	东北江丘陵亚区	韩江丘陵亚区	鉴江丘陵亚区	西南沿海丘陵亚区	雷州台地亚区	珠江三角洲亚区	潮汕平原亚区
2009	0.000 0	0.006 5	0.002 7	0.287 1	0.006 2	0.013 0	0.000 4	0.764 4	1.213 3	0.023 6
2010	0.001 1	0.006 6	0.002 8	0.257 0	0.005 2	0.010 6	0.000 9	0.726 6	1.093 6	0.021 6
2011	0.002 7	0.009 2	0.002 7	0.274 9	0.005 6	0.008 4	0.000 6	0.814 4	1.159 9	0.015 4
2012	0.002 7	0.006 9	0.003 0	0.249 1	0.005 0	0.009 1	0.001 4	0.728 6	1.099 1	0.017 7
2013	0.002 5	0.008 1	0.002 5	0.234 4	0.011 3	0.010 4	0.001 3	0.755 7	1.073 0	0.016 4
2014	0.003 7	0.007 0	0.005 6	0.258 2	0.003 4	0.008 4	0.003 5	0.760 5	1.120 4	0.012 7
2015	0.001 7	0.008 0	0.003 6	0.247 4	0.003 5	0.009 8	0.001 2	0.735 5	1.081 2	0.012 5
2016	0.000 8	0.010 3	0.005 9	0.222 3	0.004 0	0.009 8	0.001 1	0.676 9	0.982 8	0.022 6
2017	0.001 2	0.006 5	0.002 1	0.238 9	0.006 5	0.011 2	0.001 1	0.723 2	1.102 3	0.018 3
2018	0.000 9	0.009 4	0.006 1	0.219 8	0.006 5	0.013 1	0.001 1	0.622 6	1.002 8	0.018 5
2019	0.001 1	0.007 1	0.002 9	0.200 2	0.004 1	0.010 1	0.001 6	0.660 6	1.048 6	0.023 0
2020	0.000 2	0.003 2	0.002 8	0.206 3	0.003 2	0.010 9	0.001 0	0.617 0	1.050 4	0.018 5
2021	0.001 4	0.004 2	0.002 2	0.242 2	0.004 1	0.008 5	0.001 6	0.726 9	1.166 7	0.016 1

数据来源：计算光温水生产潜力的数据来自美国哥达德空间飞行中心（GSFC）和美国国家环境预报中心（NCEP）联合开发的全球高分辨率的陆面模拟系统（GLDAS），并经由 WheatA 小麦芽开发者整理；土地修正系数数据来源梁佳勇等《广东水稻生产潜力及影响因素分析》（2004）。

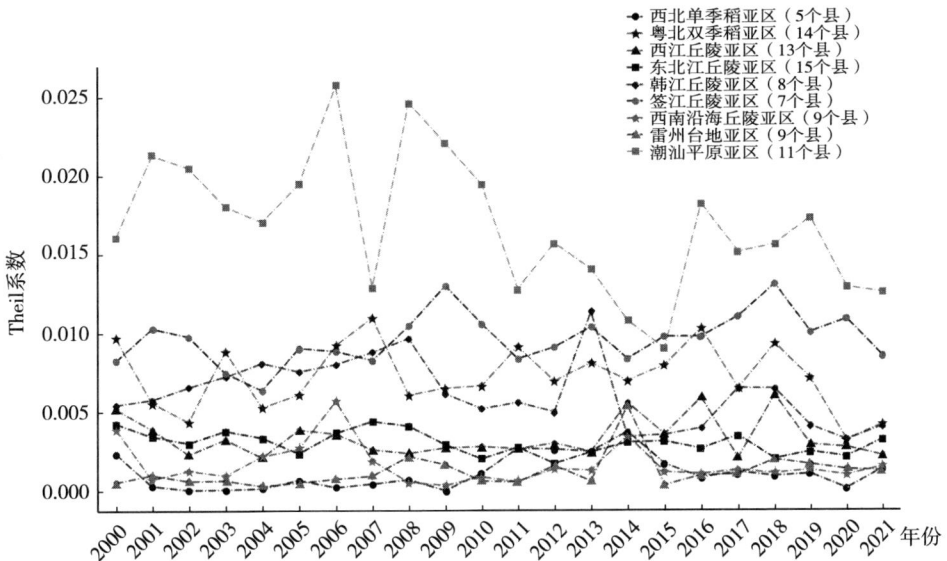

图 6-4　广东省分稻区土地生产潜力的 Theil 系数图

由表 6-4 和图 6-4 可知，在 2000—2021 年的时间序列图形中，潮汕平原亚区的变异系数与 σ 系数的波动较大，LD、Theil 系数和 Gini 系数的发展趋势线相对一致，除了标准差外，其余 5 个系数整体变化态势较为一致。在 2002 年收敛变化呈现第一个波峰，此后，分别在 2011 年、2013 年、2019 年和 2020 年出现了土地生产潜力的 σ 收敛的变动峰值，说明这些年份土地生产潜力在得到一定程度的非均衡发展后再次收敛。

6.3.2 粮食生产非均衡潜力的增长的 σ 收敛性

σ 收敛是由弗里德曼（1992）和奎阿（1996）提出的，指的是不同经济区域个体产出或收入的分散程度是否会随时间的推移而降低，通常采用标准差、Theil 指数、变异系数等来衡量。根据第二节非均衡生产潜力指数指标公式，本书使用标准差、变异系数、σ 系数、Theil 系数、对数离差系数以及 Gini 系数，来衡量广东省地级市间的水稻生产潜力的 σ 收敛状况。

在粮食生产潜力指标中，本书采用地级市层面分析各个地级市的不同年度粮食生产潜力数值，时间范围为 2000—2020 年，融合光、温、水、土的 4 个自然因素指标，有效灌溉面积、施肥量、机械化耕作水平、地膜用量、农药用量 5 个社会因素指标，采用协方差层次分析法（COV-AHP）建立 9 个指标模型，计算出广东省地级市 2000—2020 年的粮食生产潜力指数值如表 6-5 所示，粮食生产潜力时序图如图 6-5 所示。

由图 6-5 可以发现，广东省各地级市在 2000—2003 年粮食生产潜力相差较大，自 2004 年以后，各地级市的差距逐渐降低，到 2011 年粮食非均衡发展程度最低，此后波动不大，趋向相对稳定的均衡程度。

参照土地生产潜力所研究的 σ 收敛指标指数公式，分别得到地级市粮食生产潜力的 σ 收敛指标数值如表 6-6 所示，并绘制图形图 6-6。采用 2000—2020 年度数据，选取机械化耕作水平 [以农机总动力（万千瓦）表示]、有效灌溉面积（千公顷）、施肥量 [以化肥的折纯量（吨）表示]、地膜用量（吨）、农药用量（吨）等五项因素作为研究社会经济发展水平的主要变量，以上 5 项均除以当年末的实有耕地面积（公顷），即采用单位面积的经济投入来表示社会经济发展水平。缺失值利用插值法进行补充，同时将所有指标进行归一化处理。

表 6 - 5　广东省地级市 2000—2020 年的粮食生产潜力指数

地级市	2000	2001	2002	2003	2004	2005	2006	2007	2008	2009	2010
东莞市	10 222	11 985	9 470	6 732	6 032	4 835	5 363	3 972	6 712	5 070	6 327
中山市	4 003	3 779	3 826	3 362	3 372	4 133	4 488	3 458	6 615	4 781	4 882
云浮市	781	1 194	1 248	966	1 201	1 265	1 463	1 211	1 912	1 887	2 473
佛山市	7 702	9 539	9 422	6 618	6 770	7 378	7 931	5 696	7 598	5 602	6 194
广州市	4 409	5 542	5 382	3 908	3 995	4 394	4 511	3 345	4 487	3 685	4 927
惠州市	1 719	2 090	1 803	1 399	1 435	1 782	2 056	1 617	1 983	1 700	2 482
揭阳市	2 964	3 146	2 969	2 492	2 283	2 917	3 756	3 004	3 186	2 421	3 289
梅州市	1 987	1 928	1 403	1 661	1 525	1 752	2 383	1 867	2 231	1 896	2 589
汕头市	5 210	5 812	5 582	3 983	3 937	4 810	6 107	5 472	5 870	4 162	5 563
汕尾市	1 723	1 911	1 796	1 311	1 265	1 638	1 971	1 509	1 632	1 412	2 024
江门市	1 744	2 383	1 994	1 457	1 391	1 581	1 698	1 341	1 878	1 671	2 031
河源市	886	955	882	679	676	862	1 037	808	1 138	955	1 252
深圳市	9 959	11 803	10 953	7 969	7 019	8 037	9 119	6 974	7 965	5 625	6 810
清远市	530	688	776	585	606	924	972	715	1 015	903	1 262
湛江市	1 268	2 124	2 000	1 412	1 330	1 549	1 726	1 715	2 519	2 382	2 879
潮州市	4 973	5 268	4 940	3 985	3 533	4 312	5 425	4 643	4 709	3 418	4 305
珠海市	6 393	8 827	8 014	5 634	5 218	6 592	6 656	5 276	7 225	6 003	6 792
肇庆市	1 803	2 310	2 373	1 790	1 952	2 363	2 612	1 923	2 775	2 353	2 959
茂名市	1 864	3 280	3 103	2 389	2 357	2 574	2 730	2 333	4 213	3 433	3 720
阳江市	592	929	879	631	650	795	821	739	1 307	1 153	1 307
韶关市	409	554	610	426	517	530	653	556	642	625	924

（续）

地级市	2011	2012	2013	2014	2015	2016	2017	2018	2019	2020
东莞市	4 126	4 606	4 085	2 509	2 750	3 093	2 395	2 808	3 040	2 973
中山市	3 036	2 184	2 303	1 648	1 974	2 270	755	815	822	825
云浮市	1 886	3 485	3 586	2 674	2 943	3 150	1 748	1 821	1 883	1 841
佛山市	3 938	5 708	5 575	5 354	5 252	5 772	3 151	3 457	3 563	3 660
广州市	3 398	4 216	4 395	4 712	4 808	5 372	3 316	3 484	4 101	4 105
惠州市	1 817	2 439	2 691	2 054	2 124	2 486	1 615	1 562	1 944	1 799
揭阳市	2 527	4 898	5 290	3 981	4 498	5 367	3 246	3 539	3 844	3 546
梅州市	1 951	2 641	2 726	2 493	2 802	3 393	1 957	2 088	2 421	2 290
汕头市	4 405	5 268	6 196	4 784	5 587	6 750	4 471	4 626	4 776	4 413
汕尾市	1 857	2 444	2 891	1 626	1 917	2 299	1 325	1 444	1 452	1 437
江门市	1 408	3 007	3 080	2 290	2 589	2 781	2 180	2 528	2 630	2 559
河源市	1 015	1 288	1 401	1 113	1 173	1 454	1 523	1 543	1 868	1 752
深圳市	4 156	6 496	6 073	2 822	4 061	4 855	4 401	4 729	5 306	2 650
清远市	907	1 409	1 407	1 261	1 292	1 447	914	879	1 051	1 122
湛江市	2 436	3 252	3 263	2 121	2 405	2 374	2 116	2 262	2 079	2 000
潮州市	3 886	4 791	5 497	4 440	5 421	6 294	4 090	4 124	4 088	3 755
珠海市	3 503	2 220	2 146	1 321	1 580	1 659	1 285	1 366	1 417	1 415
肇庆市	2 055	3 440	3 792	4 235	4 108	4 728	3 238	2 725	2 950	3 157
茂名市	2 812	4 540	4 535	4 175	4 459	4 626	4 238	4 503	4 354	4 151
阳江市	977	1 832	1 864	1 440	1 692	1 838	1 292	1 398	1 375	1 324
韶关市	727	1 094	1 081	991	1 050	1 207	643	647	787	852

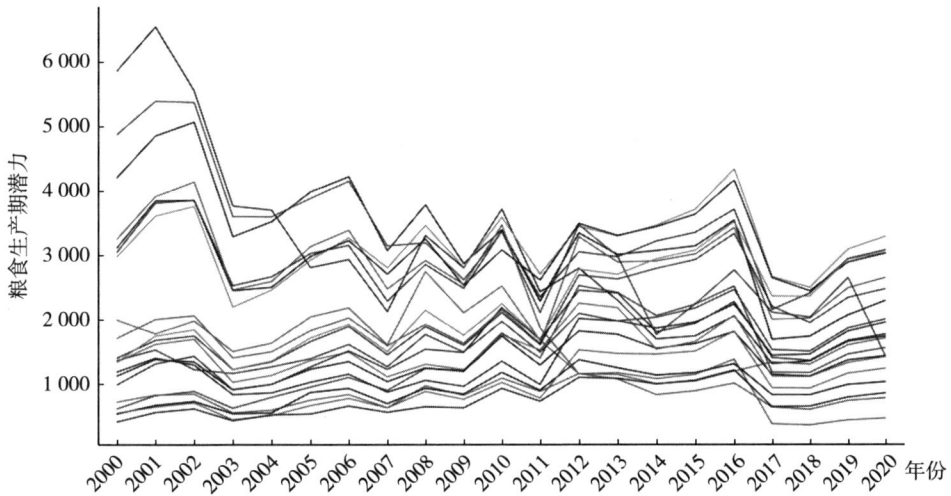

图 6-5　广东省地级市粮食生产潜力的时序图

表 6-6　广东省地级市粮食生产潜力的 σ 收敛指标

时间	标准差 （单位：10 吨/公顷）	变异系数	σ 系数	Theil 系数	LD	Gini 系数
2000	0.144 6	0.488 9	0.452 5	0.108 6	0.106 4	0.259 6
2001	0.067 8	0.455 5	0.613 9	0.117 7	0.151 2	0.257 6
2002	0.060 8	0.435 1	0.433 0	0.091 4	0.093 3	0.242 0
2003	0.090 1	0.276 7	0.297 0	0.039 3	0.041 7	0.155 6
2004	0.048 0	0.161 8	0.163 5	0.013 1	0.013 2	0.091 6
2005	0.026 7	0.197 6	0.197 2	0.019 3	0.019 4	0.111 9
2006	0.059 3	0.270 3	0.260 7	0.035 3	0.034 7	0.149 8
2007	0.035 4	0.211 8	0.209 5	0.022 1	0.022 1	0.119 4
2008	0.050 7	0.160 5	0.163 0	0.012 9	0.013 1	0.090 5
2009	0.034 5	0.232 5	0.222 5	0.026 0	0.025 4	0.128 2
2010	0.043 9	0.311 2	0.313 7	0.048 0	0.048 9	0.176 1
2011	0.030 3	0.304 1	0.300 0	0.044 8	0.045 0	0.169 3
2012	0.108 8	0.342 7	0.349 0	0.057 8	0.059 5	0.191 9
2013	0.024 5	0.268 1	0.280 3	0.036 4	0.037 9	0.153 0
2014	0.044 1	0.276 3	0.278 3	0.037 7	0.038 8	0.155 4
2015	0.049 1	0.158 4	0.156 6	0.012 4	0.012 3	0.089 9

（续）

时间	标准差 （单位：10吨/公顷）	变异系数	σ系数	Theil系数	LD	Gini系数
2016	0.117 6	0.563 8	0.660 3	0.168 3	0.196 4	0.318 3
2017	0.057 0	0.279 3	0.274 7	0.038 0	0.038 0	0.157 4
2018	0.065 2	0.297 0	0.303 2	0.044 0	0.045 2	0.169 1
2019	0.038 3	0.396 0	0.393 0	0.075 9	0.077 1	0.221 1
2020	0.022 9	0.310 0	0.306 1	0.046 8	0.047 0	0.173 2
2021	0.144 6	0.488 9	0.452 5	0.108 6	0.106 4	0.259 6

数据来源：《广东农村统计年鉴》。

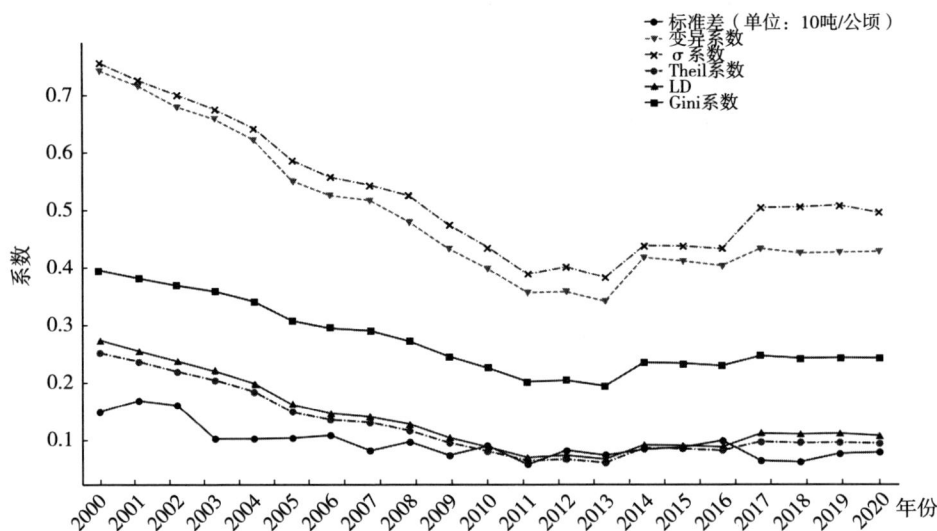

图 6-6　广东省地级市粮食生产潜力的 σ 收敛图

由表 6-6 和图 6-6 可知，在 2000—2020 年的时间序列图形中，变异系数与 σ系数、LD 与 Theil 系数和的发展趋势线相对一致，除了标准差外，其余 5 个系数整体变化态势较为一致。从 2000 年开始，粮食生产潜力的 σ 收敛指标数值逐渐降低，在 2013 年达到最低值，此后相对稳定在一定程度的数值，说明广东省地级市粮食生产潜力经过大规模发展与变化后逐渐收敛于一个稳定值，但非均衡生产潜力随着自然因素与社会因素的变化而呈现发展变化态势。

6.3.3　粮食生产非均衡潜力的增长的 β 收敛性

检验 β 收敛的模型是由 Barro 等（1995）提出的：

$$\frac{\ln Y_{i,t+T}-\ln Y_{i,t}}{T}=\alpha_{i,t}+\beta\ln Y_{i,t}+\varepsilon_{i,t}$$

上式中：$Y_{i,t}$ 和 $Y_{i,t+T}$ 分别代表期初（2001 年）和期末（2020 年）的水稻生产潜力；对于 T，本书中，综合生产潜力的时间跨度为 21 年，$T=21$。

用上文模型进行回归得到的系数 β 是否显著为负来判断是否存在绝对 β 收敛，若是则显著。

引入收敛速度 λ 指初始生产潜力较小的地级市追赶初始生产潜力较高的地级市的速度，收敛速度用百分比来表示。还有一个直观的观察收敛速度的方法，就是把 λ 转化为半程收敛时间，即减少实际水平与稳态水平之间差距的一半所需使用的年数$\left(\text{用}\dfrac{T}{2}\text{表示}\right)$，计算公式如下：

$$\frac{T}{2}=\frac{\ln(2)}{\lambda}\approx\frac{0.69}{\lambda}$$

比如 5％的半程收敛时间为 $\dfrac{T}{2}=13.8$，它的意思是，如果收敛速度保持 5％不变，则 13.8 年后实际水稻生产潜力水平与稳态水稻生产潜力水平是当前水稻实际生产潜力水平与稳态水稻生产潜力水平之间差距的一半。

收敛速度 λ 计算公式如下：

$$\beta=\frac{(1-e^{-\tau\lambda})}{\tau}$$

式中：β 为 β 收敛方程回归的系数；e 为收敛速度；$\tau=21$，取时间跨度。

本书对广东省 21 个地级市（2000—2020 年）的水稻生产潜力与其生成的变量组成的面板数据进行分析，采用适于面板数据（*Panel Data*）的计量模型——面板回归。但面板回归有三种模型，适用于不同的情况，一般情况下需要通过 F 检验、BP 检验和 *Hausman* 检验来判断应选择混合估计模型（*POOL* 模型）、固定效应模型（*FE* 模型）、随机效应模型（*RE* 模型）的其中一种。若研究者仅以样本自身效应为条件进行研究，宜采用固定效应模型，若欲以样本对总体效应进行推论，则宜采用随机效应模型。

通过对广东省各地级市的粮食生产潜力进行绝对 β 收敛，可将各地级市进行分稻区，按照绝对 β 收敛公式，可计算分稻区的粮食生产潜力的绝对 β 收敛数据如表 6-7 所示。

表 6-7　广东省分稻区的粮食生产潜力的绝对 β 收敛

区域	包含城市	ys_0（自然生产潜力期初值）	ys_1（自然生产潜力期末值）	y_0（自然生产潜力期初值）	y_1（自然生产潜力期末值）
粤北稻作区	清远市	7 739.710 3	9 348.079 7	529.768 9	1 122.108 3
	韶关市	7 775.094 4	8 547.698 9	409.413 9	851.746 0
	河源市	9 612.847 1	8 799.727 7	885.853 8	1 752.177 0
	云浮市	9 913.779 5	10 143.655 1	780.828 1	1 841.427 9
中南稻作区	肇庆市	10 025.404 2	10 924.282 6	1 802.852 2	3 157.117 1
	广州市	11 252.734 9	11 413.974 4	4 408.678 9	4 105.286 2
	惠州市	11 925.560 9	10 781.607 6	1 718.925 4	1 798.875 3
	梅州市	11 350.927 6	9 811.306 2	1 986.616 9	2 290.254 1
	茂名市	10 846.248 9	11 680.443 5	1 864.434 3	4 150.927 2
	阳江市	8 445.912 9	9 175.460 7	592.074 8	1 324.471 5
	江门市	11 463.197 2	11 228.987 1	1 743.929 4	2 558.704 4
	佛山市	14 238.687 4	13 674.811 8	7 702.046 6	3 659.984 0
	中山市	15 631.544 3	15 259.955 3	4 002.842 5	825.093 0
中南稻作区	珠海市	15 291.746 4	15 584.839 2	6 392.613 3	1 414.633 4
	东莞市	13 554.985 9	14 683.094 4	10 221.874 8	2 972.806 9
	深圳市	15 879.405 7	15 827.769 1	9 958.922 2	2 650.208 8
	汕尾市	10 015.110 8	8 693.866 2	1 723.351 8	1 436.755 2
	揭阳市	13 514.207 8	11 457.784 3	2 964.275 4	3 545.719 9
	汕头市	13 607.608 5	11 487.750 7	5 209.506 0	4 412.888 6
	潮州市	12 408.461 4	10 621.022 8	4 972.753 7	3 755.365 2

采用混合回归、固定效应回归和随机效应回归对系数 β 进行估计。可得回归结果如表 6-8 所示。

根据表 6-9 可知，广东省地级市的粮食生产潜力的收敛方程通过了 Hausman 检验，拒绝了随机效应模型以及固定效应模型无系统性差别的原假设，因此采用固定效应模型。

表6-8 广东省各地级市的粮食生产潜力的绝对 β 收敛回归结果

项目	混合回归	固定效应回归	随机效应回归
β 值	−0.159 4	−0.336 6	−0.159 4
标准差	0.023 0	0.036 2	0.023 0
T 统计量	−6.91***	−9.29***	−6.91***
P 值	0.000	0.000	0.000
收敛性	收敛	收敛	收敛

表6-9 Hausman 检验

项目	HUASMAN 检验
B-B	−0.177 2
标准差	0.027 9
X^2	40.26***
P 值	0.000 0
效应模型选择	固定效应

表6-8结果显示，在固定效应模型下，β 值在 1% 的显著性水平（$\alpha=0.01$）下显著为负，$\beta=-0.336\ 6$，说明广东省地级市的粮食生产潜力从 2000—2020 年呈现显著的绝对 β 收敛特征，结果说明粮食生产潜力落后的地级市在各种条件的作用下正在缩小与粮食生产潜力高的地级市的差距，各地级市的粮食生产潜力最终将趋向于一个共同稳定的水平。

6.4 本章结论

（1）广东省县域的土地生产潜力呈现出较为明显的波动性，随着各个年度自然因素和社会因素的发展变化，广东省县域的土地生产潜力 σ 收敛指数指标体现了快速发展之后的收敛效应。2000—2022 年，标准差的波动较大，而变异系数与 σ 系数、LD 与 Theil 系数分别近似重合，其中 2000—2007 年变化较为平缓，2008—2017 年，粮食生产非均衡生产潜力一直处于相对稳定状态，到 2018 年，σ 收敛再次出现一次较大幅度的提升。

（2）广东省各地级市的土地生产潜力在获得一定程度的非均衡发展后再

次收敛。2000—2020 年，变异系数与 σ 系数的波动较大，LD、Theil 系数和 Gini 系数的发展趋势线相对一致。其中 2002 年收敛变化呈现第一个波峰，随后在 2011 年、2013 年、2019 年和 2020 年分别出现了土地生产潜力的 σ 收敛的变动峰值，说明上述 4 个年度土地生产潜力在得到一定程度的非均衡发展后再次收敛。

（3）广东省分稻区的土地生产潜力在获得一定程度的非均衡发展后再次收敛。2000—2021 年，潮汕平原亚区的变异系数与 σ 系数的波动较大，LD、Theil 系数和 Gini 系数的发展趋势线相对一致。其中 2002 年收敛变化呈现第一个波峰，此后，在 2011 年、2013 年、2019 年和 2020 年分别出现了土地生产潜力的 σ 收敛的变动峰值，说明上述四个年度土地生产潜力在得到一定程度的非均衡发展后再次收敛。

（4）广东省地级市的不同年度粮食生产潜力数值差距呈现前段差距较大但后面趋于均衡的特点。2000—2020 年，各地级市在 2000 年至 2003 年粮食生产潜力相差较大，2004 年后，各地级市的差距逐渐降低，到 2011 年粮食非均衡发展程度最低，此后波动不大，趋向相对稳定的均衡程度。

（5）广东省地级市粮食生产潜力经过大规模发展与变化后逐渐收敛于一个稳定值，但非均衡生产潜力随着自然因素与社会因素的变化而呈现明显的发展变化。2000—2020 年，变异系数与 σ 系数、LD 与 Theil 系数的发展趋势线相对一致，除了标准差外，其余 5 个系数整体变化态势较为一致。从 2000 年开始，粮食生产潜力的 σ 收敛指标数值逐渐降低，在 2013 年达到最低值，此后趋于相对稳定数值。

（6）广东省粮食生产潜力落后的地级市在各种条件的作用下正在缩小与粮食生产潜力高的地级市的差距，各地级市的粮食生产潜力最终趋于共同稳定水平。将各地级市进行分稻区的粮食生产潜力进行绝对 β 收敛，通过计算分稻区的粮食生产潜力的绝对 β 收敛数值，采用固定效应模型，发现 β 值在 1‰ 的显著性水平下显著为负，说明广东省地级市的粮食生产潜力 2000—2020 年呈现显著的绝对 β 收敛特征。

第7章 广东省粮食生产土地资源承载力测算与障碍因子分析

7.1 粮食生产土地资源人口承载力测算

7.1.1 研究方法

（1）土地资源人口承载力（LCC）模型

土地资源承载力，即土地资源人口承载力，是指一定区域内的土地资源所能供养的人口数量，其本质是研究耕地的粮食产量、人均粮食需求量与人口数量之间的平衡关系，其公式表示为：

$$LCC_i = G_i / GPc_i$$

式中：LCC_i 为 i 区域的土地资源承载力（人），G_i 为 i 区域的粮食总产量（千克），GPc_i 为人均粮食消费标准（400 千克/人）。

（2）土地资源人口承载力指数（LCCI）模型

土地资源承载力指数揭示了区域实际人口数量与土地资源承载力之间的关系，其计算公式如下：

$$LCCI_i = Pa_i / LCC_i$$

$$Rp_i = (Pa_i - LCC_i) / LCC_i \times 100\% = (LCCI_i - 1) \times 100\%$$

$$Rg_i = (LCC_i - Pa_i) / LCC_i \times 100\% = (1 - LCCI_i) \times 100\%$$

$$PLI_i = PRI_i / Pa_i \times 100\%$$

式中：$LCCI_i$ 为 i 区域的土地资源承载力指数；Pa_i 为 i 区域的实际人口；Rp_i 为 i 区域的人口超载率；Rg_i 为 i 区域的粮食盈余率；PLI_i 为土地资源限制程度；PRI_i 为超载的人口数量（人），即实际人口数量与土地资源承载力的差值。

根据 $LCCI_i$ 大小的不同，可将区域土地资源承载力划分为 3 种类型：粮食盈余、人粮平衡、人口超载。根据各个地区粮食盈余或超载的具体程度，结合研究区实际情况，可以将一个地区的土地资源承载力细分为 9 个等级（表 7-1）。

表 7-1　基于 *LCCI* 的土地资源承载力分级评价标准

土地资源承载力分级		土地资源承载力指数 *LCCI*	*Rg* 或 *Rp*	人均粮食占有量 *x*/kg
类型	级别			
粮食盈余	富富有余	$LCCI \leqslant 0.5$	$Rg \geqslant 50\%$	$x \geqslant 800$
	富裕	$0.5 < LCCI \leqslant 0.75$	$25\% \leqslant Rg < 50\%$	$533 \leqslant x < 800$
	盈余	$0.75 < LCCI \leqslant 0.875$	$12.5\% \leqslant Rg < 25\%$	$457 \leqslant x < 533$
人粮平衡	平衡有余	$0.875 < LCCI \leqslant 1$	$0 \leqslant Rg < 12.5\%$	$400 \leqslant x < 457$
	临界超载	$1 < LCCI \leqslant 1.125$	$0 < Rp \leqslant 12.5\%$	$356 \leqslant x < 400$
人口超载	超载	$1.125 < LCCI \leqslant 1.5$	$12.5\% < Rp \leqslant 50\%$	$267 \leqslant x < 356$
	一级重载	$1.5 < LCCI \leqslant 2$	$50\% < Rp \leqslant 100\%$	$200 \leqslant x < 267$
	二级重载	$2 < LCCI \leqslant 3$	$100\% < Rp \leqslant 200\%$	$130 \leqslant x < 200$
	重度超载	$LCCI > 3$	$Rp > 200\%$	$x < 130$

7.1.2　地市粮食土地资源人口承载力分析

（1）土地资源人口承载力（LCC）分析

测算结果显示，广东省土地资源承载力由 2000 年的 4 758.77 万人，降低至 2020 年的 3 168.89 万人（图 7-1 展示了广东省各地市的土地资源承载力）。绝大多数地市的承载力均呈现逐年下降趋势，其中，以东莞（95.99%）、中山（94.16%）、佛山（87.63%）和广州（83.85%）4 市的下降比重最大。各地市中，茂名、湛江、肇庆、梅州、江门的土地资源承载力相对较大，2020 年数值分别为 381.93 万人、370.97 万人、303.05 万人、280.27 万人、244.79 万人；深圳、东莞、中山、珠海、佛山数值相对较小，2020 年数值分别为 1.84 万人、2.04 万人、3.34 万人、7.22 万人、11.81 万人，远低于地区实际人口数量，土地资源承载力与粮食生产能力直接相关。

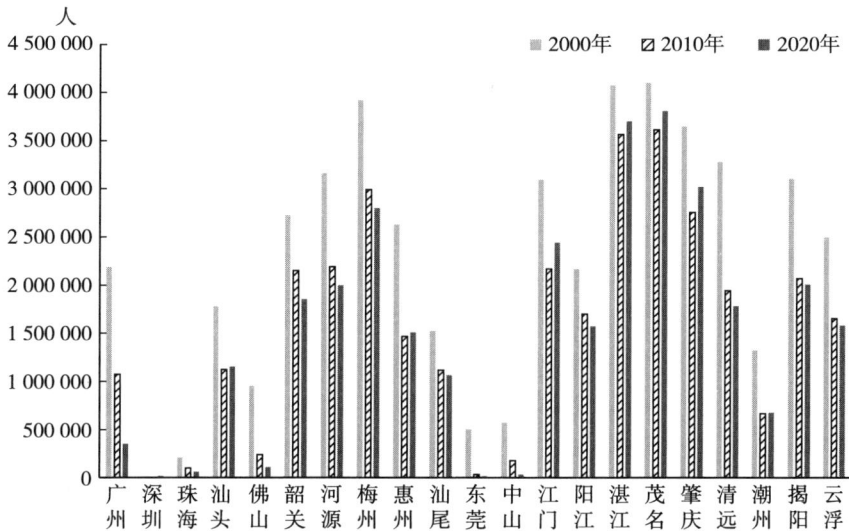

图 7 - 1　广东省各地级市土地资源承载力值（LCC）

（2）各地级市土地资源人口承载力分级

基于 LCCI 的土地资源承载力分级计算结果表明（表 7 - 2），研究时间段内，广东省土地资源承载力呈显著下降趋势。21 个地级市中，对于重度超载等级而言，2000 年处于该等级的地级市包括广州、深圳、珠海、佛山、东莞、中山共 6 个，2010—2020 年则增至 9 个，增加的 3 个地级市分别为汕头、惠州和潮州。人口超载，即处于超载、一级重载、二级重载、重度超载的地区数量，由 2000 年的 14 个，增长至 2010—2020 年的全部 21 个地级市，处于平衡有余的韶关、梅州、阳江、肇庆、清远至 2010 年和 2020 年也转为超载状态，处于盈余状态的云浮和富裕状态的河源，至 2010 年和 2020 年也相继转为超载状态。整体上看，广东省 21 个地级市在研究时间段内，土地资源承载压力逐渐增加，整体上呈现加剧趋势。

表 7 - 2　基于 LCCI 的广东省各地级市土地资源人口承载力分级

地区	2000 年	2010 年	2020 年
广州	重度超载	重度超载	重度超载
深圳	重度超载	重度超载	重度超载
珠海	重度超载	重度超载	重度超载

（续）

地区	2000 年	2010 年	2020 年
汕头	二级重载	重度超载	重度超载
佛山	重度超载	重度超载	重度超载
韶关	平衡有余	超载	一级重载
河源	富裕	超载	超载
梅州	平衡有余	超载	超载
惠州	超载	重度超载	重度超载
汕尾	一级重载	二级重载	二级重载
东莞	重度超载	重度超载	重度超载
中山	重度超载	重度超载	重度超载
江门	超载	二级重载	一级重载
阳江	平衡有余	超载	一级重载
湛江	超载	一级重载	一级重载
茂名	超载	一级重载	一级重载
肇庆	平衡有余	超载	超载
清远	平衡有余	一级重载	二级重载
潮州	一级重载	重度超载	重度超载
揭阳	一级重载	二级重载	二级重载
云浮	盈余	超载	一级重载

本书从空间尺度上分别展示了 2000 年、2010 年和 2020 年的广东省各地级市土地资源承载力。可以看出，研究时间段内，广东省土地资源承载力的重度超载区以珠三角地区为中心不断向外扩张；对于不同地理分区而言，2000 年，土地资源承载力整体呈现粤北＞粤东＞粤西＞珠三角地区，至 2010 年和 2020 年，珠三角地区的土地资源承载力依旧显著弱于粤东粤北地区，但两者之间的差距在逐步缩小，区域整体差异性逐步减小，地区整体向超载方向发展。

7.2　粮食生产耕地承载力综合评价及其优劣势因子分析

7.2.1　数据、变量选取与模型设定

（1）数据来源

本书选取 1999—2020 年为研究时段，主要数据来源有：《广东省统

计年鉴（2001—2020）》《广东省农村统计年鉴（2001—2020）》，EPS 全球统计数据平台中国宏观经济数据库、中国国土资源数据库、中国水利数据库、中国环境数据库、中国农林数据库等相关数据库。其中，耕地面积数据在 2005 年前后存在统计口径变化，本书以新统计口径为准，在数据处理时对 2000—2005 年耕地数据进行等比值换算。另外，因第二次土地调查数据未获得国家确认，2009 年、2010 年耕地面积数据未对外公开，该数据基于缺失年份前后 5 年耕地面积平均变化率为依据进行回推。

（2）变量选取

评价指标体系是耕地资源承载力评价的基础，直接关系到评价结果的准确性和科学性，本书参照匡丽花等（2018）以及 Zhang（2019）等针对耕地安全设定的评价研究，把评价体系设定为三个系统：一是经济压力系统，经济和人口是造成耕地资源压力的根本，一地的经济发展诱发了人口集聚，产生了大量的人类社会和管理活动，这种活动对自然资源的索取数倍于人类自然繁衍产生的聚落，因此，将由经济、人口和社会因素产生的耕地压力，总结为经济压力系统；二是生产压力系统，一地水土资源的多寡，是保障耕地承载力的主要因素，除了可通过耕地本底质量高低和资源禀赋优劣来反映以外，还可通过现代农业生产要素多寡来反映；三是生态环境压力系统，生态安全是粮食安全和耕地安全的保障，是维持农作物质量的屏障，是在一定的时间和空间内，维持耕地生态系统自身的功能结构稳定和耕地可持续利用的状态。

广东省作为我国经济发达地区，要综合考虑社会发展、自然生态与环境安全等因素，在遵循评价指标选取科学性、全面性、可操作性原则的基础上，从经济压力、生产压力、生态环境压力三个系统出发（陈会广等，2009；匡丽花等，2018），构建耕地承载力评价指标体系（表 7 - 3）。其中，经济压力子系统又囊括经济发展 4 个指标、社会因素 3 个指标；生产压力子系统又囊括资源禀赋 2 个指标、本底质量 3 个指标、现代生产要素 3 个指标；生态环境压力子系统又囊括自然因素 3 个指标、环境因素 3 个指标。以下是对这些指标体系的构成进行的解释。

表7-3 耕地承载力评价指标体系

一级准则层	二级准测层	指标层	指标说明	指标趋向
经济压力	经济发展	人均GDP	GDP/总人口	+
		农村居民消费水平	农村居民消费水平	－
		农民人均纯收入	农民人均纯收入	－
		城市化水平	城镇人口/总人口	+
	农业产值与结构	单位土地产值	农业总产值/耕地面积	+
		人均农业产值	农业总产值/总人口	+
		农业结构调整	农业产值/农林牧渔总产值	－
生产压力	资源禀赋	耕地面积	耕地面积	－
		人均耕地面积	耕地面积/人口数量	－
	本底质量	人均水资源量	水资源总量/总人口	－
		灌溉保证率	有效灌溉面积/耕地面积	－
		粮食复种指数	总播种面积/耕地面积	+
	现代生产要素	农机化水平	机械总动力/耕地面积	+
		农村用电量	农村用电量/耕地面积	+
生态环境压力	自然因素	自然灾害受灾面积	自然灾害受灾面积	+
		森林覆盖率	森林覆盖率	－
		环境治理投资比重	环境治理投资/GDP	－
	环境因素	耕地化肥负荷	化肥施用量/耕地面积	+
		耕地农药负荷	农药施用量/耕地面积	+
		耕地地膜负荷	地膜施用量/耕地面积	+

①经济压力系统。经济因素。广东省是全国经济的排头兵，经济发展对农业农村的发展固然有很大的影响，新近研究发现，经济发展也是影响粮食生产的一个客观因素（杨震宇等，2020）。近20年广东省经济增长保持了较快且较稳的升幅，1999—2020年间，人居GDP从1.13万元/人增长至8.83万元/人，年均增长率为10.27%；城市化水平明显上升，城镇化率从0.53上升至0.74。国民经济发展的背后，一方面是对农村居民收入的推高，另一方面也是对农村居民消费支出的拉动，因此二者也是构成一地粮食安全承载力的因素之一（厉为民，1987）。

社会因素。农业生产效益是保障农民收入提升的重要一环，也是影响耕地承载力的重要因素（严冬等，2006）。一方面，广东省人均农业产出效益在 1999—2020 年呈上升趋势，除了少数年份存在周期性回调外，农业生产效益连年提升，从 1999 年的 0.227 万元/人上升至 2020 年的 0.611 万元/人。另一方面，单位面积耕地的农业产出效益也在持续增长，从 1999 年的 2.68 万元/公顷上升至 2020 年的 13.21 万元/公顷，年均增长率为 7.88%。

农业生产效益的增长很大程度上归功于产业结构的调整（杨立勋等，2013）。1999 年，广东农业总产值中，种植业产值的占比达到 52.0%，占整个农业生产的半壁江山，而进入 2000 年，随着商品经济的崛起以及人民群众饮食结构的变化，广东省种植业占比逐步缩小，利润较高的渔业、畜牧业占比快速提升，温氏、海大等以养殖、畜牧为主营业务的农业龙头企业相继崛起，带动农户增收的同时，也进一步挤压了种植业的比重，到 2008 年，广东省种植业产值占农业比重收缩至 44.9%，这种趋势在"十二五"时期又有所反转，由于农村环保政策的施行，限养区、禁养区的划定，关闭小规模养殖场，以及一部分畜牧、水产养殖业自身的转型升级，种植业比重逐步提升至 2016 年的 51.6%，并且在随后几年维持在 48%～49% 的水平。

②生产压力系统。资源禀赋。为了进一步夯实粮食储备保障基础，提高粮食安全保障能力，需立足自然条件和粮食资源禀赋。耕地面积无疑是反映粮食资源禀赋的基本指标（武清华，2010），广东省近 20 年耕地面积总体呈明显的下降趋势，1999 年，广东省耕地储备为 319.92 万公顷，到 2020 年仅为 259.3 万公顷，年均减少约 1%。然而，从 2010 年开始，广东省耕地面积的下降趋势有所缓解，从 2011 年到 2020 年，广东省耕地面积维持在 260 万公顷左右。人均耕地面积反映了土地资源禀赋的人均情况（匡丽花，2018），广东省近 20 年人均耕地面积趋势与耕地面积趋势接近，同样是表现出总体向下的特征，从 1999 年的 0.44 千公顷/万人下降到 2020 年的 0.21 千公顷/万人，年均减少约 3.57%，2011 年以后虽然降速趋缓，但仍然维持了下降趋势。

本底质量。土地的本底质量是构成粮食质量安全的基础，而水土涵养的功能则是构成本底质量的首要因素，因此农业用水直接关系到粮食的生产安全（赵净，2011）。广东省人均水资源总量在 20 年间处于波动平衡的状态，且总体维持在 1 405～2 545 立方米/人。灌溉保证率在 1999—2020 年间存在较大的波动,有效灌溉面积占耕地面积的比重总体呈现增长的态势,1999年有效灌溉保障率为 62.1%,2011 年出现峰值,达到 72%,这可能与相应年份中央 1 号文件强调"突出加强农田水利等薄弱环节建设"有关,随后年份,灌溉保障率回归至正常的趋势水平,缓慢上升,截至 2020 年,灌溉保障率为 68.5%,21 年间年均增长率为 0.47%。此外,水稻生产的复种指数变化对国家粮食安全具有重要影响(蒋敏等,2019),复种指数即种植业播种面积占耕地面积的比重,较高的复种指数对发展农业生产、增加产量具有重要作用。广东省水热条件好,耕地利用率高,过去 21 年复种指数维持在153%～183%,总的来说复种指数呈现出逐步上升的趋势。这种趋势除了与周期性的光热条件有关以外,农业技术进步、作物熟制以及种植习惯的变化也会对土地复种指数产生影响。

生产条件。农业机械化水平是一个地区粮食生产条件好坏的风向标,是保障粮食产业实现规模化、现代化的重要方向(莫红梅等,2013)。近 20年,随着我国对农业机械的补贴持续增长,各地机械保有量也出现了井喷式增长,广东省单位面积农业机械总动力持续增加,从 1999 年至 2020 年数值接近翻倍,2016 年前后,国家改变了过去粗放的补贴方式,该数值下降,随后增长趋势放缓。截至 2020 年,单位面积农业机械总动力为 0.962 万千瓦/千公顷,年均增长 2.77%;农村用电量则从 1999 年的 0.101 亿千瓦时/千公顷稳定上升至 2020 年的 0.566 亿千瓦时/千公顷,年均增长 8.48%,增长趋势稳定。

③生态环境压力系统。自然因素。自然灾害对粮食安全和粮食产量稳定具有极大影响(栾健等,2016),受灾面积指因灾减产 10% 以上的农作物播种面积。广东省地处"典型气候脆弱区",是各种自然灾害多发省份之一,主要灾害有暴雨洪涝、热带气旋、干旱、寒冷、地震、地质灾害、赤潮、生物灾害和森林火灾等,灾种多、灾期长、发生频率高、灾情重。在全球气候持续变暖的大背景下,极端天气等事件对粮食安全产生了很大的挑战。可持续的林业是粮食安全的重要屏障,森林覆盖率是指森林面积占土地总面积的比率,是反映一个国家(或地区)森林资源和林地占有的实际水平的重要指标。过去 20 年,广东省投入大量人力物力加强森林生态系统、湿地生态系

统建设和生物多样性保护，不但实现了森林资源和林业产业协调发展，还间接保障了有利于农业生产的环境条件。

环境因素。随着农业生产环境中工业投入品使用的增加，粮食生产的形势严峻而迫切，给粮食安全带来了一定的挑战，农户在粮食生产中实施减量化、再利用、低污染的环境行为，是从源头上遏制农业污染和实现可持续发展的关键（曹慧，2020）。广东省化肥、农药、农膜三大农业污染指标在21年间呈现先上升后下降的趋势，尤其在近10年控制得较好。"十一五"以来，广东省全面开展推广测土配方施肥和农药减量施用技术，启动实施"化肥农药使用量零增长行动"。截至2020年，全省化肥农药施用量已连续5年实现负增长，畜禽粪污综合利用率在75％以上，秸秆综合利用率达到91％，农膜回收率达到90％以上。

（3）模型设定

①数据标准化。由于各指标量纲单位和性质不同，为了避免原始数据数量级和量纲差别，首先对原始数据进行处理，公式如下：

正向指标：

$$x_{ij}' = \frac{x_{ij} - x_{j\min}}{x_{j\max} - x_{j\min}}$$

逆向指标：

$$x_{ij}' = \frac{x_{j\max} - x_{ij}}{x_{j\max} - x_{j\min}}$$

其中，x_{ij}' 为标准化后的指标值；x_{ij} 为第 i 年的第 j 个指标。

②计算权重。对耕地资源承载力的评价是多属性决策问题，为了避免人为因素的干扰对不同年份进行比较，客观分析指标权重，具体步骤如下：

第一步：确定第 i 年的第 j 指标权重。

$$s_{ij} = \frac{x_{ij}}{\sum_{i=1}^{n} x_{ij}'}$$

第二步：测算第 j 项指标熵值。

$$h_j = -\frac{1}{\ln(m)} \times \sum_{i=1}^{n} s_{ij} \ln(s_{ij})$$

第三步：计算信息熵冗余度。

$$\alpha_j = 1 - h_j$$

第四步：计算指标权重。

$$w_j = \frac{\alpha_j}{\sum\limits_{j=1}^{m} \alpha_j}$$

依据公式测算广东省耕地资源承载力评价系统各指标权重见表 7-4：

表 7-4 各项指标基本统计值及权重

指标层	原始数据年均值	标准化数据年均值	熵权	加权数据年均值
人均 GDP	44 282.9	0.605	0.076	0.029
农村居民消费水平	7 593.5	0.637	0.060	0.025
农民人均纯收入	8 626.8	0.604	0.035	0.019
城市化水平	0.635	0.430	0.031	0.019
单位土地产值	0.674	0.379	0.017	0.011
人均农业产值	0.367	0.410	0.022	0.013
农业结构调整	0.479	0.456	0.050	0.029
耕地面积	2 819.9	0.317	0.094	0.031
人均耕地面积	0.290	0.302	0.070	0.021
人均水资源量	1 899.2	0.434	0.035	0.020
灌溉保证率	0.659	0.557	0.028	0.014
粮食复种指数	1.663	0.509	0.039	0.013
机械化水平	0.777	0.484	0.060	0.028
农村用电量	0.360	0.565	0.029	0.018
自然灾害受灾面积	893.9	0.580	0.027	0.016
森林覆盖率	48.991	0.332	0.044	0.021
环境治理投资比重	0.000 89	0.399	0.020	0.011
耕地化肥负荷	0.080	0.429	0.055	0.024
耕地农药负荷	0.003 55	0.456	0.065	0.031
耕地地膜负荷	0.000 75	0.435	0.053	0.023

③耕地资源承载力指数计算及分级方法。耕地资源承载力评价系统包含经济压力指数、生产压力指数、生态环境压力指数三个子系统，本书采用综合评价法计算耕地承载力，公式如下：

$$E = \sum_{j=1}^{m} x'_{ij} \times w_j$$

其中，E 为粮食安全和耕地承载力指数；x'_{ij} 为标准化后的指标值；w_j 为指标权重。

7.2.2　省级土地承载力指标体系测算与障碍因子分析

基于上述指标体系和公式测算出 2000—2020 年广东省耕地承载力指数。本书进一步区分了三个子系统的承载力指数。具体结果如表 7-5 所示：

表 7-5　各年份粮食安全和耕地承载力指数

年份	经济压力指数	生产压力指数	生态压力指数	耕地资源综合承载力指数
2000	0.20	0.23	0.33	4.04
2001	0.22	0.29	0.15	4.54
2002	0.23	0.24	0.23	4.27
2003	0.25	0.28	0.43	3.23
2004	0.30	0.36	0.32	3.08
2005	0.33	0.42	0.35	2.76
2006	0.36	0.39	0.32	2.80
2007	0.38	0.40	0.46	2.44
2008	0.40	0.42	0.44	2.40
2009	0.46	0.42	0.58	2.07
2010	0.46	0.54	0.60	1.91
2011	0.50	0.59	0.63	1.79
2012	0.55	0.72	0.79	1.50
2013	0.56	0.70	0.76	1.52
2014	0.58	0.77	0.78	1.45
2015	0.59	0.84	0.78	1.40
2016	0.61	0.85	0.82	1.35
2017	0.64	0.65	0.83	1.44
2018	0.66	0.73	0.79	1.40
2019	0.69	0.74	0.64	1.45
2020	0.75	0.75	0.53	1.45

（1）总系统分析

总体而言，广东省耕地资源承载力在近20年以来呈现下降趋势（图7-2）。耕地经济压力、生产压力与生态环境压力三个子系统都呈现出上升的态势，其中经济压力指数上升最为平滑，生产压力指数呈现出波动上涨的趋势，生态压力指数明显呈现出先升后降的趋势。耕地承载力下降的趋势在近10年有所缓解，从3个子系统的运行状态上看，这种缓解可能是通过生态环境压力的减少实现的，也可能存在生产压力波动带来的后果（图7-3）。

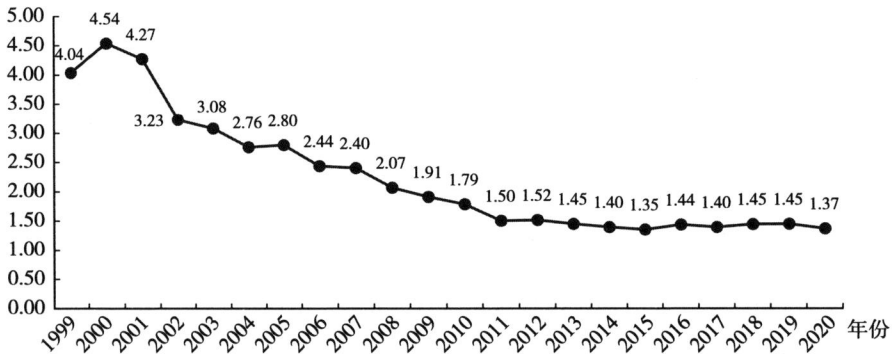

图7-2　1999—2020年广东省耕地资源综合承载力指数

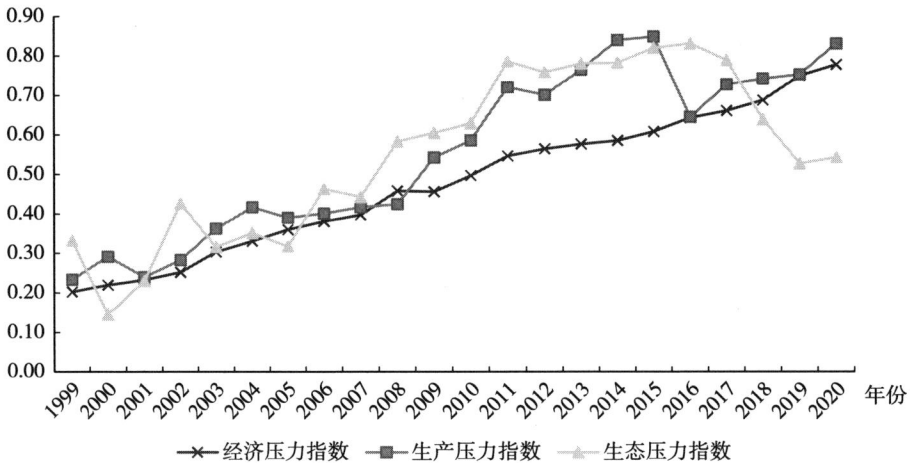

——×—— 经济压力指数　—■— 生产压力指数　—▲— 生态压力指数

图7-3　2000—2020年粮食生产承载力子系统指数（汇总）

（2）优劣势因子分析

本书希望通过分析三个子系统对耕地承载力的贡献大小，从而识别影响某个特定时期广东省土地承载力的优势因子与劣势因子，因此，利用熵权法将各指标在所有年份中的加权赋值予以加总，作为贡献因子，采取比较分析的方法分析各系统的优劣势因子贡献度。

①经济压力子系统优劣势因子分析。广东省过去 21 年粮食生产的经济压力指数呈现出平稳上升的趋势（图 7-3）。具体比较耕地经济压力系统的几项指标发现，对其上升贡献最大的因子为：单位土地产值（2.06）、人均GDP（1.87）、人均农业产值（1.78）三项（表 7-6），换言之，广东省耕地经济压力指数的提升主要归功于农作物单产的提升以及劳动生产率的提升。过去 20 年，广东省推动粮食产业升级，深化国有粮食企业改革，推进国有粮食企业兼并重组，支持粮食企业推广应用先进技术装备，进行技术改造升级，开展现代粮仓科技应用示范，鼓励大中型主食加工企业发展仓储物流冷链设施，向乡镇和农村延伸生产营销网络。这些举措推动产业升级之余，也进一步推动了粮食生产的区域向产粮大县集中，集约化的生产提升了单个农户可获得的效益。

表 7-6　耕地承载力压力系统优劣势因子排序

经济压力系统 优劣势因子	总贡献值	生产压力系统 优劣势因子	总贡献值	环境生态压力系统 优劣势因子	总贡献值
单位土地产值	（＋）2.06	耕地面积	（－）2.77	环境治理投资比重	（－）2.98
人均 GDP	（＋）1.87	人均耕地面积	（－）2.12	自然灾害受灾面积	（＋）2.35
人均农业产值	（＋）1.78	灌溉保证率	（－）1.93	耕地农药负荷	（＋）2.01
农村居民消费水平	（－）1.41	人均水资源量	（－）1.53	耕地化肥负荷	（＋）1.96
城市化水平	（＋）1.18	粮食复种指数	（＋）1.43	森林覆盖率	（－）1.47
农民人均纯收入	（－）1.15	农村用电量	（＋）1.31	耕地地膜负荷	（＋）1.33
农业结构调整	（－）1.04	农机化水平	（＋）1.08		

②生产压力子系统响应分析。广东省过去 21 年粮食生产压力指数呈现出波动向上的特征（图 7-3）。对其贡献最大的指标为：耕地面积（2.77）、人均耕地面积（2.12）、灌溉保证率（1.93）（表 7-6）。这足以说明广东省的耕地保有量对土地承载力作出了关键的贡献。广东省曾经是我国双季稻的主产区，也是传统的南方稻区之一，随着广东省经济提速增效，二、三产业

占国民经济的比重逐步攀升，农业尤其是种植业在国民经济中的位置逐步被边缘化，粮食产业作为需要被补贴的弱质产业，不但没有给地方创造税收，还占据了大量土地，因此，其产量、产值以及未来发展必然会在城市化、工业化的过程中遭到挤占，广东省的粮食生产定位也从"主产区"转变为"主销区"和"调入大省"。此外，由于广东省属于南方丘陵地区，虽然降水资源比较丰富，但农业基础灌溉设施老旧、洪涝灾害、水体污染等问题也相当突出，因此，农业用水也是影响广东省耕地承载力问题的关键因素，无疑对粮食要素水平造成了影响。

③耕地生态安全子系统响应分析。广东省过去21年耕地生态安全指数呈现出先升后降的趋势（图7-3）。其贡献最大的指标依次为：环境治理投资比重（2.98）、自然灾害受灾面积（2.35）、耕地农药负荷（2.01）与耕地化肥负荷（1.96）（表7-6）。这说明，广东省环境治理投资比重的不足是造成耕地生态安全下降的主要原因，其间发生的严重自然灾害则是耕地生态安全的另一个次要原因。按照国际惯例，全社会加上政府的环保投入只有占到GDP的1.5%以上才可以遏制环境恶化；占到3%以上，环境才能有效改善。环境保护部和世界银行合作研究报告建议，到2020年我国大气和水污染治理的投资须增加到GDP的2%，此外还应增加基础能力建设方面的投资比例。由此看来，广东省环保投入（近21年最多仅占GDP的0.18%）确实严重不足。另外，广东省耕地生态安全的提升有赖于农业投放品的使用减少，随着我国农业和农村经济的快速发展，化肥、农药、地膜等农用化学品投入逐年增加，养殖数量和规模不断扩大，与此同时，农业投入品利用率低、种养殖废弃物处理滞后，导致农业面源污染问题日益突出。2012年以来，广东省实施了亚洲最大、国内首个世界银行贷款农业面源污染治理项目，在全省28个县（市、区）推广测土配方施肥技术以及太阳能杀虫灯、天敌、生物农药和统防统治服务等综合防控技术，并对项目区内使用配方肥、缓（控）释肥、水肥一体化技术进行补助。3年累计投入世界银行贷款和省级配套资金2.34亿元，推广配方肥3.2万吨，生物农药和高效低毒农药33吨。此外，广东省还重视和支持肥料农药产业的发展，注重强化过程监管，做到产管并重，各区域耕地承载力指数具体见图7-4。

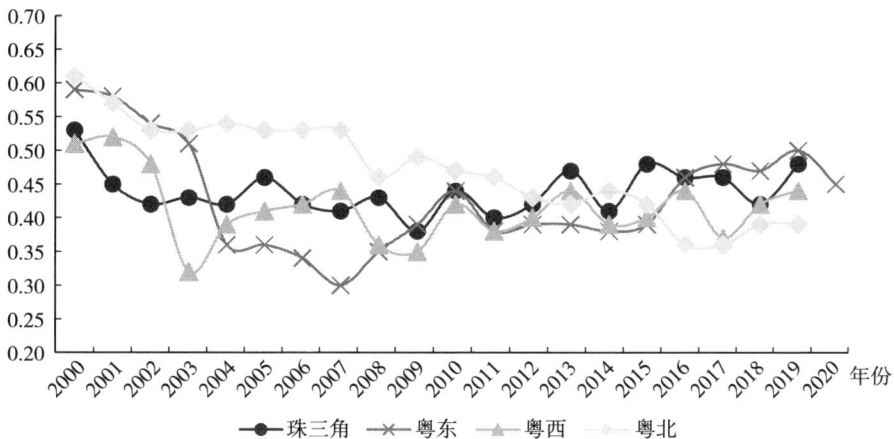

图 7 - 4　广东省各区域 2000—2020 年耕地承载力指数（汇总）

7.2.3　典型地市耕地承载力优劣势因子分析

本部分采用上述方法，在广东省珠三角、粤东、粤西、粤北山区四个地区分别选取一个地市进行研究。地市数据来源于《广东省农村统计年鉴（2001—2021）》、地方统计年鉴以及各市历年的《国民经济和社会发展统计公报》。由于粤北韶关市数据存在年份间缺失，其指标体系中剔除了农村居民人均消费量、环境投资占 GDP 比重 2 个变量。此外，由于部分数据年份未更新，汕头市、茂名市、韶关市三个地市采用 2000—2019 年数据测算。

（1）江门市：通过环境污染整治，缓和了经济发展与耕地不足的矛盾

在珠江三角洲，江门市的土地承载力呈现出前期下行，后期回升的趋势（表 7 - 7）。珠江三角洲是广东省内仅有的两块平原之一，其地理位置原本十分适合大田作物种植，但由于经济发展的原因，经济发展与农业用地之争非常突出，城市建设与耕地保有量成为此消彼长的关系。因此，人均 GDP（2.78）与单位土地产值（1.87）都对耕地压力系统产生了正向的压力，成为该地区耕地承载力的劣势因子；而耕地面积（2.11）、人均耕地面积（2.02）成了缓和生产压力的耕地承载力优势因子；环境生态压力系统中，环境治理投资比重（2.06）也成了抗衡经济发展对耕地承载力负面影响的重要因素，尤其是在 2012 年以后，江门市集中在农业环境污染整治方面发力，

绿色生态技术防控以及测土配方的推广和应用取得了初步成效，所以，在近几年中耕地综合承载力呈稳定回升的趋势，有赖于环境生态压力系统的减压。

表7-7　广东省各地区耕地承载力压力系统优劣势因子排序（排名前二）

地区	经济压力系统优劣势因子	总贡献值	生产压力系统优劣势因子	总贡献值	环境生态压力系统优劣势因子	总贡献值
珠三角江门市	人均GDP	（＋）2.78	耕地面积	（－）2.11	环境治理投资比重	（－）2.06
	单位土地产值	（＋）1.87	人均耕地面积	（－）2.02	自然灾害受灾面积	（＋）1.92
粤东汕头市	人均GDP	（＋）2.18	粮食复种指数	（＋）2.93	耕地农药负荷	（＋）2.01
	农村居民消费水平	（－）1.91	人均耕地面积	（＋）1.63	耕地化肥负荷	（＋）1.96
粤西茂名市	城市化水平	（＋）2.18	灌溉保证率	（＋）3.33	自然灾害受灾面积	（＋）2.47
	农业结构调整	（＋）2.15	人均水资源量	（－）1.48	耕地化肥负荷	（＋）2.33
粤北韶关市	农民人均纯收入	（－）2.44	农村用电量	（＋）3.08	耕地化肥负荷	（＋）2.96
	农业结构调整	（－）2.42	农机化水平	（＋）1.93	森林覆盖率	（－）2.47

（2）汕头市：高投入、高复种的种植方式对耕地承载力造成较大压力

汕头市粮食生产承载力在2000—2019年前期呈现下行趋势，后期则在区间内稳定波动（表7-7）。作为粤东区域经济特区，汕头市的粮食综合承载能力仍然受到经济压力的牵制，除了人均GDP（2.18）是耕地承载力的主要劣势因素以外，汕头市农村居民的消费水平（1.91）较高，这与当地发展精耕细作农产品加工产业有关，农产品依附的高附加值能够缓和当地用地紧张的情形，提升耕地承载力；粮食复种指数（2.93）是汕头市的耕地压力劣势指标，说明高强度的作物栽培是造成当地生产压力系统负荷的原因，与珠三角相仿，人均耕地面积（1.63）仍然是当地的耕地压力优势指标；耕地农药负荷与化肥负荷是当地环境生态压力系统的劣势因子，对当地耕地承载力产生了负面影响。

（3）茂名市：农田水利设施与自然灾害应对是提升耕地承载力的关键

茂名市近20年粮食生产承载力呈现稳定下降的趋势（表7-7）。粤西地区承担了广东省重要的农业生产角色，其城市化发展与珠三角以及粤东发达地区相比一直较为落后，但近年来随着乡村振兴战略实施，该形势有所改善，但城市化水平（2.18）也成了耕地承载力的一个压力指标，后续

应注意协调城市发展与农业生产二者之间的矛盾。与此同时，不断调整的农业产业结构为耕地承载力产生了"减负"效应；在茂名的生产压力系统中，灌溉保证率（3.33）与人均水资源量（1.48）成了重要的优势因子，由于缺水是制约粤西耕地承载力的重要因素，很多地区目前还是要"靠天"播种，所以通过进行水利设施维护缓解耕地生产压力是近年来急需解决的问题；自然灾害受灾面积（2.47）与耕地化肥负荷（2.33）是造成粤西地区耕地承载力不稳定的劣势因子，粤西农业的高质量发展依赖化肥的科学使用，应注重化肥农药等投入品的绿色减量行动，促进作物健康生长。

（4）韶关市：推动农业生产向低碳农业转变是稳定耕地承载力的方向

韶关市近 20 年粮食生产承载力呈现稳定下降的趋势。粤北地区是广东省生态环境最为优越的地区，同时也是耕地承载力最为薄弱的地区。韶关市经济压力系统中的优势因子集中于农民人均纯收入（2.44）以及农业结构调整（2.43），这可能是由于韶关市重点项目主要集中于基础设施的建设和完善以及工业对经济增长的贡献所导致的。生产压力系统方面，农村用电量（3.08）与农机化水平（1.93）分别对当地耕地承载力造成了压力；耕地化肥负荷（2.96）是当地环境生态压力系统中的劣势因子，森林覆盖率（2.47）是当地环境生态压力系统的优势因子。近年来，耕地的生态安全不仅受耕地质量、水资源、机械设备以及化学药品的影响，而且还面临着农业面源污染多元化、全球变暖等极端天气的威胁。因此在未来粮食安全问题上不仅要关注数量和质量，更要推动农业生产向低碳农业转变，推动粮食生产向更高层次、更高质量、更有效率、更可持续方向发展。

7.3　本章结论

本书采用基于熵权法的综合分析模型，研究了中国经济最发达省份广东省的耕地资源承载力情况，研究发现广东省的耕地承载力经历了"缓慢发展—过度开发—注重保护"的过程，在此过程中，经济压力、生产压力与环境生态压力三个系统在耕地承载力的起伏中扮演了重要角色。针对全广东省的综合分析表明，经济压力与承载力往往亦步亦趋，生产压力呈现出难以摸索的波动性，而环境生态压力往往是最容易缓解的，该系统压力的缓解甚至可以作为抵销经济压力、生产压力动能的方式。文本最后针对珠三角以及粤东、粤西、粤北4个城市采用了相同方法作优劣势因子比较分析，结果与上述结论相印证。

第8章 广东省主要粮食作物地域适宜性评价与区域优化布局研究

8.1 主要粮食作物地域适宜性评价

地域适宜性评价是根据各地土地、自然和社会经济属性，重点研究土地是否适宜预定用途、适宜程度及其限制状况。

8.1.1 评价方法

（1）建立指标体系

光照、积温、降水、土壤、质地等多种因素对粮食适宜性评价具有影响，因此确定适宜性评价影响因子是进行作物适应性评价的关键环节之一，由于影响因素较多，因此参考联合国粮食及农业组织（FAO）《土地评价纲要》及粮食生长环境条件数据库中气候和土壤条件，结合广东省的自然条件和农业生产特点，选取土壤的质地、土壤 pH、排水和坡度 4 项评价因子，而气候条件对粮食的适应性影响评价则直接采用广东省农业气候中心所发布的广东省各粮食产区的气候区划评价结果，气候条件评价因子不再纳入评价指标体系中。将粮食土地适宜性评价结果叠加气象区划数据、土地利用规划数据，得出适宜的各种产业的最大潜力规模（面积）与不同适宜等级规模（面积），从而为广东省粮食生产规划和空间布局提供科学的理论及翔实数据支撑。

（2）建立数据库

不同作物具不同的生物学特性和生理条件，对土壤和气候条件要求也不同，在建立粮食对土壤和气候等环境条件要求的标注时，一般分为最适宜

（Ⅰ）、适宜（Ⅱ）、次适宜（Ⅲ）和勉强适宜（Ⅳ）4 个等级。最适宜级表示环境因子处于最佳状态，对粮食的生长发育无限制因素；适宜级表示环境因子适宜粮食生长，但在程度上略逊于最适宜级；次适宜级表示环境因子对粮食的生长发育有中等限制；勉强适宜级表示环境因子有严重限制，勉强适宜栽种某种作物。各因子 4 个等级的定量或定性范围取自 ECOCROP1[①] 数据库中相应的最适宜和可适宜范围。数据中主要是粮食对土壤各因子适宜性等级指标，气候因子不再录入，评价时直接用现有广东省气候区划资料，以此建立各作物适宜性评价等级表，将各表整合成二维数据库表，建成粮食适宜性评价数据库。

（3）适宜性评价模型

广东省粮食适宜性评价涉及多种作物，采用限因子法进行多种作物适宜性评价，通过单因子适宜性评价等级图和广东省作物气候区划图的叠加，取最大等级值作为评价单元对该种作物的综合适宜性等级。其表达式如下：

$$G_i = \mathrm{Max}(S_{ij},\ W_i)$$

其中，i 表示某种作物，j 表示土壤评价因子（即土壤质地、土壤 pH、土壤排水和坡度），G_i 表示某一评价单元的第 i 种作物的适宜性等级，S_{ij} 表示第 i 种作物第 j 种土壤因子的等级，W_i 表示该种作物的气候等级。最后的结果有 4 个等级，其意义与单因子评价的等级相似。

8.1.2 评价结果

（1）水稻

广东省多数地方水稻安全生育期为 220～280 天，水稻种植面积大，稻作季节长。水稻安全生育期长，春播最早，秋收较迟。早季稻日照数比晚季多，这是同其他稻作区的显著差异之一。以双季稻为主，还有水稻与花生、甘薯、甘蔗等作物的复种。依据水稻种植生长气候和土壤评价条件及广东省土地利用规划，水稻适应性评价结果如表 8-1 所示。

水稻宜栽土地总量较大，但勉强适宜的占 50% 以上。从表 8-1 可以看

[①] Ecocrop 1：The crop environmental requirements database. Ecocrop 2：The crop environment response database ［M］//FAO Land and Water Digital Media Series (FAO). FAO, 1998.

出，广东省水稻最适宜种植区域面积为 19.26 万公顷，主要分布在江门、茂名、揭阳、汕尾、汕头、清远等地，适宜水稻种植的区域面积为 37.93 万公顷，主要分布在湛江、茂名、江门、阳江、清远、惠州等地，次适宜水稻种植的区域面积为 27.79 万公顷，主要分布在韶关、清远、江门、湛江、茂名等地。不适宜种植双季稻的区域面积为 91.14 万公顷，该区域占了全省水稻种植面积的 51.75%，在水稻种植生产中起到不可忽视的重要作用。其中湛江、茂名、清远、韶关、梅州、江门、河源、肇庆、阳江等 9 个地市适宜水稻种植面积在 10 万公顷以上，总面积 131.03 万公顷，占全省水稻种植总面积 74.40%。

表 8-1　水稻土地适宜条件等级及面积统计表

条件	等级			
	I 最适宜	II 适宜	III 次适宜	IV 勉强适宜
坡度（%）	<1	1~3	2~3	>3
排水情形	良好，尚良	微过度，不完全	过度	不良，极不良
质地	壤土，砂质黏壤土	黏质壤土，砂质壤土，砂质黏土	粉质黏壤土，石砾	石砾，砂土
pH	6.0~6.5	5.0~6.0	6.5~7.3	<4.0，>8.3
城市	I	II	III	IV
潮州	6 023	4 759	4 052	10 256
东莞	443	41	119	62
佛山	9 942	4 386	2 226	6 756
广州	11 888	11 315	13 448	13 899
河源	3 645	16 563	14 330	85 805
惠州	10 851	23 208	13 663	35 621
江门	24 802	36 911	28 949	41 762
揭阳	17 952	15 895	12 281	23 725
茂名	22 312	47 835	21 796	80 961
梅州	6 362	19 378	10 128	105 848
清远	12 208	24 534	32 330	99 465
汕头	12 253	6 082	5 133	5 498
汕尾	12 812	15 408	9 939	31 459
韶关	4 085	12 170	35 353	109 481

（续）

条件	等级			
	Ⅰ最适宜	Ⅱ适宜	Ⅲ次适宜	Ⅳ勉强适宜
深圳	18	187	100	258
阳江	12 152	28 164	15 685	49 743
云浮	2 374	12 544	6 521	54 671
湛江	8 663	73 188	26 349	87 822
肇庆	9 502	22 119	15 890	64 029
中山	4 149	1 906	3 663	1 233
珠海	192	2 725	5 989	3 029
总计	192 628	379 318	277 944	911 383

（2）甘薯

依据广东省甘薯种植生长的气候、土壤条件及广东省土地利用规划，其适应性评价结果如表8-2所示：

表8-2 甘薯（薯类）土地适宜条件等级

条件	等级			
	Ⅰ最适宜	Ⅱ适宜	Ⅲ次适宜	Ⅳ勉强适宜
坡度（%）	<3	3~5	5~30	>30
排水情形	良好，尚良	微过度，不完全	过度	不良，极不良
质地	砂质壤土，壤土，粉质壤土	壤质砂土，粉土，砂质黏壤土	黏质壤土，粉质黏壤土，极细砂土	黏土，砂土
pH	6.1~7.5	5.2~6.1，7.0~7.4	4.2~5.2，7.4~7.8	<4.2，>7.8
城市	Ⅰ	Ⅱ	Ⅲ	Ⅳ
潮州	1 302	5 344	10 993	1 316
东莞	4 462	3 867	3 440	1 343
佛山	8 493	4 250	502	289
广州	15 220	10 253	2 739	1 729
河源	3 407	15 416	13 948	5 219
惠州	18 775	35 185	11 750	2 422
江门	6 165	25 702	14 923	4 994
揭阳	3 845	9 972	8 082	2 820

（续）

条件	等级			
	Ⅰ 最适宜	Ⅱ 适宜	Ⅲ 次适宜	Ⅳ 勉强适宜
茂名	15 349	41 161	16 532	4 631
梅州	1 265	15 658	37 114	14 048
清远	20 161	37 080	29 269	47 249
汕头	4 859	2 962	2 766	513
汕尾	6 434	13 649	6 826	2 053
韶关	10 274	27 100	15 927	28 631
深圳	78	436	175	40
阳江	8 517	36 957	14 725	3 331
云浮	910	14 228	18 053	5 312
湛江	25 649	137 564	91 374	11 909
肇庆	6 294	21 481	13 377	4 635
中山	2 816	859	2 049	751
珠海	862	1 102	327	2 212
总计	165 137	460 226	314 891	145 447

甘薯次适宜以上土地较多，占总宜栽土地 80% 以上。从表 8-2 可以看出，广东省甘薯最适宜种植区域面积为 16.51 万公顷，主要分布在湛江、清远、惠州、广州、茂名、韶关等地；适宜种植的区域面积为 46.02 万公顷，主要分布在湛江、阳江、茂名、惠州、江门、清远等地；次适宜种植的区域面积为 31.49 万公顷，主要分布在湛江、梅州、清远、云浮等地；不适宜种植的区域面积为 14.54 万公顷。其中次适宜以上等级的可进行甘薯种植的区域土地面积为 94.03 万公顷，占总面积的 86.60%。

（3）甜玉米

依据甜玉米种植生长的气候、土壤条件及广东省土地利用规划，广东省甜玉米适应性评价结果如表 8-3 所示：

甜玉米适宜区以上土地为 54 万公顷，占总宜栽土地总数的 50% 以上。从表 8-3 可以看出，广东省甜玉米最适宜种植区域面积为 1.85 万公顷；适宜种植的区域面积为 53.41 万公顷，主要分布在湛江、阳江、茂名、惠州等地；次适宜种植的区域面积为 28.35 万公顷，主要分布在湛江、梅州、茂名等地；不适宜种植的区域面积为 25.61 万公顷。其中次适宜以上等级的可进行甜玉米种植的区域土地面积为 83.61 万公顷，占总面积的 76.54%。

表 8-3 甜玉米土地适宜条件等级

条件	等级			
	Ⅰ 最适宜	Ⅱ 适宜	Ⅲ 次适宜	Ⅳ 勉强适宜
坡度（%）	≤5	6~15	16~40	>40
排水情形	良好	尚良	微过度，不完全	不良，极不良
质地	砂质壤土，壤土，粉质壤土	砂质黏壤土，黏质壤土	粉质黏壤土，砂质黏土，粉质黏土	砂土，黏土
pH	5.5~7.0	4.5~5.5，7.0~8.0	4.0~4.5	<4.0，>8.0
城市	Ⅰ	Ⅱ	Ⅲ	Ⅳ
潮州	341	9 015	9 081	511
东莞	1 260	8 933	2 064	901
佛山	2 798	7 847	400	2 557
广州	2 085	13 595	5 435	8 915
河源	304	8 747	12 367	16 605
惠州	2 325	42 319	7 261	16 333
江门	1 169	34 599	13 396	2 891
揭阳	355	17 067	6 097	1 205
茂名	2 069	60 429	13 682	2 245
梅州	173	16 646	31 155	20 125
清远	1 151	15 820	25 973	91 363
汕头	487	8 548	1 714	355
汕尾	674	21 522	4 443	2 337
韶关	387	8 031	18 221	55 514
深圳	4	559	105	60
阳江	614	51 426	9 949	1 989
云浮	45	19 285	15 763	3 681
湛江	947	167 908	93 208	7 719
肇庆	758	15 529	10 978	18 788
中山	413	4 704	997	380
珠海	135	1 562	1 178	1 646
总计	18 494	534 091	283 467	256 120

（4）马铃薯

依据马铃薯种植生长的气候、土壤条件及广东省土地利用规划，广东省马铃薯适应性评价结果如表8-4所示：

表8-4　马铃薯土地适宜条件等级

条件	等级			
	Ⅰ最适宜	Ⅱ适宜	Ⅲ次适宜	Ⅳ勉强适宜
坡度（%）	<1	1～3	3～5	>5
排水情形	尚良	不完全	良好，微过度	极不良，不良，过度
质地	砂质壤土，壤土	粉质壤土，粉质黏壤土，砂质黏土	黏土，粉质黏土，壤质砂土	石砾，砂土
pH	5.0～6.0	5.0～5.5	4.5～5.0，6.0～7.0	<4.5，>7.0
城市	Ⅰ	Ⅱ	Ⅲ	Ⅳ
潮州	7 558	13 258	10 814	12 410
东莞	5 626	2 863	3 077	2 155
佛山	16 508	8 030	10 273	2 116
广州	21 475	8 973	39 662	10 027
河源	37 386	38 772	30 248	51 095
惠州	40 227	43 759	48 691	17 792
江门	56 556	59 147	38 335	29 582
揭阳	20 795	35 221	23 848	14 230
茂名	101 572	58 399	37 207	52 626
梅州	18 479	61 663	23 281	105 769
清远	48 436	73 746	59 317	119 186
汕头	12 855	12 844	7 416	6 870
汕尾	31 934	26 297	23 271	16 989
韶关	45 701	52 385	67 942	75 757
深圳	331	395	370	248
阳江	56 728	61 782	27 505	21 898
云浮	21 114	32 301	21 744	38 843
湛江	173 021	117 095	153 495	17 127
肇庆	38 005	43 602	38 553	36 976
中山	3 462	5 089	7 227	1 686
珠海	860	1 179	1 425	13 080
总计	758 629	756 800	673 701	646 462

马铃薯宜栽土地最多，次适宜以上等级种植区域占地 218 万公顷。从表 8-4 可以看出，广东马铃薯最适宜种植区域面积为 75.86 万公顷；适宜种植的区域面积为 75.68 万公顷；次适宜种植的区域面积为 67.37 万公顷；不适宜种植的区域面积为 19.59 万公顷，主要分布在湛江、茂名、河源、惠州、江门、清远、汕尾、韶关、阳江和肇庆等地。其中次适宜以上等级的可进行马铃薯种植的区域土地面积为 218.91 万公顷，占总面积的 77.20%。由此可见，广东省马铃薯种植尚有很大潜力。

8.2　主要粮食作物总体区域优化布局

依据土地条件、气候条件、作物生产限制，按照上述水稻、甘薯、甜玉米、马铃薯四类粮食品种适宜土地等级，使用四级土地分别叠加的方法，归类出四个区域，广东省四种粮食总体布局应重点发展粤西与粤北"半弧"为主，东部连片为辅的粮食主产区。

重点发展区。该区域共由 17 个县（市、区）组成，适宜栽种粮食面积共 3 652.81 万亩，占全省宜栽粮食面积的 44.6%，重点发展区以粤西、粤北较为集中，在地图上形成了粤西的徐闻—雷州—遂溪—廉江—化州—高州—电白—阳春—阳西"半弧"分布，以及粤北的怀集—阳山—英德"半弧"分布，其中以雷州、遂溪、英德、廉江县（市、区）为最大潜力县，这些水稻潜力县的宜栽面积占总宜栽面积的 3.4%～5.9%。其余重点潜力县零星分布在珠三角外沿（台山、波罗）与粤东（丰顺、陆丰）地区。

优势发展区。该区域共由 20 个县（市、区）组成，适宜栽种粮食面积共 1 918 万亩，占全省宜栽水稻面积的 23.4%，优势发展区以粤东及珠三角东部连片最为集中，在地图上形成了龙川—兴宁—五华—紫金—惠东—惠城—海丰连片分布。

适度发展区。该区域共由 39 个县（市、区）组成，适宜栽种粮食面积共 2 086.73 万亩，占全省宜栽水稻面积的 25.5%。主要分布于广东中部以及粤东、粤北地区（表 8-5）。

表 8-5 广东省粮食生产区域布局明细

区域分布	宜栽面积（万亩）	宜栽占比（%）	总宜栽面积（万亩）
重点发展区	$N \geqslant 120.22$	$n \geqslant 1.5$	3 652.81
分布（17）	雷州市、遂溪县、英德市、廉江市、徐闻县、台山市、高州市、阳春市、化州市、电白区、博罗县、阳西县、丰顺县、罗定市、陆丰市、怀集县、阳山县		
优势发展区	$78.92 \leqslant N < 120.22$	$1 \leqslant n < 1.5$	1 918
分布（20）	阳东区、信宜市、恩平市、南雄市、清新区、海丰县、吴川市、惠东县、龙川县、开平市、五华县、连州市、高要市、兴宁市、紫金县、翁源县、乐昌市、惠城区、饶平县、麻章区		
适度发展区	$37.91 \leqslant N < 78.92$	$0.5 \leqslant n < 1$	2 086.73
分布（39）	惠来县、封开县、普宁市、清城区、增城区、江城区、东源县、新会区、大埔县、龙门县、和平县、惠阳区、中山市、东莞市、揭西县、连平县、茂南区、新丰县、梅县区、新兴县、揭东区、始兴县、潮安区、云安区、仁化县、坡头区、南沙区、曲江区、乳源县、平远县、潮南区、南海区、潮阳区、广宁县、从化区、鹤山市、郁南县、三水区、四会市		
限制发展区	$N < 37.91$	$n < 0.5$	531.26
分布（44）	分布于其他县（市、区）		

8.3 各种类粮食作物区域优化布局

8.3.1 水稻

依据土地条件、气候条件、作物生产限制，按照适宜性评价模型结果，广东省水稻布局应重点打造以粤西至珠三角连片为主，粤东、粤北为辅的主产区。

重点发展区。该区域共由 24 个县（市、区）组成，适宜栽种水稻面积共 678.38 万亩，占全省宜栽水稻面积的 53.4%，重点发展区以粤西及珠三角西部最为集中，在地图上形成了高州—阳春—开平—新会沿线以南连片分布，其中以台山、廉江、雷州、化州、电白等县（市、区）为最大潜力县，这些水稻潜力县的宜栽面积占总宜栽面积的 3.3%～4.5%。其余潜力县主要分布在粤东（兴宁、普宁、陆丰、海丰）与粤北（怀集、清新、英德）地区。

优势发展区。该区域共由 16 个县（市、区）组成，适宜栽种水稻面积共 235.81 万亩，占全省宜栽水稻面积的 18.6%，优势发展区以粤东及珠三角东部连片最为集中，在地图上形成了龙川—五华—揭西—紫金—惠东—惠阳连片分布。

适度发展区。该区域共由 29 个县（市、区）组成，适宜栽种水稻面积共 232.75 万亩，占全省宜栽水稻面积的 18.6%。主要分布于珠三角外围区域以及粤东东部、粤北地区（表 8-6）。

表 8-6　广东省水稻生产区域布局明细

区域分布	宜栽面积（万亩）	宜栽占比（%）	总宜栽面积（万亩）
重点发展区	$N \geqslant 18.43$	$n \geqslant 1.5$	678.38
分布（24）	台山市、廉江市、雷州市、化州市、电白区、英德市、博罗县、海丰县、开平市、吴川市、阳春市、高州市、陆丰市、新会区、遂溪县、恩平市、普宁市、高要市、阳西县、兴宁市、阳东区、怀集县、清新区、茂南区。		
优势发展区	$12.05 \leqslant N < 18.43$	$1 \leqslant n < 1.5$	235.81
分布（16）	惠东县、江城区、清城区、罗定市、惠来县、潮阳区、南雄市、中山市、五华县、南沙区、紫金县、增城区、揭西县、龙川县、连州市、翁源县。		
适度发展区	$6.24 \leqslant N < 12.05$	$0.5 \leqslant n < 1$	232.75
分布（29）	揭东区、三水区、潮南区、东源县、封开县、惠城区、潮安区、麻章区、仁化县、鹤山市、饶平县、从化区、始兴县、高明区、斗门区、花都区、龙门县、乐昌市、信宜市、佛冈县、阳山县、新兴县、徐闻县、四会市、连平县、曲江区、梅县区、和平县、榕城区。		
限制发展区	$N < 6.24$	$n < 0.5$	123.93
分布（51）	分布于其他县（市、区）		

8.3.2　甘薯

依据土地条件、气候条件、作物生产限制，按照适宜性评价模型结果，广东省甘薯布局应重点打造以粤东、粤北为主，珠三角为辅的主产区。

重点发展。该区域共由 16 个县（市、区）组成，适宜栽种甘薯面积共 726.62 万亩，占全省宜栽甘薯面积的 56.9%，重点发展区以粤西及珠三角西部最为集中，在地图上形成了罗定—阳春—阳西沿线以西连片分布，其中以廉江、雷州、遂溪、徐闻、英德、廉江等县（区、市）为最大潜力县，这些甘薯潜力县的宜栽面积占总宜栽面积的 3.4%～8.0%。其余潜力县主要分布在粤东（丰顺、博罗）与粤北（怀集、阳山、英德）地区。

优势发展区。该区域共由 15 个县（市、区）组成，适宜栽种甘薯面积共 247.95 万亩，占全省宜栽甘薯面积的 19.4%，优势发展区在地图上形成了东莞—五华—惠城—惠东—惠阳—陆丰连片分布。

适度发展区。该区域共由 32 个县（市、区）组成，适宜栽种甘薯面积共 303.11 万亩，占全省宜栽甘薯面积的 23.7%。主要分布于珠三角外围区域以及粤东地区（表 8-7）。

表 8-7　广东省甘薯生产区域布局明细

区域分布	宜栽面积（万亩）	宜栽占比（%）	总宜栽面积（万亩）
重点发展区	$N \geqslant 21.43$	$n \geqslant 1.5$	726.62
分布（16）	雷州市、遂溪县、徐闻县、英德市、廉江市、高州市、博罗县、丰顺县、台山市、阳西县、阳春市、罗定市、电白区、怀集县、阳山县、化州市		
优势发展区	$14.32 \leqslant N < 21.43$	$1 \leqslant n < 1.5$	247.95
分布（15）	陆丰市、阳东区、南雄市、惠城区、清新区、东莞市、恩平市、麻章区、饶平县、信宜市、龙门县、惠阳区、惠东县、清城区、翁源县		
适度发展区	$6.58 \leqslant N < 14.32$	$0.5 \leqslant n < 1$	303.11
分布（32）	吴川市、大埔县、新丰县、增城区、惠来县、龙川县、乐昌市、南海区、海丰县、封开县、紫金县、开平市、高要市、坡头区、云安区、江城区、五华县、和平县、东源县、中山市、连平县、潮安区、连州市、兴宁市、白云区、陆河县、平远县、四会市、郁南县、普宁市、揭西县、花都区		
限制发展区	$N < 6.58$	$n < 0.5$	132.73
分布（57）	分布于其他县（市）区		

8.3.3　玉米

依据土地条件、气候条件、作物生产限制，按照适宜性评价模型结果，广东省玉米布局应重点打造以粤西—珠三角连片为主，粤东为辅的主产区。

重点发展。该区域共由 17 个县（市、区）组成，适宜栽种玉米面积共 708.77 万亩，占全省宜栽玉米面积的 69.9%，重点发展区以粤西及珠三角西部最为集中，在地图上形成了罗定—阳春—阳东沿线以西连片分布，其中以雷州、遂溪、徐闻、廉江、高州等县（区、市）为最大潜力县，这些玉米潜力县的宜栽面积占总宜栽面积的 3.8%～9.4%。其余潜力县主要分布在粤东（丰顺陆丰、博罗）与粤北（英德）地区。

优势发展区。该区域共由 10 个县（市、区）组成，适宜栽种甜玉米面积共 155.02 万亩，占全省宜栽甜玉米面积的 15.7%，优势发展区以惠州市最为集中，在地图上形成了惠城—惠东—惠阳连片分布。

适度发展区。该区域共由 39 个县（市、区）组成，适宜栽种甜玉米面积共 269.5 万亩，占全省宜栽甜玉米面积的 27.4%。主要分布于珠三角、粤东地区（表 8-8）。

表 8-8　广东省玉米生产区域布局明细

区域分布	宜栽面积 N（万亩）	宜栽占比 n（%）	总宜栽面积（万亩）
重点发展区	$N \geqslant 18.36$	$n \geqslant 1.5$	708.77
分布（17）	雷州市、遂溪县、徐闻县、廉江市、高州市、丰顺县、台山市、阳西县、阳春市、罗定市、博罗县、电白区、化州市、英德市、阳东区、陆丰市、东莞市		
优势发展区	$13.18 \leqslant N < 18.36$	$1 \leqslant n < 1.5$	155.02
分布（10）	麻章区、恩平市、信宜市、惠城区、饶平县、惠阳区、怀集县、阳山县、惠东县、吴川市		
适度发展区	$5.73 \leqslant N < 13.18$	$0.5 \leqslant n < 1$	269.5
分布（39）	大埔县、惠来县、增城区、海丰县、开平市、云安区、南海区、江城区、清新区、坡头区、新丰县、高要市、中山市、翁源县、潮安区、揭东区、龙门县、龙川县、连州市、陆河县、和平县、清城区、普宁市、揭西县、乐昌市、南沙区、封开县、五华县、郁南县、紫金县、连平县、潮南区		
限制发展区	$N < 5.73$	$n < 0.5$	120.84
分布（54）	分布于其他县（市）区		

8.3.4　马铃薯

依据土地条件、气候条件、作物生产限制，按照适宜性评价模型结果，广东省马铃薯生产应重点打造以粤西、粤东、粤北为主，珠三角为辅的马铃薯主产区。

重点发展区。该区域共由 33 个县（市、区）组成，适宜栽种马铃薯面积共 2 680.5 万亩，占全省宜栽马铃薯面积的 65.6%，重点发展区以粤西及珠三角西部最为集中,在地图上形成了罗定—阳春—恩平—台山沿线以西连片分布,其中以雷州、英德、遂溪、廉江、台山等县(区、市)为最大潜力县,这些马铃薯潜力县的宜栽面积占总宜栽面积的 3.5%~6.3%。其余潜力县主要分布在粤东(五华、兴宁、紫金、丰顺、海丰、陆丰)与粤北(乐昌、南雄、阳山、怀集、英德)地区。

优势发展区。该区域共由 22 个县(市、区)组成,适宜栽种马铃薯面积共 793.47 万亩,占全省宜栽马铃薯面积的 19.4%,优势发展区以粤东东部及粤北连片最为集中,在地图上形成了乳源—仁化—揭西—始兴—连平连片分布。

适度发展区。该区域共由 29 个县(市、区)组成,适宜栽种马铃薯面积共 610.61 万亩,占全省宜栽马铃薯面积的 14.9%。主要分布于珠三角部分区域以及珠三角及粤东东部地区(表 8-9)。

表 8-9 广东省马铃薯生产区域布局明细

区域分布	宜栽面积(万亩)	宜栽占比(%)	总宜栽面积(万亩)
重点发展区	$N \geqslant 47.79$	$n \geqslant 1.5$	2 680.5
分布(33)	雷州市、英德市、遂溪县、廉江市、台山市、高州市、阳春市、徐闻县、化州市、电白区、博罗县、阳山县、罗定市、南雄市、信宜市、丰顺县、陆丰市、五华县、龙川县、怀集县、阳西县、连州市、清新区、乐昌市、阳东区、紫金县、恩平市、惠东县 兴宁市、海丰县、翁源县、开平市、吴川市		
优势发展区	$31.37 \leqslant N < 47.79$	$1 \leqslant n < 1.5$	793.47
分布(22)	高要市、封开县、东源县、普宁市、和平县、饶平县、大埔县、惠来县、清城区、梅县区、麻章区、仁化县、惠城区、始兴县、增城区、新兴县、乳源县、龙门县、连平县、江城区、新会区、揭西县		
适度发展区	$16.9 \leqslant N < 31.37$	$0.5 \leqslant n < 1$	610.61
分布(29)	曲江区、广宁县、新丰县、平远县、中山市、云安区、茂南区、惠阳区、揭东区、坡头区、潮阳区、潮安区、郁南县、从化区、四会市、南沙区、东莞市、鹤山市、潮南区、三水区、佛冈县、高明区、德庆县、花都区、连山县、连南县、陆河县、南海区 蕉岭县		
限制发展区	$N < 16.9$	$n < 0.5$	168.81
分布(36)	分布于其他县(市、区)		

8.4　本章结论

　　本书提出的粮食区域优化方案为：重点发展区，由 17 个县（市、区）组成，以粤西、粤北较为集中；优势发展区，由 20 个县（市、区）组成，以粤东及珠三角东部连片最为集中；适度发展区，由 39 个县（市、区）组成，集中于广东省中部以及粤东、粤北地区，对推进广东省粮食生产区域布局优化具有重要借鉴意义。

第 9 章 广东省粮食生产投入要素敏感性的区域分类与政策建议

9.1 基于县域的投入要素敏感性分类

9.1.1 研究方法

（1）自然间断点分类法

本书依照粮食生产能力对土地、劳动力与资本的弹性把广东省各个县域按照功能进行划分。基于每个样本县的弹性系数对样本县进行分类及功能定位。在系数正、负向的区分基础上，采用"自然间断点分类法"对各个变量的弹性系数进行分层。"自然间断点分类法"是 Jenks 提出的一种地图分级算法，认为数据本身有断点，可利用数据这一特点分级。

该算法原理是把聚类结束条件定义为组间方差最大、组内方差最小。通过计算每个聚类的方差，再计算这些方差之和，用方差和的大小来比较分类的好坏。因此需要穷举各种分类的方差和，其值最小的就是最优的分类结果（但并不唯一）。另外，当观察数据的分布时，可以比较明显地发现断裂之处，这些断裂之处和方法算出来也是一致的，因而这种分类法很"自然"。

在具体分类中，依据上述方法，把广东省参与计量的 122 个县域划分为"负反馈区""不敏感区"以及"正反馈区"。

（2）划分依据

本书发现，资本、土地、劳动力对粮食生产的影响是空间相关的，可以在区域间辐射，因此，为了考虑更广阔的"邻居效应"，本小节将沿用 5.2 章节以 L 尺度的回归结果为主要的划分依据。

研究发现，县域的农业劳动力比重（Ap）、农业资本人均拥有量（Ac）、土地设施化程度（Le）、土地非粮化比较收益（Ld）对粮食生产产生了明显的影响。

区域敏感性反馈分类的目的是为了指引政策制定部门有针对性地施政。本书分别用劳动力、土地及资本三个要素对粮食生产的影响来衡量施政方针的合理性。其中：

劳动力影响指征的是在农村劳动力短缺的背景下，如何引导地区农业劳动力的转型升级以维持粮食稳产增产，相关的政策如职业农民培训、生产者补贴等；

土地影响指征的是在农业用地低产出、低流转、高抛荒的背景下，如何维持农用地持续稳定地产出粮食，相关政策如高标准农田建设、土地流转市场建设、农地集约化政策等；

资本影响指征的是在资本进入农业的过程中，如何保障粮食产业健康稳定发展而不是被资本"挤出"，相关的政策如农业机械购置补贴、农村普惠金融等。

图9-1依据前文5.2章节回归结果，展示了各农业生产要素弹性在不同类型的反馈下，相关政策对县域粮食生产的影响绩效。

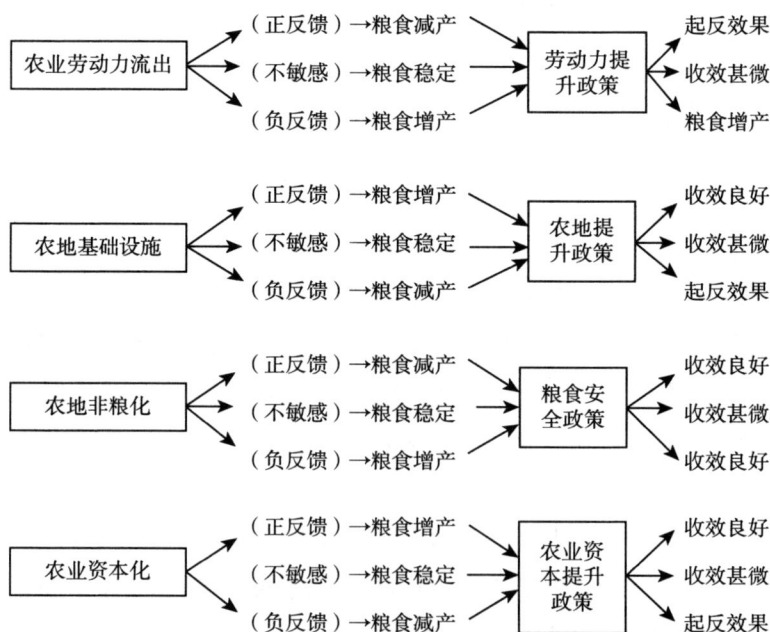

图9-1 投入要素与县域粮食生产敏感性反馈分类示意图

9.1.2 县域敏感性反馈分类

（1）劳动力敏感性反馈分类

经研究，广东省大部分县级行政区域适宜采用积极的劳动力提升政策。农业劳动力比重（Ap）的弹性系数说明了当样本县农业劳动力继续减少时，粮食生产水平是如何变化的。可见农业劳动力人口占比的持续减少，对大部分地区粮食生产水平是不利的，说明广东省关于"谁来种地"的问题没有得到很好的解决，职业农民培训、生产者补贴等劳动力提升的政策效应较大，同时，在少数产粮大县，这类政策已经无法带来增产作用，同类型政策甚至会产生适得其反的作用，引致减产，应该有适度的调整（表9-1）。

表9-1 样本县农业劳动力比重（Ap）对粮食生产水平的弹性系数

样本县	系数	样本县	系数	样本县	系数	样本县	系数	样本县	系数
负反馈区		清城区	0.000	连州市	0.009	金平区	0.014	顺德区	0.019
惠来县	−0.074	梅县区	0.000	封开县	0.009	兴宁市	0.015	端州区	0.019
普宁市	−0.073	高州市	0.000	清新区	0.009	德庆县	0.015	曲江区	0.020
罗定市	−0.045	梅江区	0.000	惠东县	0.010	揭西县	0.015	蕉岭县	0.020
新兴县	−0.041	始兴县	0.001	化州市	0.010	濠江区	0.015	荔湾区	0.020
郁南县	−0.029	乳源县	0.001	电白区	0.011	四会市	0.015	信宜市	0.020
广宁县	−0.018	黄埔区	0.003	新丰县	0.011	湘桥区	0.015	五华县	0.020
麻章区	−0.017	霞山区	0.003	吴川市	0.011	潮阳区	0.015	高要区	0.020
廉江市	−0.017	阳西县	0.004	英德市	0.011	天河区	0.016	丰顺县	0.021
徐闻县	−0.014	花都区	0.004	连南县	0.011	城区	0.016	武江区	0.021
不敏感区		博罗县	0.004	源城区	0.012	东源县	0.016	禅城区	0.021
乐昌市	−0.005	惠阳区	0.005	南澳县	0.012	饶平县	0.017	阳山县	0.022
遂溪县	−0.005	正反馈区		澄海区	0.013	潮南区	0.017	和平县	0.022
佛冈县	−0.005	陆丰市	0.006	龙门县	0.013	平远县	0.017	越秀区	0.022
南雄市	−0.005	惠城区	0.006	江城区	0.013	从化区	0.017	榕城区	0.023
仁化县	−0.003	翁源县	0.007	中山市	0.013	滇江区	0.018	云安区	0.023
坡头区	−0.003	海丰县	0.007	阳东区	0.013	海珠区	0.018	三水区	0.023
恩平市	−0.002	大埔县	0.007	揭东区	0.014	茂南区	0.018	南海区	0.023
赤坎区	−0.002	陆河县	0.007	鼎湖区	0.014	潮安区	0.019	盐田区	0.023
阳春市	−0.001	怀集县	0.008	龙湖区	0.014	白云区	0.019	连平县	0.024
番禺区	0.000	雷州市	0.008	东莞市	0.014	增城区	0.019	罗湖区	0.024

（续）

样本县	系数	样本县	系数	样本县	系数	样本县	系数	样本县	系数
福田区	0.024	高明区	0.025	台山市	0.026	香洲区	0.027	斗门区	0.028
南山区	0.024	蓬江区	0.026	鹤山市	0.026	龙川县	0.027	金湾区	0.029
开平市	0.024	连山县	0.026	江海区	0.027	紫金县	0.028	新会区	0.029

（2）土地基础设施敏感性反馈分类

经研究，广东省半数以上的县级行政区域适宜采用积极的土地基础设施提升政策。土地设施化程度（Le）的弹性系数说明了当样本县土地设施化程度提升时，粮食生产水平是如何变化的。当土地设施水平提升时，广东省超过一半的县域粮食产出水平有正向提高，这说明土地细碎化、流转缓慢、土地抛荒等问题一直是南方低矮丘陵地区粮食生产无法回避的硬伤，高标准基本农田建设、种植大户奖补、土地流转市场建设等政策在这些地区效益较大，但是这些弹性较大地区普遍属于经济发展水平较低的，可以看到在珠三角地区，土地基础设施提升政策并不利于粮食增产，在粤珠三角及粤东地区，同类型政策甚至会产生适得其反的作用，引致减产，应该有适度的调整（表9-2）。

表9-2 土地设施化程度（Le）对粮食生产水平的弹性系数

样本县	系数	样本县	系数	样本县	系数	样本县	系数	样本县	系数
负反馈区		高明区	−0.652	鹤山市	−0.452	连州市	−0.250	高要区	0.230
金湾区	−1.363	武江区	−0.614	金平区	−0.440	中山市	−0.237	顺德区	0.234
香洲区	−1.188	台山市	−0.582	潮阳区	−0.430	不敏感区		信宜市	0.243
斗门区	−1.138	潮安区	−0.548	龙川县	−0.422	湘桥区	−0.166	和平县	0.267
新会区	−0.981	蕉岭县	−0.540	曲江区	−0.414	禅城区	−0.147	龙门县	0.269
福田区	−0.971	阳山县	−0.530	澄海区	−0.409	荔湾区	−0.084	端州区	0.274
南山区	−0.958	濠江区	−0.501	紫金县	−0.383	榕城区	−0.043	海珠区	0.361
罗湖区	−0.940	五华县	−0.501	饶平县	−0.366	惠东县	0.030	惠城区	0.549
连山县	−0.913	潮南区	−0.500	东莞市	−0.290	浈江区	0.035	兴宁市	0.558
盐田区	−0.911	南海区	−0.500	连南县	−0.281	白云区	0.076	从化区	0.578
江海区	−0.891	开平市	−0.491	平远县	−0.266	正反馈区		惠阳区	0.585
云安区	−0.863	南澳县	−0.489	增城区	−0.259	连平县	0.146	四会市	0.625
蓬江区	−0.790	越秀区	−0.466	三水区	−0.254	城区	0.160	茂南区	0.710
丰顺县	−0.670	龙湖区	−0.455	英德市	−0.252	博罗县	0.227	天河区	0.716

（续）

样本县	系数	样本县	系数	样本县	系数	样本县	系数	样本县	系数
东源县	0.733	吴川市	1.335	怀集县	2.027	花都区	3.412	南雄市	4.715
大埔县	0.832	梅江区	1.376	陆河县	2.069	阳春市	3.472	仁化县	4.939
源城区	0.942	江城区	1.413	赤坎区	2.145	花都区	3.412	乐昌市	5.314
德庆县	0.973	电白区	1.429	清新区	2.149	阳春市	3.472	郁南县	6.047
揭西县	1.002	雷州市	1.500	坡头区	2.168	清城区	3.550	新兴县	6.569
梅县区	1.049	化州市	1.512	恩平市	2.231	黄埔区	3.647	罗定市	6.952
揭东区	1.167	新丰县	1.546	高州市	2.266	始兴县	3.878	惠来县	11.229
徐闻县	3.257	封开县	1.728	翁源县	2.584	乳源县	4.016	普宁市	14.523
阳东区	1.189	霞山区	1.833	廉江市	2.978	广宁县	4.287		
鼎湖区	1.192	陆丰市	1.956	阳西县	3.171	番禺区	4.291		
海丰县	1.333	遂溪县	1.994	麻章区	3.259	佛冈县	4.555		

（3）比较收益敏感性反馈分类

经研究，广东省所有地区适宜采用积极的粮食比较收益提升政策。土地非粮化比较收益（Ld）的弹性系数说明了当样本县种植非粮作物收益提高时，粮食生产水平是如何变化的。当一地农民种植经济作物的比较收益远远高于种植粮食，更多的土地会发生非粮化，这种形势在经济发展较快的地区尤为突出。种粮补贴、品牌化建设、农业机械购置补贴等政策可对这种形势起到缓解作用，但归根到底，保障粮食安全，须带动粮食产业市场化，只有让粮食价格全面与市场接轨，让粮农更多地享受到经济快速发展的红利（表9-3）。

表9-3　土地非粮化比较收益（Ld）对粮食生产水平的弹性系数

样本县	系数	样本县	系数	样本县	系数	样本县	系数	样本县	系数
负反馈区		赤坎区	-2.250	茂南区	-1.441	龙川县	-0.749	榕城区	-0.610
普宁市	-4.838	恩平市	-2.239	化州市	-1.412	阳春市	-0.716	鹤山市	-0.605
惠来县	-3.870	霞山区	-2.076	连平县	-1.197	德庆县	-0.703	鼎湖区	-0.510
廉江市	-2.872	高州市	-1.961	揭西县	-1.030	清城区	-0.665	阳西县	-0.508
麻章区	-2.685	雷州市	-1.856	和平县	-0.950	怀集县	-0.640	高要区	-0.484
遂溪县	-2.629	吴川市	-1.681	揭东区	-0.909	新兴县	-0.639	信宜市	-0.477
徐闻县	-2.456	广宁县	-1.618	紫金县	-0.866	佛冈县	-0.636	台山市	-0.474
坡头区	-2.318	电白区	-1.555	封开县	-0.833	郁南县	-0.619	乐昌市	-0.435

（续）

样本县	系数	样本县	系数	样本县	系数	样本县	系数	样本县	系数
新会区	−0.430	禅城区	−0.287	新丰县	−0.178	博罗县	−0.119	平远县	−0.102
端州区	−0.421	花都区	−0.286	陆河县	−0.174	龙门县	−0.117	云安区	−0.102
从化区	−0.405	高明区	−0.280	白云区	−0.167	福田区	−0.116	澄海区	−0.101
三水区	−0.400	蓬江区	−0.262	陆丰市	−0.162	城区	−0.114	饶平县	−0.101
乳源县	−0.399	海珠区	−0.257	四会市	−0.153	惠东县	−0.113	潮阳区	−0.100
江城区	−0.373	南雄市	−0.256	梅江区	−0.148	增城区	−0.113	金平区	−0.100
开平市	−0.361	始兴县	−0.248	海丰县	−0.145	罗湖区	−0.110	龙湖区	−0.100
罗定市	−0.343	南海区	−0.247	梅县区	−0.141	湘桥区	−0.106	曲江区	−0.099
黄埔区	−0.339	斗门区	−0.241	阳山县	−0.140	英德市	−0.106	濠江区	−0.098
顺德区	−0.330	阳东区	−0.225	源城区	−0.138	丰顺县	−0.090	南澳县	−0.098
番禺区	−0.326	翁源县	−0.216	大埔县	−0.133	中山市	−0.106	潮南区	−0.098
仁化县	−0.319	连山县	−0.204	兴宁市	−0.130	连州市	−0.106	潮安区	−0.096
蕉岭县	−0.095	越秀区	−0.201	浈江区	−0.128	连南县	−0.105	五华县	−0.095
清新区	−0.297	金湾区	−0.198	惠阳区	−0.128	东莞市	−0.104		
江海区	−0.295	天河区	−0.195	惠城区	−0.127	盐田区	−0.104		
东源县	−0.291	荔湾区	−0.194	南山区	−0.125	武江区	−0.103		

（4）农业资本敏感性反馈分类

经研究，积极的农业资本提升政策对广东省粮食生产水平不利。农业资本人均拥有量（Ac）的弹性系数说明了当样本县资本不断进入农业时，粮食生产水平是如何变化的。资本具有逐利性，而粮食在种植业中是效益最低的产业之一，且农业产业投资具有排他性，这两种特性奠定了广东省粮食产业会随着资本的进入而被"挤出"。虽然农机购置补贴、普惠金融等政策会给种粮者带来经济便利，但更多的人会利用这种机会投资于其他产业，从而加速了粮食产业的"式微"。因此在实施该类型政策时，应适当设置条件，或进行相应调整（表9-4）。

表9-4　农业资本人均拥有量（Ac）对粮食生产水平的弹性系数

样本县	系数	样本县	系数	样本县	系数	样本县	系数	样本县	系数
负反馈区		罗定市	−37.440	郁南县	−34.874	乐昌市	−31.654	南雄市	−29.497
普宁市	−39.176	惠来县	−35.614	新兴县	−34.491	仁化县	−30.245	佛冈县	−29.266

（续）

样本县	系数	样本县	系数	样本县	系数	样本县	系数	样本县	系数
番禺区	−28.316	陆丰市	−21.672	连平县	−18.640	五华县	−16.629	香洲区	−15.482
乳源县	−27.619	雷州市	−21.541	天河区	−18.427	浈江区	−16.629	南澳县	−15.465
始兴县	−26.964	吴川市	−21.150	从化区	−18.416	荔湾区	−16.597	蕉岭县	−15.303
黄埔区	−26.477	封开县	−21.109	四会市	−18.084	台山市	−16.435	连州市	−15.241
清城区	−26.180	电白区	−21.044	惠阳区	−18.003	惠东县	−16.422	潮阳区	−15.208
广宁县	−26.124	化州市	−20.837	惠城区	−17.917	开平市	−16.263	武江区	−15.191
阳春市	−25.892	新丰县	−20.462	兴宁市	−17.877	湘桥区	−16.068	潮安区	−15.147
花都区	−25.717	江城区	−20.419	信宜市	−17.794	增城区	−15.938	潮南区	−15.123
阳西县	−25.190	梅江区	−20.309	端州区	−17.779	南海区	−15.933	连山县	−15.101
徐闻县	−23.960	海丰县	−20.051	高要区	−17.778	平远县	−15.894	丰顺县	−15.090
麻章区	−23.830	揭东区	−20.012	海珠区	−17.732	越秀区	−15.851	金平区	−15.057
翁源县	−23.293	茂南区	−19.982	紫金县	−17.718	新会区	−15.795	澄海区	−14.969
廉江市	−23.199	鼎湖区	−19.891	顺德区	−17.572	高明区	−15.775	龙湖区	−14.934
恩平市	−22.607	揭西县	−19.859	榕城区	−17.547	中山市	−15.710	斗门区	−14.931
高州市	−22.574	阳东区	−19.667	龙川县	−17.418	曲江区	−15.588	濠江区	−14.894
坡头区	−22.498	德庆县	−19.460	龙门县	−17.201	东莞市	−15.583	云安区	−14.740
赤坎区	−22.488	梅县区	−19.351	鹤山市	−16.974	饶平县	−15.563	南山区	−14.688
清新区	−22.284	源城区	−18.879	城区	−16.906	阳山县	−15.499	盐田区	−14.669
霞山区	−22.072	连南县	−18.732	白云区	−16.858	蓬江区	−15.498	禅城区	−16.702
遂溪县	−21.964	大埔县	−18.732	博罗县	−16.751	英德市	−15.485	金湾区	−15.333
怀集县	−21.945	和平县	−18.707	三水区	−16.750	罗湖区	−15.482		
陆河县	−21.866	东源县	−18.658	江海区	−16.629	福田区	−15.482		

9.2　政策建议

通过实证研究，发现要素变化对粮食生产的影响有空间差异性，更具体地，本书主要从空间区划、劳动力提升政策、土地设施政策、农业资本政策和财政转移支付等方面讨论粮食产业相关扶持政策的施政方向。

9.2.1　粮食生产空间适用性改进——制定区域差异化的农业支持政策

一是加快划定省内产销县，随着主销区粮食生产聚集程度日益加深，产业内分工深化发展，可以预料到，更少的粮食主产县将会承担更多的粮食生产任务，因此，即使在主销区内部，也有必要对粮食"主产县""主销县""产销平衡县"进行清晰的定位，再依据县级行政区的性质，判定粮食生产责任在政府工作中的权重。二是审慎划定粮食和重要农产品生产功能区，一般而言，粮食和重要农产品生产功能区的划定以历年的农产品产量为依据，这是一种基于静态的、经验的做法，没有看到城市外延的变迁以及农村要素的流动。基于粮食生产区域变迁的经验，在划定生产功能区时，应以该区域历年粮食生产的增速而非总量为依据，并考虑当地的经济发展规划、土地利用规划和农产品需求情况，务求做到多规合一，在对粮食和重要农产品配套施行相关政策时，也要因地制宜地予以扶持，针对性地对新型农业经营主体、农业基础设施和农业生产资料进行补贴。

9.2.2 劳动力政策的改进——资本对劳动力替代和劳动力跨区域流动

随着劳动力成本上涨，粮食主销区的劳动力外流，资本进场予以替代，土地让位高产值产业，最终引发了粮食生产区域的变迁——这是难以逆转的形势。因此，利用少量的农业劳动力通过要素替代支撑大量人口的口粮需求就成了一个保障粮食安全的重点内容。结合广东省的实际，一是扶持以粮食加工为主的农业龙头企业，减少粮食在梅雨收获季节的折损，确保生产出来的粮食能有效转化为商品粮；二是鼓励农业生产服务商跨区域流动，为符合条件的农业生产服务组织提供燃料补贴，鼓励研发带有全省水稻成熟预测地图的 App、公众号平台等，以便省内外服务商开展作业，减少信息成本。支持机插秧、机直播、无人机喷药等新型农业生产服务方式，探索针对小农户的水稻生产全环节托管服务；三是鼓励种植大户、家庭农场等种田能手流转土地，继续形成连片规模种植，地方出台土地流转奖励，组织协调农地流转，开展产学研合作，引入具有市场优势的品种，鼓励种粮大户生产优质优价的稻米。

9.2.3 农业土地保障政策的抓手——基本粮田的生产设施建设

随着粮食主销区的产业转型，对农业基础设施的修缮或增设往往严重不足，农田基础设施的日久失修是大多数抛荒农地的"硬伤"。对此，一是加大财政投入，在划定粮食生产功能区的基础上，政府应大力整改已荒废的水利设施、机耕路、排灌渠等基础设施，推进高标准农田基础设施工程建设，鼓励荒地复耕；二是谨防土地非粮化，结合市场需求，鼓励农户种植绿色优质稻种，推广虾稻共生、鱼稻共生等具有高附加值的种养模式，同时，针对条件适宜的地方可增设种稻专项补贴。严厉打击变更农地用途的行为。

9.2.4 农业资本提升政策的切入点——适当利用工商资本延伸粮食产业链条

一是推动水稻产业的农业保险全覆盖，地方政府出资强制购买，农业部门参与监督灾后定损工作，减少台风等自然灾害对农户收成的影响；二是支持农业生产资料销售企业借贷，由于农户的借贷意识大多停留于向农资店赊账或向亲戚借钱，针对小生产者的金融支持作用有限，可在产业链上游对农村农资店、农业机械销售企业等给予金融支持，舒缓生产资料商家的贷款压力，利用涓滴效应惠及农户；三是鼓励非农资本有序进入，以地方农业农村局发放项目的形式，公开招标符合资格条件的经营主体，进行产地建设，引入现代企业管理模式，发展高附加值的粮食生产、精深加工、农耕体验，探索以一产带动二、三产业发展，推进工商业反哺农业，实现非农资本回流。

9.2.5 维持产销区利益平衡——加大重点粮食生产县（区）财政转移支付力度

加大对重点粮食生产县（区）的财政转移支付力度和保护强度。针对省内粮食生产重点县（区）加大补贴力度，完善补贴方式，进一步明确补贴范围，提高标准，充分调动产粮大县农民的种粮积极性。根据产粮大县对粮食安全的贡献，增加一般性转移支付和产粮大县奖励金额，并进一步向粮食核心区倾斜，实现粮食增产、农民增收、财力增强相协调，改变"产粮大县、财政穷县"的局面，充分调动地方政府重农抓粮的积极性。

9.2.6 保障主销区粮食有效供给——发挥粮食生产空间集聚的效率

粮食生产空间集聚特征已经形成,如何发挥集聚经济的效率是当前应该考虑的问题。一是加快粮食生产集聚区内科技成果的转化和推广。集聚经济具有技术外溢效益,保障区域粮食安全的核心举措就是在生产集聚区大力提高科技程度,通过农业科技的创新和推广来提高粮食的单产水平和复种指数,提高粮食主销区的综合生产能力;二是重点在集聚区构建粮食产业体系。在主销区粮食生产集聚区内构建集生产、加工、储运、营销等完善的产业体系,布局物流加工等配套产业,完善粮食产业链,有利于增加产业集中度;三是完善种粮户学习、培育和交流体系,农民有效流通能够促进知识和技术的传播,通过搭建种粮户培训和交流体系、举办粮食论坛等活动的方式,提升粮食生产集中度和增强集聚效应的外溢效应。

9.3 本章结论

总体来说,广东省大部分县级行政区域适宜采用积极的劳动力提升政策;半数以上的县级行政区域适宜采用积极的土地基础设施提升政策;所有地区适宜采用积极的粮食比较收益提升政策;而积极的农业资本提升政策则不利于广东省的粮食生产。

第 10 章 结论与展望

10.1 研究成果情况

本书为研究广东省粮食生产空间分异、动态演变及非均衡生产潜力问题，提供了一套系统理论。分析了广东省粮食生产空间分异特征，以土地、劳动力和资本为框架破解了广东省粮食生产区域格局演变的机理与影响因素，采用非均衡生产潜力指数模型定量测算了广东省粮食生产非均衡潜力及增长收敛性，设计并提出了广东省主要粮食作物区域优化布局方案。对推进广东省粮食生产区域布局优化具有重要借鉴意义。

10.2 该技术的创新性及科学性

将空间自回归方法和地理加权回归方法引入广东省粮食生产空间分异和动态演变机理研究，并刻画区域变迁特征是本书主要贡献之一，本书结合县域现实情况，构建了空间自回归模型对县域间粮食生产变迁"空间外溢性"和变迁驱动因素进行分析。同时，采用地理加权模型，研究种粮比较效益对粮食生产区域变迁产生影响的"微观区域差异性"问题。

10.3 研究成果的应用、转化情况及其前景分析

本书以相对微观区域的视角，采用长期县级面板数据，针对广东省县域粮食生产的区域变迁、时序演化、结构变化等方面进行研究，由此可以更加

清晰地刻画出全国最大粮食主销区（广东省）粮食生产微观区域的演变轨迹，研究成果能够对当前宏观粮食安全政策尤其是我国主销区非均衡粮食生产能力和潜力有着较为科学的评估，为落实"藏粮于地、藏粮于技"战略提供相对微观的补充。

本书提出的粮食区域优化方案：重点发展区，由 17 个县（市、区）组成，以粤西、粤北较为集中；优势发展区，由 20 个县（市、区）组成，以粤东及珠三角东部连片最为集中；适度发展区，由 39 个县（市、区）组成，集中于广东省中部以及粤东、粤北地区。对推进广东省粮食生产区域布局优化具有重要借鉴意义。

10.4 存在问题及建议

本书侧重研究了广东省粮食种植空间变迁、"空间异质"和非均衡潜力等问题，对主销区"非粮化"现象的解释相对欠缺，粮食生产的机会成本较高导致"非粮化"倾向（Wei，2014），是主销区稳定粮食种植面临的最大"尴尬"，后续需要将该问题系统化研究并纳入本成果研究内容，以提升成果的应用价值。

蔡雪雄，李倩，2018. 中国粮食主销区的粮食生产安全问题研究 ［J］. 亚太经济，210
　（5）：130－136.

曹慧，2020. 粮食主产区农户粮食生产中亲环境行为研究 ［D］. 杨凌：西北农林科技
　大学.

陈会广，崔娟，陈江龙，2009. 常州市耕地数量变化驱动力机制及政策绩效分析 ［J］.
　资源科学，31 （5）：807－815.

陈明华，刘华军，孙亚男，2016. 中国五大城市群金融发展的空间差异及分布动态：
　2003—2013 年 ［J］. 数量经济技术经济研究，33 （7）：130－144.

戴雪飞，贺梅英，2010. 广东省粮食生产影响因素分析：基于时间序列的实证研究 ［J］.
　经济研究导刊，97 （23）：79－81.

邓根云，冯雪华，1980. 我国光温资源与气候生产潜力 ［J］. 自然资源 （4）：11－16.

邓宗兵，封永刚，张俊亮，王炬，2013. 中国粮食生产区域格局演变研究 ［J］. 农业技
　术经济 （9）：108－114.

付蕾，2018. 孟加拉国经济增长现状与潜力分析 ［D］. 昆明：云南财经大学.

高鸣，宋洪远，2014. 粮食生产技术效率的空间收敛及功能区差异——兼论技术扩散的
　空间涟漪效应 ［J］. 管理世界 （7）：83－92.

郭海红，2019. 中国农业绿色全要素生产率时空分异与增长路径研究 ［D］. 青岛：中国
　石油大学 （华东）.

国务院发展研究中心课题组，韩俊，徐小青，2009. 我国粮食生产能力与供求平衡的整
　体性战略框架 ［J］. 改革，184 （6）：5－35.

何杰，张士锋，李九一，2014. 粮食增产背景下松花江区农业水资源承载力优化配置研
　究 ［J］. 资源科学 （9）：9.

何毓蓉，周红艺，张保华，等，2004. 四川省耕地地力生产潜力及承载力研究 ［J］. 地
　理科学.

冀崇峰，2000. 未来我国粮食供求总量、结构、区域平衡问题研究 ［J］. 农业经济问题
　（3）：15－19.

江爱良，张福春，1988. 中国农业气候生产力的一个模式 [J]. 中国农业气象（1）：16 -
　　18.

姜尚男，2020. 交通基础设施与区域经济非均衡发展耦合关系研究 [D]. 北京：北京交
　　通大学.

姜长云，2012. 中国粮食安全的现状与前景 [J]. 经济研究参考，2456（40）：12 - 35.

蒋敏，李秀彬，辛良杰，等，2019. 南方水稻复种指数变化对国家粮食产能的影响及其
　　政策启示 [J]. 地理学报，74（1）：32 - 43.

匡丽花，叶英聪，赵小敏，等，2018. 基于改进 TOPSIS 方法的耕地系统安全评价及障
　　碍因子诊断 [J]. 自然资源学报，33（9）：1627 - 1641.

黎传熙，2018. 湾区区域经济下协同层城市发展战略新思考——以粤港澳大湾区肇庆市
　　发展为例 [J]. 天津商业大学学报，38（5）：60 - 67.

李建伟，2017. 普惠金融发展与城乡收入分配失衡调整——基于空间计量模型的实证研
　　究 [J]. 管理世界（10）：14 - 23.

李玲，2020. 水资源非农化对粮食生产的影响及应对策略研究 [D]. 泰安：山东农业
　　大学.

李全峰，杜国明，胡守庚，2015. 不同土地产权制度下耕地利用综合效益对比分析——
　　以黑龙江省富锦市垦区与农区为例 [J]. 资源科学，37（8）：1561 - 1570.

李雅，2020. 土地利用和气候变化对粮食生产潜力的影响及区域差异 [D]. 西安：西北
　　大学.

厉为民，1987. 从国际经验看粮食消费 [J]. 农业经济丛刊（5）：13 - 15.

梁佳勇，谢振文，何昆明，等，2004. 广东水稻生产潜力及影响因素分析 [J]. 农业与
　　技术（4）：63 - 66.

刘雪晨，2019. 中国经济增长中的多维均衡测度研究 [D]. 太原：山西财经大学.

刘彦随，张紫雯，王介勇，2018. 中国农业地域分异与现代农业区划方案 [J]. 地理学
　　报，73（2）：203 - 218.

卢燕宇，王胜，田红，等，2017. 近50年安徽省气候生产潜力演变及粮食安全气候承载
　　力评估 [J]. 长江流域资源与环境，26（3）：8.

陆凤芝，黄永兴，徐鹏，2017. 中国普惠金融的省域差异及影响因素 [J]. 金融经济学
　　研究，32（1）：111 - 120.

陆文聪，梅燕，2007. 中国粮食生产区域格局变化及其成因实证分析——基于空间计量
　　经济学模型 [J]. 中国农业大学学报（社会科学版）（3）：140 - 152.

栾健，周玉玺，2016. 自然灾害对山东省粮食生产影响的实证分析 [J]. 干旱区资源与

环境，30（4）：127-131.

罗海平，朱勤勤，罗逸伦，黄晓玲，2019. 耕地生态足迹与生态承载力研究——基于中国粮食主产区 2007—2016 年面板数据 [J]. 华东经济管理，33（5）：8.

罗万纯，陈永福，2005. 中国粮食生产区域格局及影响因素研究 [J]. 农业技术经济（6）：60-66.

马林静，王雅鹏，吴娟，2015. 中国粮食生产技术效率的空间非均衡与收敛性分析 [J]. 农业技术经济（4）：4-12.

马忠强，汪林，2013. 基于系统动力学的大连城市化进程中生态承载力模拟预测 [J]. 中南林业科技大学学报，33（4）：6.

莫红梅，钟芸香，2013. 机械化水平、土地投入与粮食产量关系的实证检验 [J]. 统计与决策（24）：140-142.

欧阳浩，戎陆庆，黄镇谨，等，2014. 基于粗糙集方法的广东省粮食产量影响因素分析 [J]. 中国农业资源与区划，35（6）：100-107.

蒲罗曼，2020. 气候与耕地变化背景下东北地区粮食生产潜力研究 [D]. 长春：吉林大学.

沈丽，张影，李文君，等，2019. 我国区域金融风险的时空演化及驱动机制——基于经济四部门视角 [J]. 南方经济（9）：1-18.

孙晓丽，石淑芹，李正国，2014. 黑龙江省气候与社会经济因素对生产潜力影响的研究 [J]. 中国人口·资源与环境，24（S3）：349-353.

谭素英，夏敏，夏俊林，2021. 基于改进 AEZ 法的生态脆弱区耕地承载力时空变化研究——以甘肃省张掖市甘州区为例 [J]. 农村经济与科技，32（7）：6-8，18.

田红宇，邓尚昆，2019. 农村劳动力转移影响粮食生产空间格局吗？村劳基于"异质性"劳动力的空间计量验证 [J]. 开发性金融研究（5）：73-89.

田玥，2017. 广东省粮食产量影响因素分析 [J]. 南方农业，11（14）：54-56.

汪希成，徐芳，2012. 关于我国粮食生产区域化的政策建议 [J]. 经济研究参考，2458（42）：26-27.

王凤，刘艳芳，孔雪松，等，2018. 中国县域粮食产量时空演变及影响因素变化 [J]. 经济地理，38（5）：142-151.

王介勇，刘彦随，2009.1990 年至 2005 年中国粮食产量重心演进格局及其驱动机制 [J]. 资源科学，31（7）：1188-1194.

王莉，周密，2017. 粮食安全与社会稳定双重视阈下粮食适度规模经营研究 [J]. 求索，295（3）：113-117.

王千，金晓斌，阿依吐尔逊·沙木西，等，2010. 河北省粮食产量空间格局差异变化研究 [J]. 自然资源学报（9）：1525-1535.

王青，李国蓉，俞音，等，2010. 农业综合生产潜力指标体系及其模型改进 [J]. 地理科学进展，29（3）：273-278.

王日强，2010. 广东粮食生产变迁及政策建议 [J]. 南方农村，26（2）：11-16.

王少明，2011. 海南橡胶集团天然橡胶生产潜力的研究 [D]. 成都：西南交通大学.

王雪，何广文，2020. 中国县域普惠金融发展的空间非均衡及收敛性分析 [J]. 现代经济探讨（2）：41-49.

王跃梅，2016. 新型城镇化、主销区粮食自给底线与能力安全 [J]. 财经论丛，215（12）：10-16.

翁笃鸣，1997. 中国辐射气候 [M]. 北京：气象出版社.

吴健生，蒋培培，黄秀兰，等，2013. 广东省粮食供需时空格局 [J]. 自然资源学报，28（2）：253-265.

伍山林，2000. 中国粮食生产区域特征与成因研究——市场化改革以来的实证分析 [J]. 经济研究（10）：38-45，79.

武清华，张落成，姚士谋，2010. 无锡市区耕地最低保有量测算及空间配置研究 [J]. 长江流域资源与环境，19（S2）：108-113.

辛岭，高睿璞，蒋和平，2018. 我国粮食主产区粮食综合生产能力评价 [J]. 中国农业资源与区划，39（9）：37-45.

许超明，1985. 广东水稻区划 [M]. 广州：广东科技出版社，38-74.

许瑶，纪建悦，许玉洁，2020. 中国养殖海域利用效率空间非均衡格局及成因 [J]. 资源科学，42（11）：2158-2169.

薛剑，韩娟，刘玉，等，2013. 河南省县域粮食生产格局变化及其影响因素 [J]. 地域研究与开发，32（4）：150-155.

严冬，夏军，王立新，等，2006. 黑龙江省粮食生产与三江平原湿地协调发展水平的评价 [J]. 自然资源学报（1）：73-78.

杨春，陆文聪，2010. 基于空间计量经济模型的县域粮食生产区域格局研究 [J]. 农业技术经济（5）：24-29.

杨东群，蒋和平，2017. 我国粮食主销区的粮食安全问题研究——基于粮食产需平衡缺口视角 [J]. 中国农业科技导报，19（7）：1-9.

杨立勋，刘媛媛，2013. 中国农业产业结构调整效果测度及评价 [J]. 统计与决策（23）：74-77.

杨震宇，张日新，2020. 空间异质性视角下的农地租赁价格影响因素研究［J］. 经济经纬，37（2）：52-60.

叶延琼，秦钟，章家恩，肖红生，2009. 广东省 1949—2006 年粮食生产的时序变化研究［J］. 中国生态农业学报，17（4）：765-769.

叶长盛，朱传民，2011. 江西省县域粮食生产地域格局变化研究［J］. 农业现代化研究（3）：315-319.

于爱芝，裴少峰，李崇光，2001. 中国粮食生产的地区比较优势分析［J］. 农业技术经济（6）：4-9.

余亮亮，蔡银莺，2014. 粮食主产区和主销区发展非均衡的表现及根源分析［J］. 水土保持研究，21（4）：208-213.

张锦宗，朱瑜馨，赵飞，等，2017. 我国粮食生产格局演变及增产贡献研究［J］. 中国农业资源与区划，38（7）：10-16，35.

张军，覃志豪，李文娟，2011.1949—2009 年中国粮食生产发展与空间分布演变研究［J］. 中国农学通报（24）：13-20.

张启楠，张凡凡，李福夺，等，2018. 粮食虚拟水流动对水资源和区域经济的影响研究［J］. 中国农业资源与区划，39（7）：21-28.

张扬，2020. 三江平原耕地生产力演变与预测研究［D］. 哈尔滨：东北农业大学.

赵净，蒋茜，2011. 我国粮食生产对水资源配置要求的研究［J］. 江西农业大学学报（社会科学版），10（3）：13-18.

郑旭媛，徐志刚，应瑞瑶，2014. 城市化与结构调整背景下的中国粮食生产变迁与区域异质性［J］. 中国软科学（11）：71-86.

郑亚楠，张凤荣，谢臻，等，2019. 中国粮食生产时空演变规律与耕地可持续利用研究［J］. 世界地理研究，28（6）：120-131.

钟甫宁，刘顺飞，2007. 中国水稻生产布局变动分析［J］. 中国农村经济（9）：39-44.

钟雪莲，2010. 欠发达主销区粮食安全影响因素分析与长效机制研究［D］. 郑州：河南工业大学.

周立青，程叶青，2015. 黑龙江省粮食生产的时空格局及动因分析［J］. 自然资源学报，30（3）：491-501.

Anselin，L.，Raymond，JG，Florax，M，et al.，2004. Advances in spatial econometrics：methodology，tools and applications［J］. Berlin：Springer-Verlag：51-68.

Bell，K. P. Dalton，P，2007. Spatial Economic Analysis in Data-Rich Environments［J］. Journal of Agricultural Economics，58（3）：487-501.

Cho，S. H. Newman，2005. Spatial analysis of rural land development [J]. Forest Policy Economics，7 (5)：732 - 744.

Daniel M. K.，Killkenny T，2002. Decouplage an agriculture localization activity [J]. Economic international，15 (1)：26 - 31.

Florax，R.，Folmer，H. Rey，S. J，2003. Specification searches in spatialeconometrics the relevance of Hendry methodology [J]. Regional Science and Urban Economics，33 (5)：557 - 580.

Li M，Li W，Li T，et al.，2020. Evaluation of Atmospheric Carrying Capacity of the Bohai Coast Jing - Jin - Ji Region [J]. Journal of Coastal Research：402 - 406.

Li X，Zhang J，Zheng W，et al.，2004. Calculation and analysis of land consolidation potential in rural habitat during rapid urbanization process in China [J]. Transactions of The Chinese Society of Agricultural Engineering.

Liu R，Wang D，Zhang L，et al.，2019. Can green financial development promote regional ecological efficiency? A case study of China [J]. Natural Hazards，95 (1)：325 - 341.

Long L Q，Guang W L，Zhen Z H，et al.，2004. Research and Prospect on Theoretical Framework of Water Environmental Bearing Capacity [J]. Geography and Geo - Information Science.

Luoman Pu，Shuwen Zhang，Jiuchun Yang，et al.，2020. Assessing theimpact of climate changes on the potential yields of maize and paddy rice in NortheastChina by 2 050 [J]. Theoretical and Applied Climatology，140 (7).

Nelson，G，2002. Introduction to the Special Issue on Spatial analysis for agricultural economists [J]. Agricultural Economics，27 (2)：197 - 200.

Paelinck J，1979. Spatial Econometrics [M]. Saxon House：Famoborough：28 - 69.

Park R E，Burgess E W，1921. Introduction to the Science of Society. Robert E. Park，Ernest W. Burgess [J]. American Journal of Sociology，27 (3)：393 - 394.

Peter H. V，2002. Modeling the Spatial Dynamics of Regional Land Use：The CLUE - S Model [J]. Environmental Management，30 (3)：391 - 405.

Shi S Y，Zhang X L，2009. Current Situation Analysis and Land Reconsolidation Potential Calculation of Rural Residential Areas in Jiangsu Province [J]. China Land Science (6) .

Sun H，Wang L，Zhu J，2015. Evaluation of Ecological Bearing Capacity in Henan Province Based on Ecological Footprint [J]. Journal of Agriculture (4) .

Welsh R. , Hubbell B, 2003. Agro – food system restructuring and geographic concentra-
tion of US swine production [J]. Environment and Planning, 35 (2): 215 – 229.

Zhang R, Sun J, Fan H, et al. , 2019. Quantitative Method of Agricultural Land Envi-
ronmental Bearing Capacity under Resource Constraint [J]. Ekoloji, 28 (107): 3183 –
3194.

附 录 APPENDIX

附录A　广东省粮食产能和种粮积极性专题调研

本部分以广东省为例针对粮食产能和种粮积极性，开展了调研，本次调研区域包含广东省"一核一带一区"所涉及区域内的行政村，调研共设计了涵盖广东省农村农户及家庭基本特征、生产及规模经营情况、成本及生产效益情况三个方面的问题，对农户文化程度、耕地集中度、种植计划、土地流转、发展困难、成本效益、粮食商品率等情况进行探解。本次调查主要采用面访式问卷法，以类型抽样和随机抽样相结合的方式抽选调查对象。问卷采取结构问卷形式层层深入，以封闭式题目为主，对广东省农户进行调查。

1. 调研内容与分析

1.1　种植户的个体特征

在被调查的农户中，11.81%的被调查者是女性，88.19%的被调查者是男性。其中，5.85%的农村居民年龄在18～30岁，11.70%的31～40岁，23.14%的41～50岁，38.30%的51～60岁，21.01%的60岁以上，被调查农村居民平均年龄为51.49岁。另外，在被调查的农村居民中，家庭成员的平均数量为5.9人，劳动力平均人数为3.6人。被调查的居民中，身份为普通农户的占比为66.39%，为种粮大户的占比为18.58%，为家庭农场的占比为6.28%，为合作社理事的占比为8.75%（图A-1）。

从受教育程度来看，5%的受访居民最高教育程度为大专，21.84%的居民最高教育程度是高中或中专，2.11%的居民最高教育程度为本科及以上，有71.05%的最高教育程度为初中及以下。从被调查农村居民的承包耕地集中度来看（图A-2），13.94%的被调查者认为承包耕地很集中，37.53%的被调查者认为承包耕地比较集中，24.67%的被调查者认为承包耕地集中度

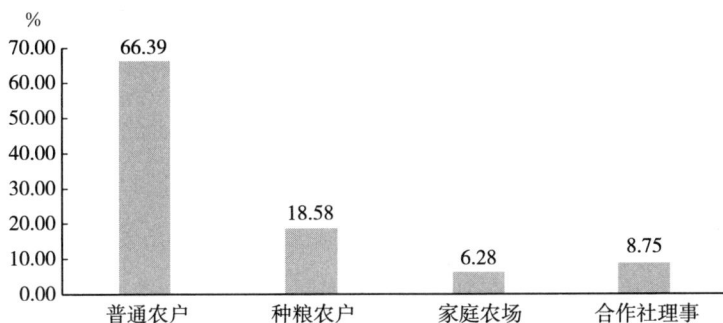

图 A-1　被调查农村居民身份情况

一般，20.64%的认为承包耕地比较分散，3.22%的被调查者认为承包耕地很分散。具体来看，被调查农户耕地块数平均为 11.71 块，单块承包耕地最大面积平均值为 32.20 亩。

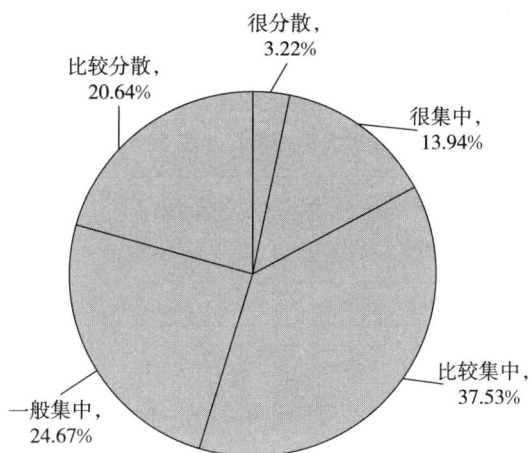

图 A-2　被调查农村居民承包耕地集中度情况

1.2　粮食生产及规模经营情况

（1）农户未来 2～3 年种植计划

就被调查农户未来水稻计划种植规模来看，27.30%的受调查农户表示将在未来 2～3 年内扩大水稻种植面积、56.55%的受调查农户表示将维持现状、14.21%的受调查农户表示将缩小水稻种植面积、另有 1.94%的受调查农户表示将放弃种植水稻。可见，当前农户种植水稻的积极性并不高，大部分农户选择维持现状或者缩小规模甚至放弃种植（图 A-3）。

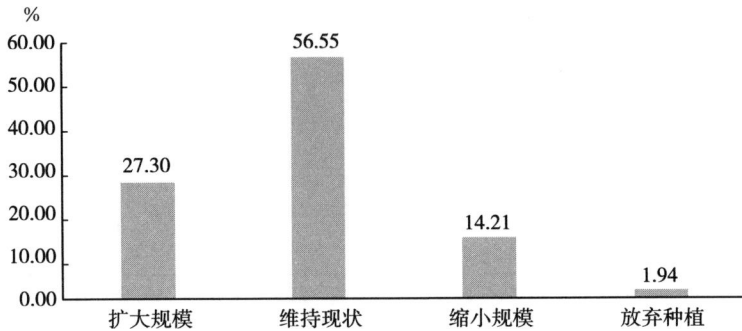

图 A-3 被调查农村居民未来 2～3 年种植计划情况

为进一步探究农户种植计划改变的驱动因素，深入调查了解背后的原因。对于准备扩大水稻种植规模的农户，30.57％的农户是因为规模大能降低各种投入费用、22.86％的农户是因为预期粮价会上涨、39.43％的农户是因为能得到政府更多的支持、5.43％的农户是因为其他产业就业机会减少、1.71％的农户是因为其他因素选择扩大种植粮食面积（表 A-1）。

表 A-1 准备扩大种粮规模最主要原因（多选）

类别	规模大能降低各种投入费用	预期粮价会上涨	能得到政府更多的支持	其他产业就业机会减少	其他因素
百分比（％）	30.57	22.86	39.43	5.43	1.71

对于准备缩小规模或者放弃种植水稻的农户，21.27％的农户是因为生产成本上升快、11.77％的农户是因为气候变化带来的灾害损失增加、24.66％的农户是因为种粮比较效益低改种更赚钱的经济作物、14.25％的农户是因为外出务工收入更高、15.16％的农户是因为劳动力不足、3.17％的农户是因为土地不合适种粮或租不到土地、9.73％的农户是因为水利等基础设施差（表 A-2）。

（2）土地流转情况

在被调查的农户中，土地流转的方式以通过亲戚、朋友为主，有50％的被调查农户在回答"您目前的土地流转形式是什么"时选择了该选项；另外，分别有26.55％、9.38％、9.38％和4.69％的被调查农户通过村集体统一出租、自己直接与散户谈、其他途径、当地政府的方式流转土地（表 A-3）。

表 A-2　准备缩小种粮规模或者放弃种粮最主要原因（多选）

类别	生产成本上升快	气候变化带来的灾害损失增加	种粮比较效益低，改种更赚钱的经济作物	外出务工收入更高	劳动力不足	土地不适合种粮或租不到土地	水利等基础设施差
百分比（%）	21.27	11.77	24.66	14.25	15.16	3.17	9.73

表 A-3　土地流转的主要方式（单选）

类别	通过亲戚、朋友	通过村集体统一出租	通过自己直接与散户谈	通过当地政府	其他途径
百分比（%）	50.00	26.55	9.38	9.38	4.69

被调查的农户在进一步被问及流转过程中遇到的主要问题时，选择"土地流转金太高"的农户最多，占比为 23.76%；土地细碎化问题也较为突出，22.71% 的农户认为"土地细碎，流转时需要协调成本太高"是流转过程中的主要问题；另外，分别有 21.50%、15.64%、13.53% 和 2.86% 的被调查农户选择了土地流转期短、土质不好，改造成本高、土地流转合同不规范，土地随时可能被收回和其他问题（表 A-4）。

表 A-4　土地流转过程中的主要问题（多选）

类别	土地流转金太高	土地细碎，流转时需要协调成本太高	土地流转期短	土质不好，改造成本高	土地流转合同不规范，土地随时可能被收回	其他问题
百分比（%）	23.76	22.71	21.50	15.64	13.53	2.86

（3）土地弃耕/撂荒的情况

在被调查的农户中，79.51% 的农户不存在弃耕、撂荒的行为，但仍有 20.49% 的农户存在弃耕/撂荒行为，可见，当前农村土地弃耕、撂荒的情况比较严重。存在撂荒农户的撂荒最大面积为 500 亩，平均弃耕/撂荒面积为 14.65 亩，弃耕/撂荒土地面积平均占比为 22.98%。弃耕、撂荒的前 3 大原因为农业生产收益低、外出打工收益更高和农业劳动力不足，分别有 34.74%、29.03% 和 22.21% 的农户因为以上 3 大原因选择弃耕/撂荒，另外有 12.04% 的农户因为家里农业劳动力不足弃耕、撂荒，还有 1.98% 的农户因为其他原因弃耕/撂荒。

1.3 成本及生产效益情况

（1）2020年亩均早稻生产的成本与效益情况

受调查农户中，2020年早稻平均种植面积为67.68亩，亩均产量为435.34千克。在早稻生产各项成本中，地租是粮食种植过程中最主要的成本，每亩土地平均地租达360.69元；平均每亩种子成本为48.88元；平均每亩机耕费为112.94元；平均每亩化肥成本为138.09元；平均每亩农药成本为81.50元；平均每亩机收费为92.66元；平均每亩水稻烘干费为17.23元；平均每亩保险费为5.01元；平均每亩运输费为13.35元。调研结果显示，受调查农户亩均利润为185.73元。

（2）2020年亩均晚稻生产的成本与效益情况

受调查农户中，2020年晚稻平均种植面积为78.51亩，略高于早稻种植面积的平均值，可见，农户对种植晚稻的积极性更高，亩均产量为425.81千克。在晚稻生产各项成本中，地租依然为最主要的成本，每亩土地的平均地租达353.07元；平均每亩种子成本为51.84元；平均每亩机耕费为114.27元；平均每亩化肥成本为139.86元；平均每亩农药成本为84.28元；平均每亩机收费为94.33元；平均每亩水稻烘干费为15.28元；平均每亩保险费为4.91元；平均每亩运输费为12.84元；调查结果显示，受调查农户亩均利润为214.97元。

（3）2020年水稻生产方式及商品率情况

受调查农户中，早稻平均商品率为38.17%，集中育秧面积平均值为18.08亩，手插秧平均面积为5.79亩，机插秧平均面积为46.20亩，抛秧平均面积为8.20亩，直播方式平均面积为7.15亩，机收割平均面积为72.12亩，机烘干平均面积为45.11亩。受调查农户中，晚稻平均商品率为35.45%，集中育秧面积平均值为20.16亩，手插秧平均面积为9.00亩，机插秧平均面积为43.90亩，抛秧平均面积为8.42亩，直播方式平均面积为6.73亩，机收割平均面积为76.98亩，机烘干平均面积为45.52亩。

1.4 农户粮食生产经营过程中面临的主要困难

就被调查农户农资采购的便利性来看，58.56%农户认为采购农资方便，不存在问题；19.06的农户认为问题很小；14.64%的农户认为问题较小；4.42%的农户认为问题较大；仅3.32%的农户认为问题很大。

就被调查农户社会化服务是否缺乏来看，25.91%的农户认为社会化服务没有问题；29.81%的农户认为社会化服务问题很小；21.73%的农户认为社会化服务问题较小；17.55%的农户认为社会化服务问题较大；5.00%的农户认为社会化服务问题很大。

就被调查农户耕地细碎、流转成本高的问题来看，12.21%的农户认为不存在耕地细碎、流转成本高的问题；14.24%的农户认为问题很小；14.44%的农户认为问题较小；43.03%的农户认为问题较大；仍有13.08%的农户认为问题很大。可见，当前农户规模种植的土地流转难度较大，成本较高，耕地细碎化问题亟待解决。

就被调查农户耕地改造成本高的问题来看，9.59%的农户认为不存在土地改造成本高的问题；11.92%的农户认为土地改造成本高的问题很小；21.80%的农户认为土地改造成本高的问题较小；38.37%的农户认为土地改造成本高的问题较大；18.32%的农户认为土地改造成本高的问题很大。

就被调查农户看土地流转期短的问题来，18.97%的农户认为不存在土地流转期短的问题；19.25%的农户认为土地流转期短的问题很小；21.55%的农户认为土地流转期短的问题较小；28.45%的农户认为土地流转期短的问题很大；另有11.78%的农户认为土地流转期短的问题很大。

就被调查农户土地租金高的问题来看，19.83%的农户认为不存在土地租金高的问题；13.51%的农户认为土地租金高的问题很小；18.39%的农户认为土地租金高的问题较小；但有31.90%的农户认为土地租金高的问题较大；有16.37%的农户认为土地租金高的问题很大。

就被调查农户信贷不便的问题来看，23.99%农户认为不存在信贷不便的问题；16.47%的农户认为信贷不便的问题很小；12.72%的农户认为信贷不便的问题较小；28.90%的农户认为信贷不便的问题较大；17.92%的农户认为信贷不便的问题很大。

就被调查农户用工成本高的问题来看，9.47%的农户认为不存在用工成本高的问题；8.08%的农户认为用工成本高的问题很小；9.75%的农户认为用工成本高的问题较小；43.73%的农户认为用工成本高的问题较大；28.97%的农户认为用工成本高的问题很大。

就被调查农户面临的农机化率低的问题来看，17.37%的农户认为不存在农机化率低的问题；24.65%的农户认为农机化低率的问题很小；20.45%的农户认为农机化率低的问题较小；24.65%的农户认为农机化率低的问题较大；12.89%的农户认为农机化率低的问题很大。

就被调查农户面临的农田水利设施不便的问题来看，17.03%的农户认为不存在农田水利设施不便的问题；16.48%的农户认为农田水利设施不便的问题很小；21.98%的农户认为农田水利设施不便的问题较小；29.40%的农户认为农田水利设施不便的问题较大；15.11%的农户认为农田水利设施不便的问题很大。

就被调查农户面临的销售价格低的问题来看，6.85%的农户认为不存在销售价格低的问题；5.48%的农户认为销售价格低的问题很小；13.97%的农户认为销售价格低的问题较小；41.37%的农户认为销售价格低的问题较大；32.33%的农户认为销售价格低的问题很大。

就被调查农户面临的销售渠道少的问题来看，22.65%的农户认为不存在销售渠道少的问题；9.39%的农户认为销售渠道少的问题很小；21.28%的农户认为销售渠道少的问题较小；27.07%的农户认为销售渠道少的问题较大；19.61%的农户认为销售渠道少的问题很大。

就被调查农户面临的自然灾害严重问题来看，7.12%的农户认为不存在自然灾害严重的问题；15.89%的农户认为自然灾害的问题很小；31.51%的农户认为自然灾害的问题较小；32.06%的农户认为自然灾害的问题较大；13.42%的农户认为自然灾害的问题很大。

1.5 小结

上述分析结果显示，就农户未来2~3年种植计划来看，农户的种植积极性不高，仅27.30%的受调查农户表示将在未来2~3年内扩大水稻种植面积，其他农户表示维持现状、缩小规模或者放弃种植。究其缘由，影响农户选择的主要驱动因素是种植水稻的效益情况，提高农户种植水稻积极性，关键要提高水稻种植农户的收入。就土地流转情况来看，目前，农村土地承包经营权流转多数为农户间自发的流转，主要是邻里亲戚间，范围局限在村内，由于土地细碎化问题，导致了土地流转时的交易成本提高，目前农村土地流转租金高成为水稻种植户流转土地过程中面临的主要困难之一。就土地弃耕/撂荒的情况来看，被调查农户中存在弃耕/撂荒行为的农户较多，主要原因还是农业的比较效益低，大量人口往城市非农产业转移。就水稻生产经营过程中面临的主要困难情况来看，农户反映比较强烈的问题主要有耕地细碎化、流转成本高，耕地的改造成本高，用工成本高，销售价格低，自然灾害严重等问题。

2. 调研发现与结论

2.1　农民老龄化问题严重，受教育程度有待提高

近年来，随着城市化进程的快速推进，农村大量年轻劳动力向城市非农产业转移，农业"老龄化"问题日趋严峻。调研数据显示，被调查农村居民平均年龄为 51.49 岁，51 岁以上的农民占比为 59.31％，超过了一半的比例。同时，受调查农户的受教育程度总体有待提高，最高教育程度为初中及以下占 71.05％，农村从事种植业的劳动力主要是"两老"（即老年人和没有专长的所谓"老实人"）或"3861""妇女儿童"，因此，无论从乡村振兴的要求出发，还是从美丽乡村建设的角度来分析，发展农村教育，加强农村劳动力培养，增加农村人力资本投资，培育新型职业农民，都是农村发展的重要任务。

2.2　土地细碎化，农业规模化程度不高

当前，农地问题主要体现为土地的细碎化和分散化，根源在于农地的不均质性，由此带来农地使用的浪费和种植规模化水平不高等问题。当下通过土地流转和土地整治的方式一定程度缓解了土地细碎化的问题，但在广大的农村地区和丘陵地带，在现阶段和今后相当长的时期，将依然有两亿多农民以农户自耕的方式进行生产经营，调查结果显示，身份为普通农户的占比为 66.39％，其他新型经营主体的占比为 33.61％。其中 23.86％的受调查农户认为当前农地比较分散或者分散，就被调查农户耕地细碎、流转成本高的问题来看，43.03％的农户认为问题较大，另有 13.08％的农户认为问题很大。可见，当前农户规模种植的土地流转难度较大，成本较高，耕地细碎化问题亟待解决，应促进农业适度规模经营。

2.3　种粮成本日益提升，种粮积极性不高

水稻生产成本不断上升，特别是生产资料成本增长，造成农民增收困难，每亩粮食净收益造成挤出效应，又由于农户种粮面积小，无法形成产业

化、规模化效应，最终抑制农业生产的积极性，降低了粮食生产能力。就被调查农户耕地细碎化、流转成本高的问题来看，43.03%的农户认为问题较大。就被调查农户土地租金高的农户来看，31.90%的农户认为土地租金高的问题较大；有16.37%的农户认为土地租金高的问题很大。就被调查农户未来水稻计划种植规模来看，56.55%的受调查农户表示将维持现状、14.21%的受调查农户表示将缩小水稻种植面积、另有1.94%受调查农户表示将放弃种植水稻。可见，当前农户种植水稻的积极性并不高，大部分农户选择维持现状或者缩小规模甚至放弃种植。

3. 本章小结

调研报告基于广东省"一核一带一区"所涉及区域内粮食产能与农户种粮积极性调查问卷，描述分析了被调研农户及家庭基本特征、生产及规模经营情况和成本及生产效益情况。研究结果如下：

（1）从农村居民的个体特征来看，农村从事种植业的劳动力主要是"两老"（老年人和没有专长的所谓"老实人"），随着城市化进程的快速推进，农村大量年轻劳动力向城市非农产业转移，农业"老龄化"问题日趋严峻。

（2）从农户的生产及规模经营情况来看，当前农户种植水稻的积极性并不高，大部分农户选择维持现状或者缩小规模、放弃种植。

（3）就土地弃耕/撂荒的情况来看，被调查农户中存在弃耕/撂荒行为的农户较多，主要原因还是农业的比较效益低，大量人口往城市非农产业转移。

（4）就土地流转情况来看，目前，农村土地承包经营权流转多数为农户间自发的流转，主要是邻里亲戚间，范围局限在村内，由于土地细碎化问题，导致了土地流转时的交易成本提高，目前农村土地流转租金高成为水稻种植户流转土地过程中面临的主要困难之一。

（5）就农户在水稻经营过程中面临的主要困难来看，其中耕地细碎化、流转成本高的问题和耕地改造成本高，土地流转期短，土地租金高，用工成本高等问题十分突出。

附录 B　广东省粤西地区水稻产业发展调研

1. 粤西地区水稻产业发展现状

1.1　自然条件

粤西地区气温高，日照时间长，具备水稻高产的潜力。粤西地区处于亚热带，地形以台地、平原、山地丘陵为主，整体地势呈北高南低。气候以亚热带季风气候为主，年平均温度达到 23.62℃，高于广东省其他三个地区；年均日照时数为 1 883.77 小时，仅次于粤东地区，光温资源丰富。有研究表明，温度是影响水稻生长发育和产量的重要因素，提高温度和增加日照时数能显著提高稻谷产量；粤西地区的降雨量相对较少。总体而言，粤西地区具备水稻高产的外在潜力（图 B-1）。

粤西地区位于广东省西部沿海，台风等灾害性天气发生频繁。研究表明，台风造成水稻倒伏所致的产量损失高达 29.30%，台风是对南方水稻产量影响最大的自然灾害。近几年来，粤西地区平均每年的农作物受灾面积达到 22.85 万公顷，且尤以湛江（19.82 万公顷）最为突出。据统计，1949 年至 2021 年的 72 年来，台风在广东省登陆了 277 次，其中仅在湛江登陆的台风次数就达到 84 次，占全省总登陆次数的 30.32%。表明粤西地区，尤其是湛江，受台风影响非常频繁，对当地水稻的安全生产造成了严重影响。

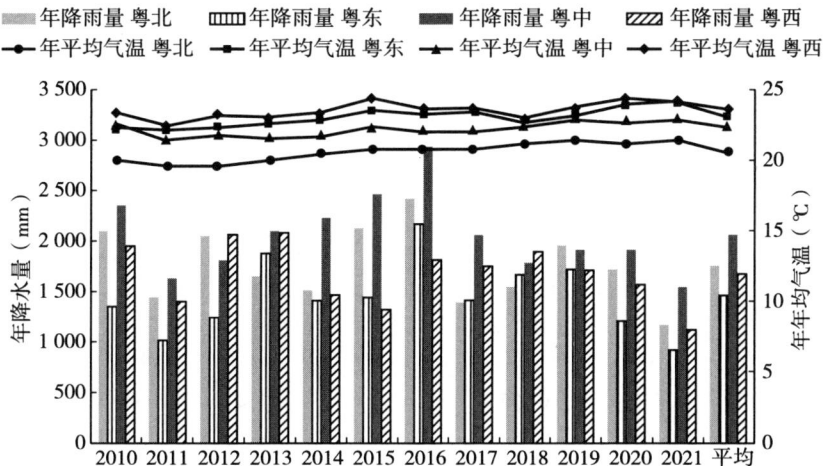

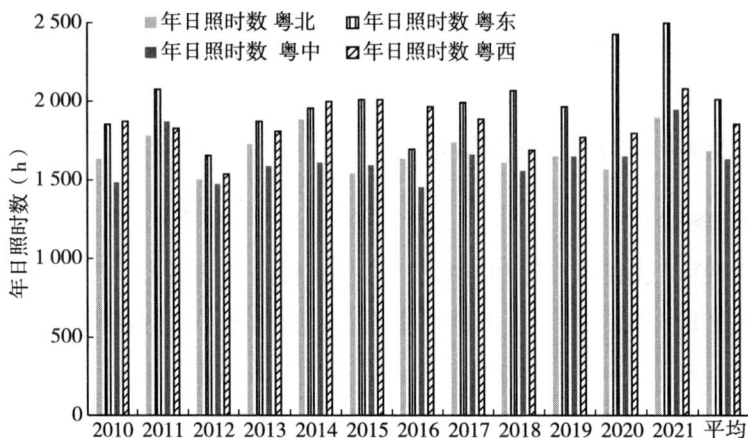

图 B-1　广东省各地区年平均降雨量、平均气温和日照时间

注：数据来源于《广东统计年鉴 2022》。

1.2　水稻播种面积、总产和单产情况

粤西地区稻谷总产量较高，但单位面积产量仍有待提高。据统计，2021年粤西地区（广东省西翼三市）稻谷总产量达 318.22 万吨，占粮食总产量的比例为 86.48%（表 B-1），仅次于粤北地区（广东省山区五市）（374.07万吨）。从单产水平来看，2021 年粤西地区水稻每公顷产 5 867.97 千克，仅高于以优质稻为主的珠三角地区（5 835.80 千克/公顷），而明显低于粤东地区（6 318.10 千克/公顷）和粤北地区（6 258.49 千克/公顷）。具体从粤西地区各市的情况来看，2021 年湛江、茂名的水稻播种面积分别为全省的第一位和第二位，但稻谷单产却排到全省的第十二和第八位，表明提高单产是粤西地区水稻生产的主要目标。

表 B-1　广东省四个地区粮食和水稻播种面积、单产及总产量（2021 年）

区域		粮食作物			水稻		
		播种面积 （万公顷）	单产 （千克/公顷）	总产量 （万吨）	播种面积 （万公顷）	单产 （千克/公顷）	总产量 （万吨）
粤西地区	阳江	12.07	5 231.98	63.15	10.58	5 428.17	57.43
	湛江	28.11	5 400.21	151.8	22.63	5 595.23	126.62
	茂名	25.08	6 100.88	153.01	21.03	6 379.93	134.17
	合计	65.25	5 639.23	367.96	54.23	5 867.97	318.22

（续）

区域	粮食作物			水稻		
	播种面积 （万公顷）	单产 （千克/公顷）	总产量 （万吨）	播种面积 （万公顷）	单产 （千克/公顷）	总产量 （万吨）
珠三角地区	54.73	5 623.42	307.77	45.98	5 835.80	268.33
粤东地区	32.33	6 074.85	196.40	22.76	6 318.10	143.8
粤北地区	69.00	5 909.28	407.74	59.77	6 258.49	374.07

注：数据来源于《广东农村统计年鉴 2022》。

粤西地区的水稻种植区域主要分布在廉江、雷州、高州、化州等地。具体来看，粤西地区 21 个县（市、区）中，水稻种植面积超过 3 万公顷的县（市、区）分别有廉江、雷州、高州、化州、电白、信宜、阳春和遂溪等 8 个（图 B-2），占比达到 72.32%。其中廉江是 2021 年粤西地区水稻全年播种面积最大的县级市，达到 6.35 万公顷，其次是雷州（5.93 万公顷）、高州（5.59 万公顷）和化州（5.07 万公顷）。超过 80% 的县（市、区）水稻种植面积在 1 万公顷以上。值得注意的是，粤西地区晚稻的种植面积明显大于早稻。据统计，2021 年粤西地区的水稻种植面积 54.23 万公顷，其中，早稻种植面积 24.31 万公顷，晚稻 29.92 万公顷，可能是由于晚稻米质好，收购价较高，农民种植积极性高。

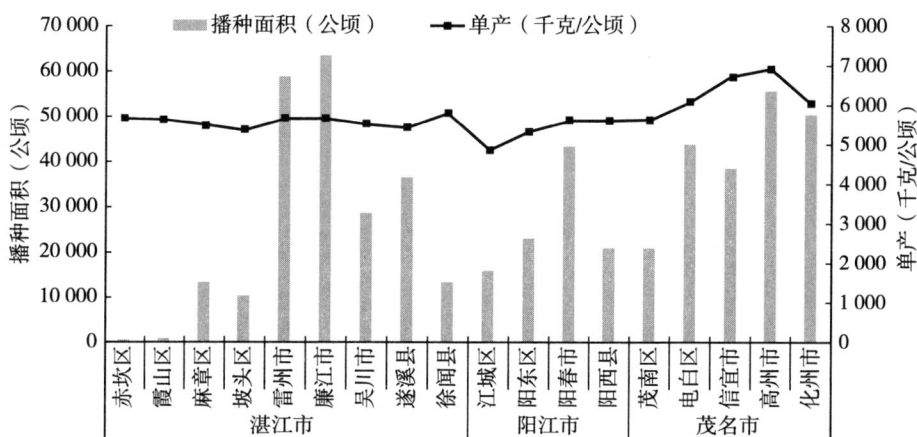

图 B-2　粤西地区 21 个县（市、区）水稻播种面积和单产情况

注：数据来源于《广东统计年鉴 2022》。

1.3 水稻种植机械化情况

粤西地区地势平坦，40.09％是平原，适宜机械作业。据统计，截至2021年底，粤西地区农业机械总动力达到771.72万千瓦，其中湛江、茂名的农业机械总动力分别达439.31万千瓦、218.48万千瓦，分别居全省第一、二位。从水稻产业机械化作业的情况来看，2021年，粤西地区的机耕水平和机收水平分别为99.08％和97.88％，均略高于全省（机耕水平98.88％、机收水平95.36％）的平均水平（表B-2）。尽管粤西地区在水稻机耕、机收等方面已略高于全省平均水平，但机械种植水平较低，仅27.44％，低于全省平均水平（31.24％）。

表 B-2 2021年粤西地区水稻产业机械化作业情况

项目	湛江	阳江	茂名	粤西地区	全省
水稻种植面积（万公顷）	22.63	10.58	21.03	54.23	182.74
水稻机耕面积（万公顷）	22.44	10.51	20.78	53.73	180.70
水稻机耕水平（％）	99.16	99.34	98.81	99.08	98.88
水稻机械种植面积（万公顷）	6.80	2.99	5.10	14.88	57.09
水稻机械种植水平（％）	30.05	28.26	24.25	27.44	31.24
水稻机收面积（万公顷）	22.39	10.49	20.20	53.08	174.26
水稻机收水平（％）	98.94	99.15	96.05	97.88	95.36

注：数据来源于《广东农村统计年鉴2022》。

2. 粤西地区水稻产业存在的主要问题

2.1 品种优质化率偏低，区域内单产较低且发展不均衡

粤西地区的生态环境和社会经济条件相似，但区域内水稻单产相差较大。由表B-2可知，粤西地区的水稻播种面积和总产量仅次于粤北地区，但水稻单产明显低于粤东地区和粤北地区，在全省处于相对落后水平，与其播种面积、总产量的发展情况极不相符。另外，2021年粤西地区各地市水稻单产相差较大，其中湛江和阳江水稻单产分别为5 596.11千克/公顷和5 430.21千克/公顷，分别比茂名（6 479.89千克/公顷）低783.78千克/公顷和1 049.68千克/公顷，表明不同区域之间的水稻单产发展不均衡，严重阻碍了粤西地区水稻整体单产水平的提高。

粤西地区目前主栽的常规稻品种是特籼占 25 和合美占，主栽杂交稻品种为博Ⅱ优 15 等 6 个品种（表 B-3），这些品种大多是 10 多年前审定的品种，部分品种退化严重，稻谷品质不佳、单产不高。尽管广东省平均每年审定通过的水稻品种数约 70 个，主要种植的水稻品种也约达 15 个，但大部分品种的种植面积较小。近年来，稻谷收购价格一直处于低位，收购价徘徊在 2 元/千克左右。由于优质不优价，农户很少种植附加值高的优质水稻品种，导致优质稻品种推广难度大，优质化率低。调查发现，雷州东西洋地区农民合作社、家庭农场、种植大户种植的稻谷，90% 以上卖给烘干厂，而烘干厂烘干的稻谷绝大部分卖给国家粮食储备库作为储备粮，亟须筛选和定向培育适合粤西地区的优质高产品种，以提升水稻品质和单产。

表 B-3　粤西地区水稻主栽品种情况

序号	品种名称	审定年份	稻米品质分级	类型
1	特籼占 25	国审稻/2001	较优	籼型常规稻
2	博Ⅱ优 15	国审稻/2003	中等	杂交稻
3	合美占	粤审稻/2008	省标优质 3 级	籼型常规稻
4	特优 816	粤审稻/2009	未达优质标准	杂交稻
5	特优 161	粤审稻/2009	未达优质标准	杂交稻
6	金农丝苗	粤审稻/2010	国标和省标优质 2 级	籼型常规稻
7	博Ⅱ优 312	粤审稻/2011	未达优质等级	杂交稻
8	博Ⅲ优 273	桂审稻/2004	优质米二级	杂交稻

数据来源：2021 年湛江市雷州东西洋粮食生产实地调研。

2.2　栽培技术落后，水稻生产成本高，农户种粮积极性不高

水稻种植管理粗放。粤西地区水稻播种面积大，达到 54.23 公顷，且多采用直播稻种植方式，该方式用种量大，最高达到 120～150 千克/公顷。由于先进实用的配套技术缺乏或应用不到位，粤西地区的水稻栽培仍普遍采用"大肥大水"的栽培管理方式，这种方式栽培的水稻病虫害严重，稻谷产量和质量较低，同时高肥高水还会增加水稻生产成本。以粤西最大水稻连片种植区域东西洋地区为例，直播稻种植面积占 90% 以上，每公顷用种量 120～150 千克，是其他稻区用种量的 2 倍以上；化肥施用量大，氮肥（纯氮）施用量高达 250 千克/公顷，比广东省水稻"三控施肥技术"的施氮量（150

千克/公顷）高出 66.67%，所增加的肥料成本折合达到 500 元/公顷。

从水稻生产效益来看，农民种稻收益明显降低。粤西地区水稻生产成本主要包含物资成本和人工成本两部分，其中由于农村青壮年劳动力大多选择外出务工，造成农村劳动力紧缺。据调查，现在的人工费用为 120～150 元/（人·天），较 10 年前增加了 30% 以上。陈风波等人对广东省农户水稻生产成本收益的研究表明，人工成本在阳江市的早稻、晚稻生产总成本中，占到近 50%；湛江雷州的人工成本虽低于阳江市，也占到总成本的三成，说明人工成本已成为水稻生产成本的重要部分。此外，物资成本是仅次于人工成本的第二大生产成本。农资、农机农具等虽有部分政府补贴，但化肥、种子等各种农业生产资料价格不断提高，直接导致水稻种植成本的增加。水稻生产成本高、缺乏效益，极大影响了农户种粮的积极性（表 B-4）。因此，粤西地区亟待研发集成优质高产高效的种植模式，提升生产的标准化水平，通过节本增产、提质增效，提高农民种粮积极性。

表 B-4　粤西地区水稻种植户成本收益情况（元/公顷）

成本收益	阳江		雷州	
	早稻	晚稻	早稻	晚稻
总成本	20 405.10	19 937.70	15 353.10	15 889.35
物资成本	69 107.85	4 459.20	5 056.20	5 149.20
种子	7 580.55	487.50	1 320.90	1 317.90
肥料	33 429.90	2 217.75	2 222.25	2 314.80
农药	15 470.10	1 036.65	1 115.55	1 113.60
除草剂	2 142.60	144.30	212.85	217.65
其他物资	10 495.50	573.00	184.95	185.40
人工成本	146 559.00	9 497.85	4 595.55	5 040.45
产量	74 626.05	4 941.45	6 474.30	5 883.45
利润	−5 519.70	−2 971.80	46.20	−1 567.50

注：数据来源于《广东省农户水稻生产成本收益及种粮意愿分析》。

2.3　产前、产后环节机械化水平较低，社会化服务水平不高

尽管粤西地区在机耕、机收等方面已接近全省平均水平，但在育秧、种植和农产品加工等产前和产后环节机械化水平较低。据 2021 年湛江市雷州东西洋粮食（重点是水稻）生产情况调研发现，粤西地区部分县域的直播稻

仍以人工撒播为主，平均机械种植水平仅为 27.44％，低于全省平均水平（31.24％）。相关农机农具较为缺乏，机收仍需依靠农机跨区作业完成，时常出现水稻成熟后不能及时收割、导致雨后倒伏发芽减产的情况。

2021 年，粤西地区社会化农机服务组织机构 990 个，占全省的 42.62％，而乡村农机从业人员年末人数 37.43 万人，仅占全省的 30.95％，且大部分机构资产不够强大，拥有的农机数量不多，农机品种不齐全，服务项目比较单一，服务范围和面积小。尤其以统防统治、烘干为代表的农业社会化服务严重不足。刘强、杨万江等利用国家水稻产业综合实验站固定观察点的农户调查数据研究表明，机械服务对提高成本效率、节约生产成本具有显著作用。因此，粤西地区亟须破解水稻机械化种植（包括机直播、机插秧等）难题，补齐稻谷烘干、统防统治短板，提升粮食生产效率。

2.4　水稻产业链短，产品附加值低，品牌建设滞后

现阶段，粤西地区优质稻米生产量小，原粮销售仍为主要方式，且加工档次低，产品附加值不高。尽管稻米加工企业较多，但优质深加工技术却集中在少数几家企业手中，多数企业的加工设备和工艺落后，加上缺乏相关的技术和品牌标准，导致稻米加工行业的水平参差不齐，品牌效应有待提升。粤西地区亟待培育或引进大型稻米企业和品牌，提升大米生产、加工的科技含量，提升稻米的品牌效应。

2.5　农田水利灌溉设施趋于老化

缺水是制约水稻生产的重要因素。据 2021 年湛江市雷州东西洋粮食（重点是水稻）生产情况调研发现，粤西地区不少县区农田水利灌溉设施、机耕路年久失修老化，灌渠淤积垮塌，造成涝不能排，旱不能灌，导致一些高标农田建设不能满足实际生产需要。在粤西多数地区，"靠天"播种的情况仍然存在。据统计，2021 年，粤西地区耕地有效灌溉面积占所有耕地面积（2020 年）的比例为 68.64％，低于全省平均水平（93.56％），其中湛江的耕地有效灌溉面积比例最低（55.98％），比全省平均水平低了 37.58 个百分点。

3. 对策建议

3.1　加强新品种新技术研发和推广，提升稻米品质和单产水平

根据粤西地区自然禀赋和产品市场定位，适度发展高端优质稻，重点发

展中端高产优质稻，筛选一批优质、高产、抗逆、宜机作业的水稻新品种和新技术，提升稻米品质和单产水平。同时研发集成水稻绿色高质高效种植模式，着力做好粮食绿色增产提质增效工作，推广高效生态栽培模式（稻—稻—玉米、稻—稻—番薯等增粮增效模式）。在稳定双季稻生产的基础上，做好冬种作物（番薯、玉米、蔬菜）示范，探索周年高效增粮增收的种植模式。

3.2 采取多种方式提高农民种粮积极性

落实国家耕地地力保护、农机购置补贴、农业用电用水、粮食生产设施用地、扩大粮食生产保险覆盖面等惠农政策，降低农民种粮成本。同时，对产粮大县给予政策支持，落实粮食保价及时收购，防止卖粮难，保障农民进行水稻生产的利益，提高其种粮积极性。此外，增加农民种粮补贴，保证补贴真正落实到种粮农民手中。

3.3 推动水稻种植、烘干等环节机械化

一是加强直播稻配套技术研发和集成，形成一批以提质增产增效为核心的高产高效种粮模式。重点加强无人机直播、机械化旱直播、三控施肥、节水灌溉、病虫害绿色防控等技术的集成熟化和推广，建立技术规程，推动机械化、轻简化、标准化生产。同时，加强农机和农艺结合集成技术推广应用，以机械化直播为重点，适度发展机械化育插秧。在规模化连片种植超0.67万公顷的县建设1～2个机种（机直播或机插秧）示范点，推动生产全程机械化。二是补齐稻谷烘干短板。依托当地专业合作社或龙头企业建设一批粮食烘干中心，进行水稻机械化烘干示范，开展代烘干服务，培育水稻烘干专业合作社，实现粤西地区烘干服务全覆盖。同时，完善水稻烘干基础设施，解决水稻烘干库棚用地难、农业用电及变压设备不足等问题。三是落实提供初级市场的粮食烘干用电享受农业生产电价和粮食烘干购机补贴等政策，提升农业机械作业能力及综合效益。

3.4 推动良田建设维护与适度规模化，提升粤西粮食质效

大力推动高标准农田建设，高质量完成国家和省下达的高标准农田建设任务，提高建设标准和质量。积极推进耕地质量建设，开展耕地质量调查监测与评价，保护和提升耕地地力。压实粤西地区镇、村两级农田水利设施维护主体责任。指导督促各地全面建立完善建后管护制度，压实项目所在乡镇

政府、村委会、新型农业经营主体责任，水利和农业农村部门共同加强管护监督。政府牵头建立农田用水、用电等协调机制，派遣专人负责农田机耕道路、农田排灌等设施管护，加强机井供配电设施建设和运营维护。

3.5　培育新型经营主体，稳定粮食生产队伍

针对粤西地区稻米加工企业规模小、加工设备落后、经济效益差的短板，以粤西优质稻产业园建设为契机，扶持有条件有基础的稻米企业提升稻米加工工艺和产品品质，进一步做大做强，逐渐形成区域龙头企业，带动当地优质稻米产业升级发展。落实扶持政策，调动新型经营主体种粮积极性。支持粮食生产龙头企业"产、购、储、销"全链条建设，带动小农户参与并分享全产业链效益，树立一批高产高效种粮致富典型，调动农民生产积极性。同时，大力发展以种粮大户、合作社、专业协会、作业公司等经营为主的新型特色多元化社会化服务组织，通过专业化服务和规模化经营，不断提高服务效益，提升粮食生产产业化水平。

3.6　打造地方稻米产业品牌，提升粤西稻米知名度

培育一批稻米生产加工的龙头企业，努力提升稻米生产和加工技术含量，增加科技投入，优化稻米生产品种。并在稻米深度开发及多元化应用方面进行深入研究，扩展稻米品牌的内涵。多级开发米制品、综合利用水稻副产品，在米粉、米糕、速煮米、方便米饭等产品上形成粤西特色以及相应的技术体系，提高稻米的综合利用水平，增加产业综合效益。同时制订稻米产业地方标准、行业标准以及农产品质量标准。此外，深入挖掘粤西作为中国栽培稻起源地和中国稻作之父丁颖出生地等稻作历史文化，将其融入粤西稻米品牌建设中，打造粤西稻米品牌，讲好品牌故事，提升粤西稻米的竞争力，促进粤西稻米逐步走向品牌化和国际化。

附录 C 广东省 1999—2021 年耕地承载力数据

表 C-1 广东省 1999—2021 年耕地承载力数据

	1999 年	2000 年	2001 年	2002 年	2003 年	2004 年	2005 年	2006 年	2007 年	2008 年	2009 年	2010 年
耕地保有力度（千公顷）	3 199.2	3 163.4	3 130.8	3 309.1	2 996.7	2 960.0	2 952.7	2 882.5	2 848.0	2 831.0	2 765.0	2 717.4
人均耕地面积（千公顷/万人）	0.4	0.4	0.4	0.4	0.3	0.3	0.3	0.3	0.3	0.3	0.3	0.3
人均 GDP（元/人）	11 728.3	12 885.4	13 730.0	15 030.0	17 213.1	19 707.0	24 435.0	28 332.0	33 151.0	37 589.0	41 166.0	44 736.0
农村居民消费水平（元/人）	2 842.3	2 854.6	2 881.8	3 001.0	3 086.0	3 374.5	3 947.0	4 205.0	4 490.0	5 176.0	5 239.0	5 880.0
农民人均纯收入（元/人）	1 948.4	3 654.5	3 769.8	3 911.9	4 054.6	4 365.9	4 690.5	5 079.8	5 624.0	6 399.8	6 906.9	7 890.3
城市化水平（%）	0.5	0.5	0.6	0.6	0.6	0.6	0.6	0.6	0.6	0.6	0.6	0.7
单位面积耕地农业产出效益（亿元/千公顷）	0.3	0.3	0.3	0.3	0.3	0.3	0.4	0.4	0.5	0.5	0.6	0.6
人均农业产出效益（亿元/万人）	0.2	0.2	0.2	0.2	0.2	0.2	0.3	0.3	0.3	0.3	0.3	0.4
农业结构调整（%）	0.5	0.5	0.5	0.5	0.4	0.4	0.5	0.5	0.5	0.4	0.5	0.5
人均水资源量（立方米/人）	1 921.0	1 860.0	2 545.0	2 131.5	1 844.6	1 430.2	1 906.4	2 396.1	1 686.3	2 323.8	1 682.5	1 943.3
灌溉保证率（%）	0.6	0.6	0.6	0.6	0.6	0.6	0.6	0.6	0.7	0.7	0.7	0.7
复种指数（%）	1.6	1.7	1.7	1.5	1.6	1.6	1.6	1.7	1.5	1.6	1.6	1.7
单位面积耕地农业机械化水平（万千瓦/千公顷）	0.5	0.6	0.6	0.5	0.6	0.6	0.6	0.6	0.6	0.7	0.8	0.9
单位面积农村用电量（亿千瓦时/千公顷）	0.1	0.1	0.1	0.2	0.2	0.3	0.3	0.3	0.3	0.3	0.4	0.4

（续）

	1999 年	2000 年	2001 年	2002 年	2003 年	2004 年	2005 年	2006 年	2007 年	2008 年	2009 年	2010 年
单位面积水库容量（亿立方米/千公顷）	0.1	0.1	0.1	0.2	0.2	0.1	0.1	0.1	0.1	0.1	0.2	0.2
自然灾害受灾面积（万亩）	1 580.0	688.0	1 094.0	1 978.0	1 194.3	1 070.9	869.1	1 271.5	746.2	1 599.7	643.0	724.0
森林覆盖率（%）	44.212 0	46.490 0	46.490 0	46.490 0	46.490 0	46.490 0	46.490 0	46.490 0	46.490 0	46.490 0	49.440 0	49.440 0
环境治理投资比重（%）	0.000 9	0.001 7	0.001 8	0.000 8	0.001 6	0.001 4	0.001 6	0.001 2	0.001 5	0.001 1	0.000 6	0.000 7
单位面积耕地化肥负荷（万吨/千公顷）	0.054 0	0.055 7	0.062 3	0.059 4	0.066 6	0.068 0	0.069 3	0.073 6	0.077 1	0.080 0	0.084 3	0.087 3
单位面积耕地农药负荷（万吨/千公顷）	0.002 8	0.002 7	0.002 7	0.002 6	0.002 9	0.002 9	0.002 9	0.003 2	0.003 5	0.003 6	0.003 8	0.003 8
单位面积耕地覆地膜负荷（万吨/千公顷）	0.000 4	0.000 4	0.000 5	0.000 5	0.000 6	0.000 6	0.000 6	0.000 6	0.000 6	0.000 7	0.000 7	0.000 8

	2011 年	2012 年	2013 年	2014 年	2015 年	2016 年	2017 年	2018 年	2019 年	2019 年	2020 年	2021 年
耕地保有力度（千公顷）	2 601.3	2 616.2	2 614.4	2 621.8	2 615.9	2 607.6	2 599.7	2 593.1	2 593.0	1 901.9	1 898.7	1 898.7
人均耕地面积（千公顷/万人）	0.2	0.2	0.2	0.2	0.2	0.2	0.2	0.2	0.2	0.2	0.2	0.1
人均GDP（元/人）	50 807.0	54 095.0	58 833.0	63 469.0	67 503.0	74 016.0	80 932.0	86 412.0	94 172.0	93 456.4	87 738.4	98 052.4
农村居民消费水平（元/人）	7 853.8	8 898.2	9 913.5	12 674.0	13 343.8	14 784.0	15 943.0	14 172.4	14 903.4	16 949.4	17 132.3	20 011.8
农民人均纯收入（元/人）	9 371.7	10 542.8	11 067.8	12 245.6	13 360.4	14 512.2	15 779.7	17 167.7	18 818.4	18 818.4	20 143.4	22 306.0
城市化水平（%）	0.7	0.7	0.7	0.7	0.7	0.7	0.7	0.7	0.7	0.7	0.7	0.7
单位面积耕地农业产出效益（亿元/千公顷）	0.8	0.9	0.9	1.0	1.1	1.2	1.1	1.2	1.4	1.9	2.0	2.1

（续）

	2011年	2012年	2013年	2014年	2015年	2016年	2017年	2018年	2019年	2019年	2020年	2021年
人均农业产出效益（亿元/万人）	0.4	0.4	0.5	0.5	0.5	0.6	0.5	0.6	0.6	0.6	0.6	0.7
农业结构调整（%）	0.5	0.5	0.5	0.5	0.5	0.5	0.5	0.5	0.5	0.5	0.5	0.5
人均水资源量（立方米/人）	1404.8	1921.0	2131.2	1608.4	1792.4	2250.6	1611.9	1683.4	1808.9	1795.2	1288.0	962.7
灌溉保证率（%）	0.7	0.7	0.7	0.7	0.7	0.7	0.7	0.7	0.7	0.9	0.9	0.9
复种指数（%）	1.8	1.8	1.8	1.8	1.8	1.6	1.6	1.7	1.7	2.3	2.3	2.4
单位面积耕地农业机械化水平（万千瓦/千公顷）	0.9	1.0	1.0	1.0	1.0	0.9	0.9	0.9	0.9	1.3	1.3	1.3
单位面积农村用电量（亿千瓦时/千公顷）	0.4	0.5	0.5	0.5	0.5	0.5	0.5	0.6	0.6	0.8	0.8	0.7
单位面积水库容量（亿立方米/千公顷）	0.2	0.2	0.2	0.2	0.2	0.2	0.2	0.2	0.2	0.2	0.2	0.2
自然灾害受灾面积（万亩）	502.0	417.0	1135.0	842.0	846.0	631.0	283.0	548.0	108.4	162.5	126.2	119.6
森林覆盖率（%）	49.4400	49.4400	51.2600	51.2600	51.2600	51.2600	51.2600	53.5200	58.6000	59.0000	58.7000	58.7000
环境治理投资比重（%）	0.0003	0.0005	0.0005	0.0006	0.0005	0.0003	0.0005	0.0004	0.0003	0.0523	0.0565	0.0416
单位面积耕地化肥负荷（万吨/千公顷）	0.0928	0.0938	0.0933	0.0952	0.0980	0.1001	0.0994	0.0892	0.0871	0.1187	0.1158	0.1121
单位面积耕地农药负荷（万吨/千公顷）	0.0044	0.0044	0.0042	0.0043	0.0043	0.0044	0.0043	0.0036	0.0034	0.0046	0.0041	0.0041
单位面积耕地地膜负荷（万吨/千公顷）	0.0009	0.0009	0.0009	0.0010	0.0010	0.0010	0.0010	0.0010	0.0009	0.0023	0.0022	0.0023

附录 D　广东省粮食生产数据

表 D-1　广东省 2000—2020 年耕地面积变化情况

单位：万公顷

年份	年末实有耕地面积	当年增加耕地面积	当年减少耕地面积
2000	225.26	0.75	3.31
2001	222.94	0.68	3.00
2002	235.63	2.10	6.45
2003	213.40	1.09	10.20
2004	210.78	2.23	5.08
2005	210.26	1.57	2.00
2006	288.25	1.12	8.14
2007	284.77	0.86	4.35
2008	283.07	0.54	2.23
2009	283.07	0.00	0.00
2010	283.07	0.00	0.00
2011	283.07	0.00	0.00
2012	261.62	1.97	0.48
2013	261.62	0.00	0.00
2014	262.55	1.11	0.75
2015	262.33	1.11	0.96
2016	260.76	0.03	0.86
2017	260.11	0.02	0.67
2018	259.41	0.01	0.56
2019	258.74	0.00	0.53
2020	258.50	0.00	0.24

表 D-2　广东省 2000—2020 年各类粮食作物产量

单位：万吨

年份	稻谷产量	玉米产量	薯类产量	大豆产量	小麦产量
2000	1 528.53	76.10	199.05	18.73	4.28
2001	1 441.35	65.20	198.15	17.36	3.10
2002	1 243.46	53.50	171.02	12.67	3.20
2003	1 250.38	58.28	166.77	14.92	1.45

（续）

年份	稻谷产量	玉米产量	薯类产量	大豆产量	小麦产量
2004	1 123.13	56.06	180.28	18.10	1.71
2005	1 116.99	61.52	185.48	18.87	1.85
2006	1 015.90	53.67	150.48	14.92	1.72
2007	1 041.38	59.16	157.40	12.64	0.30
2008	994.97	63.46	154.56	12.10	0.24
2009	1 044.00	71.49	162.43	11.08	0.24
2010	1 041.80	72.09	162.32	11.20	0.25
2011	1 072.65	75.06	166.35	9.60	0.29
2012	1 097.00	79.70	167.35	10.15	0.30
2013	1 012.80	81.62	165.89	9.88	0.32
2014	1 053.29	76.86	165.16	9.45	0.30
2015	1 040.82	77.85	166.10	9.03	0.30
2016	1 039.53	80.96	167.21	8.63	0.30
2017	1 046.34	54.64	95.43	8.48	0.15
2018	1 032.07	54.54	94.67	8.71	0.15
2019	1 075.05	55.59	97.41	9.04	0.15
2020	1 099.58	58.15	97.29	9.10	0.14

表 D-3　广东省 2000—2020 年粮食总产量

单位：万吨

年份	粮食产量	年份	粮食产量
2000	1 822.33	2011	1 275.73
2001	1 721.55	2012	1 295.69
2002	1 484.16	2013	1 202.48
2003	1 488.00	2014	1 229.97
2004	1 390.00	2015	1 211.66
2005	1 394.97	2016	1 204.22
2006	1 242.42	2017	1 208.56
2007	1 467.03	2018	1 193.49
2008	1 210.02	2019	1 240.80
2009	1 261.99	2020	1 267.56
2010	1 249.15		

表 D-4　广东省 2000—2020 年粮食单产

年份	粮食单产（千克/公顷）	年份	粮食单产（千克/公顷）
2000	5 878.65	2011	5 429.10
2001	5 571.60	2012	5 557.65
2002	5 535.90	2013	5 305.35
2003	5 562.15	2014	5 512.95
2004	4 982.55	2015	5 524.35
2005	5 006.10	2016	5 529.60
2006	5 036.85	2017	5 570.10
2007	5 189.55	2018	5 548.50
2008	4 988.10	2019	5 742.74
2009	5 203.20	2020	5 749.38
2010	5 234.55		

表 D-5　广东省 2000—2020 年稻谷播种面积、产量、单产

年份	稻谷播种面积（万公顷）	稻谷产量（万吨）	稻谷单产（千克/公顷）
2000	241.27	1 528.53	6 335.40
2001	242.55	1 441.35	5 942.40
2002	210.08	1 243.46	5 919.00
2003	209.64	1 250.38	5 964.45
2004	213.90	1 123.13	5 250.75
2005	213.76	1 116.99	5 225.40
2006	194.19	1 015.90	5 231.40
2007	193.04	1 041.38	5 394.75
2008	193.07	994.97	5 153.25
2009	193.36	1 044.00	5 399.25
2010	191.81	1 041.80	5 431.35
2011	189.80	1 072.65	5 651.40
2012	189.82	1 097.00	5 779.05
2013	185.00	1 012.80	5 474.70
2014	182.68	1 053.29	5 765.85
2015	180.48	1 040.82	5 767.05
2016	180.60	1 039.53	5 755.95

（续）

年份	稻谷播种面积（万公顷）	稻谷产量（万吨）	稻谷单产（千克/公顷）
2017	180.54	1 046.34	5 795.55
2018	178.74	1 032.07	5 774.16
2019	179.37	1 075.05	5 993.48
2020	183.44	1 099.58	5 994.22

表 D-6　广东省 2000—2020 年薯类作物播种面积、产量、单产

年份	薯类播种面积（万公顷）	薯类产量（万吨）	薯类单产（千克/公顷）
2000	42.68	199.05	4 664.10
2001	44.08	198.15	4 495.65
2002	38.85	171.02	4 401.60
2003	38.54	166.77	4 326.90
2004	38.77	180.28	4 650.00
2005	38.65	185.48	4 798.95
2006	31.23	150.48	4 818.90
2007	29.91	148.04	4 950.45
2008	28.34	136.91	4 831.05
2009	26.99	133.43	4 943.85
2010	26.18	129.01	4 928.40
2011	24.80	122.86	4 953.30
2012	23.73	120.06	5 059.80
2013	22.64	112.48	4 968.00
2014	22.26	106.12	4 768.05
2015	21.32	102.34	4 800.30
2016	20.27	96.53	4 762.05
2017	20.00	95.43	4 771.05
2018	19.98	94.67	4 737.90
2019	20.25	97.41	4 810.37
2020	20.29	97.29	4 794.97

表 D-7　广东省 2000—2020 年玉米作物播种面积、产量、单产

年份	玉米播种面积（万公顷）	玉米产量（万吨）	玉米单产（千克/公顷）
2000	17.48	76.10	4 353.60
2001	16.46	65.20	3 962.25
2002	14.39	53.50	3 718.05
2003	14.89	58.28	3 914.70
2004	13.79	56.06	4 065.30
2005	13.67	61.52	4 500.30
2006	11.88	53.67	4 517.10
2007	13.28	59.16	4 454.85
2008	14.34	63.46	4 424.55
2009	15.95	71.49	4 480.95
2010	16.23	72.09	4 442.85
2011	16.73	75.06	4 486.20
2012	17.25	79.70	4 620.15
2013	17.66	81.62	4 620.45
2014	17.72	76.86	4 337.85
2015	17.90	77.85	4 350.15
2016	18.09	80.96	4 474.65
2017	12.10	54.64	4 517.40
2018	12.01	54.54	4 542.00
2019	12.02	55.59	4 624.79
2020	12.31	58.15	4 723.80

表 D-8　广东省 2000—2020 年大豆作物播种面积、产量、单产

年份	大豆播种面积（万公顷）	大豆产量（万吨）	大豆单产（千克/公顷）
2000	9.70	18.73	1 931.40
2001	8.81	17.36	1 969.95
2002	6.81	12.67	1 860.75
2003	7.64	14.92	1 953.90
2004	8.04	18.10	2 251.20
2005	8.38	18.87	2 251.80
2006	6.46	14.92	2 309.55

（续）

年份	大豆播种面积（万公顷）	大豆产量（万吨）	大豆单产（千克/公顷）
2007	5.73	12.64	2 206.05
2008	5.41	12.10	2 235.45
2009	4.88	11.08	2 271.45
2010	4.84	11.20	2 312.10
2011	4.25	9.60	2 258.85
2012	4.12	10.15	2 460.15
2013	3.88	9.88	2 545.35
2014	3.64	9.45	2 599.05
2015	3.45	9.03	2 620.65
2016	3.23	8.63	2 671.65
2017	3.12	9.48	2 720.40
2018	3.18	8.71	2 740.20
2019	3.26	9.04	2 773.01
2020	3.26	9.10	2 791.41

表 D-9　广东省 2000—2020 年耕地各项指标和耕地压力指数

年份	粮食的自给率	人均粮食需求量（千克）	粮食播种面积占总播种面积的比重（%）	粮食的单产（千克/公顷）	复种指数	最小的人均耕地面积（公顷）	实际人均耕地面积（公顷）	耕地压力指数
2000	0.540 1	390.060 0	0.601 1	5 878.700 0	1.071 1	0.055 7	0.026 0	2.137 4
2001	0.508 4	435.030 0	0.589 1	5 571.610 0	1.088 0	0.061 9	0.028 6	2.162 5
2002	0.434 7	434.430 0	0.558 0	5 535.930 0	0.891 6	0.068 6	0.030 0	2.287 0
2003	0.413 7	452.210 0	0.550 1	5 562.190 0	0.982 4	0.062 2	0.026 8	2.319 9
2004	0.374 7	446.790 0	0.580 2	4 982.610 0	1.014 8	0.057 1	0.025 4	2.248 0
2005	0.374 8	404.830 0	0.578 7	5 006.170 0	1.016 6	0.051 5	0.022 9	2.252 8
2006	0.329 1	405.740 0	0.562 8	5 036.840 0	0.673 7	0.069 9	0.031 0	2.256 7
2007	0.336 4	398.670 0	0.568 3	5 189.570 0	0.680 9	0.066 8	0.030 1	2.216 1
2008	0.315 1	402.350 0	0.567 6	4 988.070 0	0.687 8	0.065 1	0.029 7	2.195 1
2009	0.350 6	355.370 0	0.567 0	5 203.250 0	1.581 2	0.026 7	0.027 9	0.955 8
2010	0.321 1	372.570 0	0.559 8	5 234.610 0	1.598 4	0.025 5	0.027 1	0.942 1
2011	0.310 4	391.240 0	0.553 6	5 429.150 0	1.615 2	0.025 0	0.026 9	0.928 4

（续）

年份	粮食的自给率	人均粮食需求量（千克）	粮食播种面积占总播种面积的比重（%）	粮食的单产（千克/公顷）	复种指数	最小的人均耕地面积（公顷）	实际人均耕地面积（公顷）	耕地压力指数
2012	0.304 9	401.170 0	0.548 8	5 557.580 0	0.745 1	0.053 8	0.024 7	2.179 6
2013	0.293 3	385.190 0	0.534 3	5 305.380 0	0.730 1	0.054 6	0.024 6	2.222 6
2014	0.292 8	391.640 0	0.528 0	5 512.890 0	0.596 4	0.066 1	0.029 6	2.231 3
2015	0.282 8	394.880 0	0.522 9	5 524.380 0	0.594 2	0.065 1	0.029 3	2.222 3
2016	0.256 8	426.400 0	0.520 8	5 529.560 0	0.692 6	0.054 9	0.023 7	2.315 5
2017	0.257 7	419.910 0	0.513 2	5 570.090 0	0.694 1	0.054 5	0.023 3	2.341 7
2018	0.221 0	475.940 0	0.502 6	5 548.500 0	1.359 7	0.027 7	0.027 7	1.000 0
2019	0.220 0	415.940 0	0.512 6	5 520.000 0	1.400 0	0.023 1	0.023 1	1.000 0
2020	0.240 6	417.280 0	0.495 2	5 749.379 7	1.722 2	0.020 5	0.020 5	1.000 0

表 D-10　2000—2021 年全国与广东省粮食产量、播种面积表

年份	全国产量（万吨）	广东产量（万吨）	占比（%）	全国播种面积（万公顷）	广东播种面积（万公顷）	占比（%）
2000	46 217.52	1 822.33	3.94	10 846.25	309.99	2.86
2001	45 263.67	1 721.55	3.80	10 608.00	308.99	2.91
2002	45 705.75	1 484.16	3.25	10 389.08	268.10	2.58
2003	43 069.53	1 488.00	3.45	9 941.04	267.52	2.69
2004	46 946.95	1 390.00	2.96	10 160.60	278.97	2.75
2005	48 402.19	1 394.97	2.88	10 427.84	278.65	2.67
2006	49 804.23	1 242.42	2.49	10 495.80	246.67	2.35
2007	50 160.28	1 267.03	2.53	10 563.84	244.15	2.31
2008	52 870.92	1 210.02	2.29	10 679.27	242.58	2.27
2009	53 082.08	1 261.99	2.38	10 898.58	242.54	2.23
2010	54 647.71	1 249.15	2.29	10 987.61	238.63	2.17
2011	57 120.85	1 275.73	2.23	11 057.31	234.98	2.13
2012	58 957.97	1 295.69	2.20	11 120.46	233.14	2.10
2013	60 193.84	1 202.48	2.00	11 195.60	226.65	2.02
2014	60 702.61	1 229.97	2.03	11 272.26	223.11	1.98
2015	62 143.92	1 211.66	1.95	11 334.30	219.33	1.94

（续）

年份	全国产量（万吨）	广东产量（万吨）	占比（%）	全国播种面积（万公顷）	广东播种面积（万公顷）	占比（%）
2016	61 625.00	1 204.22	1.95	11 303.40	217.78	1.93
2017	66 160.70	1 208.56	1.83	11 798.90	216.97	1.84
2018	65 789.20	1 193.49	1.81	11 703.80	215.10	1.84
2019	66 384.30	1 240.80	1.87	11 606.40	216.06	1.86
2020	66 949.20	1 267.56	1.89	11 676.80	220.47	1.89

表 D-11　广东省 2000—2020 年粮食自给率变化情况

年份	粮食产量（万吨）	粮食消费量（万吨）	自给率（%）
2000	1 822.33	3 374	54.01
2001	1 721.55	3 386	50.84
2002	1 484.16	3 414	43.47
2003	1 488.00	3 597	41.37
2004	1 390.00	3 710	37.47
2005	1 394.97	3 722	37.48
2006	1 242.42	3 775	32.91
2007	1 267.03	3 767	33.64
2008	1 210.02	3 840	31.51
2009	1 261.99	3 600	35.06
2010	1 249.15	3 890	32.11
2011	1 275.73	4 110	31.04
2012	1 295.69	4 250	30.49
2013	1 202.48	4 100	29.33
2014	1 229.97	4 200	29.28
2015	1 211.66	4 284	28.28
2016	1 204.22	4 690	25.68
2017	1 208.56	4 690	25.77
2018	1 193.49	5 400	22.10
2019	1 240.80	5 400	22.00
2020	1 267.56	5 268	24.06

表 D-12　2000—2020 年全国和广东人均粮食占有量

年份	全国人均粮食占有量（千克）	广东人均粮食占有量（千克）
2000	366.10	246.30
2001	355.89	228.57
2002	356.96	195.10
2003	334.29	193.59
2004	362.22	179.03
2005	371.26	176.58
2006	379.89	154.36
2007	380.61	157.51
2008	399.13	150.41
2009	398.70	157.12
2010	408.66	154.49
2011	425.15	157.57
2012	436.50	161.69
2013	443.46	150.23
2014	444.95	152.74
2015	453.20	125.27
2016	445.68	109.48
2017	475.95	108.21
2018	471.48	105.19
2019	470.78	99.35
2020	474.10	100.41

表 D-13　广东省 2018—2020 年各市粮食总产量

地区	地区简写	2020 年粮食总产量（吨）	2019 年粮食总产量（吨）	2018 年粮食总产量（吨）
广州市	广州	142 249	131 988	130 056
白云区	白云	2 946	2 895	2 872
黄埔区	黄埔	2 615	3 687	4 557
花都区	花都	10 487	9 453	9 375
从化区	从化	68 539	66 597	65 616
增城区	增城	50 368	42 959	41 436

（续）

地区	地区简写	2020 年粮食总产量 （吨）	2019 年粮食总产量 （吨）	2018 年粮食总产量 （吨）
番禺区	番禺	662	617	581
南沙区	南沙	6 632	5 781	5 620
深圳市	深圳	7 349	9 103	9 013
龙岗区	龙岗	93	11	11
深汕合作区	深汕合作	6 944	9 092	8 990
珠海市	珠海	28 876	25 510	23 639
香洲区	香洲	177	185	126
金湾区	金湾	2 204	1 392	354
斗门区	斗门	26 495	23 933	22 738
汕头市	汕头	464 364	462 924	446 954
金平区	金平	10 708	10 589	10 085
龙湖区	龙湖	20 208	19 398	18 956
澄海区	澄海	92 484	91 537	88 633
濠江区	濠江	15 006	15 022	14 745
潮阳区	潮阳	164 890	165 366	158 673
潮南区	潮南	157 175	157 119	152 028
南澳县	南澳	3 893	3 893	3 834
佛山市	佛山	47 221	43 864	42 754
南海区	南海	2 194	2 118	2 112
顺德区	顺德	145	181	299
高明区	高明	37 468	35 625	34 459
三水区	三水	7 414	5 940	5 885
韶关市	韶关	744 511	726 099	688 211
浈江区	浈江	19 432	19 317	18 530
武江区	武江	24 541	23 104	21 539
曲江区	曲江	75 240	72 643	70 560
南雄市	南雄	204 818	201 901	184 473
始兴县	始兴	71 052	68 948	65 938
翁源县	翁源	95 234	91 645	86 317
仁化县	仁化	68 501	65 909	64 446

（续）

地区	地区简写	2020 年粮食总产量（吨）	2019 年粮食总产量（吨）	2018 年粮食总产量（吨）
新丰县	新丰	52 917	50 607	48 397
乳源瑶族自治县	乳源瑶族自治	43 005	42 257	41 336
乐昌市	乐昌	89 771	89 767	86 676
河源市	河源	801 601	793 342	774 850
源城区	源城	11 245	11 067	10 859
东源县	东源	151 496	148 562	145 633
和平县	和平	117 268	116 744	114 121
龙川县	龙川	236 155	234 845	229 240
紫金县	紫金	196 217	195 030	190 688
连平县	连平	89 220	87 093	84 309
梅州市	梅州	1 121 089	1 103 502	1 062 310
梅江区	梅江	21 675	19 470	18 890
梅县区	梅县	175 102	174 906	167 821
蕉岭县	蕉岭	61 961	59 986	57 316
大埔县	大埔	36 505	35 769	34 106
丰顺县	丰顺	119 039	118 886	115 386
五华县	五华	343 177	333 763	316 586
兴宁市	兴宁	285 672	282 967	276 338
平远县	平远	77 958	77 755	75 867
惠州市	惠州	604 383	586 084	560 717
惠城区	惠城	97 590	95 780	90 723
惠东区	惠东	203 210	193 767	187 604
惠阳区	惠阳	44 563	43 304	41 600
博罗县	博罗	152 672	149 146	143 754
龙门县	龙门	106 348	104 088	97 036
汕尾市	汕尾	426 966	410 143	385 976
汕尾城区	汕尾城	24 459	24 046	15 733
海丰县	海丰	165 378	156 287	148 388
陆河县	陆河	56 825	53 990	49 842
陆丰市	陆丰	180 304	175 821	165 388

（续）

地区	地区简写	2020 年粮食总产量 （吨）	2019 年粮食总产量 （吨）	2018 年粮食总产量 （吨）
东莞市	东莞	8 177	5 852	5 846
中山市	中山	13 378	21 244	20 892
江门市	江门	979 167	932 205	888 094
蓬江区	蓬江	1 953	1 883	1 672
江海区	江海	297	193	173
新会区	新会	140 281	138 072	137 235
台山市	台山	402 046	382 167	351 198
开平市	开平	224 650	211 325	211 277
恩平市	恩平	146 236	137 726	128 504
鹤山市	鹤山	63 704	60 838	58 035
阳江市	阳江	631 217	618 325	598 453
江城区	江城	89 395	87 612	72 518
阳东区	阳东	135 814	133 566	131 569
阳西县	阳西	132 000	127 898	122 753
阳春市	阳春	274 008	269 249	262 259
海陵区	海陵			9 354
湛江市	湛江	1 483 877	1 468 883	1 382 369
赤坎区	赤坎	1 909	2 724	2 561
霞山区	霞山	7 904	7 890	7 393
坡头区	坡头	64 518	63 973	59 461
麻章区	麻章	84 749	84 049	46 892
吴川市	吴川	168 757	167 207	156 085
徐闻县	徐闻	134 866	133 866	128 136
雷州市	雷州	361 910	357 210	336 330
遂溪县	遂溪	241 531	237 931	224 370
廉江市	廉江	417 733	414 033	389 868
茂名市	茂名	1 527 727	1 501 586	1 442 130
茂南区	茂南	135 996	128 302	123 923
电白区	电白	298 603	296 502	278 736
信宜市	信宜	344 354	342 632	327 724

（续）

地区	地区简写	2020 年粮食总产量 （吨）	2019 年粮食总产量 （吨）	2018 年粮食总产量 （吨）
高州市	高州	404 388	396 336	385 632
化州市	化州	344 386	337 814	326 115
肇庆市	肇庆	1 212 189	1 182 897	1 133 779
鼎湖区	鼎湖	36 717	36 437	37 375
高要区	高要	236 545	238 252	229 638
广宁县	广宁	172 794	164 711	155 307
四会市	四会	123 942	122 178	117 884
德庆县	德庆	136 854	128 855	122 085
封开县	封开	216 771	211 224	201 693
怀集县	怀集	288 566	281 240	269 749
清远市	清远	714 715	684 064	669 016
清城区	清城	68 201	65 155	64 442
英德市	英德	188 016	179 047	175 515
佛冈县	佛冈	54 353	51 894	51 501
连山壮族瑶族 自治县	连山壮族 瑶族自治	39 485	37 941	35 830
连南瑶族自治县	连南瑶族自治	32 870	31 167	29 453
连州市	连州	107 075	102 534	100 243
阳山县	阳山	96 574	92 060	89 161
清新区	清新	128 141	124 265	122 870
潮州市	潮州	275 619	269 860	264 481
湘桥区	湘桥	25 120	25 707	24 511
饶平县	饶平	150 648	144 568	141 565
潮安区	潮安	99 851	99 585	98 361
揭阳市	揭阳	808 523	806 582	789 487
榕城区	榕城	72 601	72 332	71 155
揭东区	揭东	179 264	179 131	178 393
惠来县	惠来	181 057	180 556	175 055
普宁市	普宁	198 900	198 472	194 134
揭西县	揭西	176 701	176 091	170 749

（续）

地区	地区简写	2020 年粮食总产量（吨）	2019 年粮食总产量（吨）	2018 年粮食总产量（吨）
云浮市	云浮	632 370	623 943	615 872
云城区	云城	48 986	47 809	47 274
新兴县	新兴	137 754	133 276	131 901
郁南县	郁南	129 891	131 127	127 301
罗定市	罗定	246 853	244 272	242 971
云安区	云安	68 886	67 459	66 425